U1002471

铸造一流教育品质

陶继新区域教育巡礼

陶继新 著

ZHUZAO YILIU JIAOYU PINZHI
TAO JIXIN QUYU JIAOYU XUNLI

江蘇鳳凰教育出版社
Phoenix Education Publishing, Ltd

图书在版编目（CIP）数据

铸造一流教育品质：陶继新区域教育巡礼/陶继新著．—南京：江苏凤凰教育出版社，2017.3

ISBN 978-7-5499-6352-2

Ⅰ.①铸…　Ⅱ.①陶…　Ⅲ.①地方教育—中国—文集　Ⅳ.①G527—53

中国版本图书馆 CIP 数据核字（2017）第 045856 号

书　　名	铸造一流教育品质——陶继新区域教育巡礼
作　　者	陶继新
责任编辑	雷利军　李媛媛
出版发行	凤凰出版传媒股份有限公司
	江苏凤凰教育出版社（南京市湖南路 1 号 A 楼　邮编 210009）
苏教网址	http：//www.1088.com.cn
照　　排	北京世纪鸿文制版技术有限公司
印　　刷	三河市九洲财鑫印刷有限公司
厂　　址	河北省三河市灵山大口
开　　本	787 毫米×1092 毫米　1/16
印　　张	18.5
字　　数	283 千字
版　　次	2017 年 4 月第 1 版　2017 年 4 月第 1 次印刷
书　　号	ISBN 978-7-5499-6352-2
定　　价	35.00 元
网店地址	http：//jsfhjycbs.tmall.com
邮购电话	025-85406265，85400774　短信　02585420909
E - mail	jsep@vip.163.com
盗版举报	025-83658579

苏教版图书若有印装错误可向承印厂调换

提供盗版线索者给予重奖

自序 PREFACE

在我以前出版的40多本著作中，只有2本是关涉教育方面的领导及区域教育的推进、改革与发展的。并非这种书不重要，而是因为这一内容写起来有一定的难度。写一个教师比写一个校长容易；写一个校长比写一个局长轻松；如果将教育方面的领导与区域教育的诸多工作放在一起写，难度则更大。区域教育涉及的内容比较多，要想从中撷取要义，而又不失特色与情趣，直到今天，对于我来说，依然是一个挑战。

好在我是一个喜欢挑战的人，不管写什么都想另辟蹊径，呈现出一些让人耳目一新又富有张力的内容与思想。当然，有些著作的内容并未抵达我所期望的理想境界，所以常有遗憾相伴，但我追索的脚步从未停止。

这本书中所写到的领导，多是具有教育情怀的人。他们不但热爱教育事业，而且具有一定的创新精神。从他们身上，我不但看到了其释放出来的精神光芒，有时还触摸到了其深层次的思考。尽管有时很难将这种精神和思考完全呈现出来，但呈现出来的部分还是会给人一定的感动。

陶行知先生曾感叹："校长是一个学校的灵魂。"一个好校长，有可能带动整个学校更好更快地发展；而一个好局长，有可能带动整个区域教育更好更快地发展。可以说，我一直是怀着敬意来采写并探究他们是如何办好教育的。我常想，如果有更多这样的领导，中国教育就会比现在好得多。我还希望通过这本书，让更多我未曾采写与谋面的相关领导，也能满怀激情地投入当地教育事业中，在实现自身价值的同时，做出更多心系百姓的事业。

即使是那些在人们看起来不太关注教育的领导，也并非本然如此。就如明朝心学集大成者王阳明提出的观点：人人都有良知，只不过有的时候被遮蔽了而已。如果能用一种更加强大的能量将其遮蔽物规避，其本来的光芒就有可能显现与回归。本书中所写的教育方面的领导，有些就散发出很强的生命能量，如果这种生命能量能消弭某些短视者心中的遮蔽物，召唤其内在的良知与澄明，就有可能助其做出一番有益于自己，更有益于百姓的教育事业来。

其实，这本书还不只是写教育方面的领导，很多内容还关系到其所在区域的整个教育面貌，所以，就不可避免地会写到校长、教师、学生、家长，以及与之相关的其他方面的人与事。因此，这本书并不只是给教育方面的领导阅读的书，它还可以成为所有关心教育的有识之士的“知音”。

书中涉及的所有人物，甚至是那些一般人眼中的所谓小人物，都有让我敬仰的品质。在采访与写作的时候，我曾为其感人的事迹流下感动的泪水，而越是这个时候，作品也就越发动人。恰如刘勰所言：“夫缀文者，情动而辞发。”其实，任何文本都不是无情之物，其中都流淌着作者灵魂深处的思想与情感，激荡着采访者与受访者心与心的碰撞与交流。我认为自己也是一个有教育情怀的人，所以，大凡写到这些人的时候，就情不自禁地随着他们感情的跃动而跌宕起伏。如果读者能够“披文以入情”，也一定会感受到这种感情之水激荡的回响。

在写报道性文章的时候，我不想只是停留在人物与事件的叙写框架里，而想让自己的理性思考撞响教育创新的“风铃”。如果说材料是作品的骨肉，感情是作品的血液的话，那么，理性则可以让灵魂出窍，将生命点亮。尽管我的理论水平不高，可我一直在学习中持续不断地提升自己，所以，当其内化成我的理性思索，再外化成文字的时候，就有了一定的生命张力。我自知还在行走的路上，但坚信未来会有突破与超越。

我的大多作品，都是一气呵成的，都是这样诞生的：丰富而精妙的素材总能激发起我的灵感，我的手就会在电脑的键盘上飞快地舞动起来，此时此刻，我会忘记与写作无关的所有事情，任思绪随着键盘有节奏的响声而飞速地旋转。而这样写就的作品，大多得到了读者的认可，甚至是欣赏。然而，也有个别时候，尽管素材不错，可我总是难以达到最佳状态，虽然也能写成作品，但总觉得其中少了一些激情，更缺少灵性。即使再行修改，作品的内在逻辑链条也很难环环相扣，情感的河水更是在阻隔中断流。而一直想让种子发芽直至开花的我，认为应当珍惜时间，于是，就硬着头皮，继续写了下去。结果，作品的质量便差强人意。

在整理这本书稿的几天里，我突然对其有了更深刻的了悟，我决定今后再不会为无源的灵感或无根的经验劳神，如遇自认为并不值得采写的内容，即刻应当大胆地说“不”；而在素材不错然而写作状态不佳时，则要学会“放下”，等到状态良好的时候再行动笔。这样，也许会得罪或怠慢某些人，可是，这恰恰是对自己及所写的对象的负责。从这个意义上来说，这本书的出版，还有可能成为提升我文思之境的一个拐点。

本书作为我所出版的涉及教育方面的领导及区域教育的第三本著作，我希望它能得到广大读者的喜欢。不过，如果大家能给我提出意见与建议，也是我的心愿。赞扬声固然能给我以精神鼓舞，批评的话语也会让真善美更加深入生命，同时会促进我更好地发展。

陶继新

目录 CONTENTS

——访 谈 篇——

"软""硬"兼施，铸造一流教育品质

——采访济南市历下区教育局局长陈仕学 …………………………… 3

走在敢为敢当的教育改革路上

——采访大连市保税区管委会常务副主任宋晓波 ………………… 21

激活师生思维张力的探索与实践

——采访广西壮族自治区教育厅厅长秦斌 ……………………… 32

心系百姓的教育突围

——采访海宁市教育局局长沈林华 ……………………………… 45

让学生对学校充满向往

——采访博兴县教育局局长周奎齐 ……………………………… 55

——通 讯 篇——

以"心"为本，彻见大"道"

——北安市教育的一流服务品质 …………………………………… 69

在"善假于物"中创新求变

——东营市河口区在合作办学中的突围与发展 …………………… 80

让师生的生命更好地成长
——滕州市西岗镇教育巡礼 …………………………………………… 97
力借东风竞百舸，众志成城扬劲帆
——南宁市兴宁区教育坚持不懈的创新探索 ……………………… 122
十年磨一剑
——玉林市玉州区推进“MS-EEPO 有效教育”之经过 ………… 140
创建属于自己学校的特色
——黑河市爱辉区“一校一品牌”览胜 ……………………………… 153
星星之火终成燎原之势
——广西推进“MS-EEPO 有效教育”大扫描 ………………………… 181
驶向教师优质发展的“高速路”
——青岛市李沧区国培研修试点成功探寻 ………………………… 215
打造“合纵”阵营，实现高位均衡跨越
——济南市市中区集团化办学的思考与实践 ……………………… 232
聚焦内涵，促进学校优质均衡发展
——上海市金山区教育快速发展推力觅踪 ………………………… 257

——附　录——

新课程区域性改革实验的现状、问题与对策
——山东省基础教育课程改革实验述评 ………………………………… 267

访谈篇

“软”“硬”兼施，铸造一流教育品质

——采访济南市历下区教育局局长陈仕学

历下区教育局
局长陈仕学

黑格尔说：“凡生活中真实的、伟大的、神圣的事物，其所以真实、伟大、神圣，均由于理念。”对于一个真正热爱教育事业，对教育事业抱有深厚情感的人来说，教育熔铸着教育践行者的理想、信念和情操，体现着其对教育理想的向往、憧憬与追求。

对于家住山东省济南市历下区的我来说，对这一区域的教育自然有着“地利”之便。可当我两次与历下区教育局的陈仕学局长面对面交流，且又探访了10多所学校后，我才知道，此前我对历下区教育的了解还只是停留在管见所及的层面上。而对于陈仕学局长的情怀及志向，也只是略知一二而已。采访中，他的厚重、沉稳、敏锐、大气，以及历下区教育“苟日新，日日新，又日新”的气象，开始冲撞我的心海，使之激荡起来。

若不将陈仕学局长的精神与行动及我在历下区各所学校的所见、所闻、所感抒写出来，不足以抚平我内在情绪的激动。

历下区教育有着极为深厚的文化内涵，我囿于语言文字表达的限度，难以系统地再现其整体的精彩。不过，我会竭力将其中的某些“景点”呈示出来，并将自己的感情之水与理性之思融入其中，让读者去感悟这“景点”背后的风采与意蕴，进而走近陈仕学局长，走近历下区教育，去领略那“无限风光在险峰”的壮丽与雄阔。

每所校园都是一道美丽的风景线

美国教育哲学家杜威认为，学校教育作为专门的教育，它发生并存在于特殊的环境中，旨在传递和更新，使人们更好地生活，其功能即表现于将学校环境进行简化、净化、美化，创设更加平衡的状态。

如果你用上几天时间，到历下区的各所中小学“游览”一番，你就会情不自禁地惊叹何以会有如此美丽怡人的校园。历下区的中小学，即使是地处偏远的农村学校与城区的务工人员子女学校，都在硬件方面堪称一流，比之发达国家的学校也可谓有过之而无不及。

这自然与历下区经济的高速发展与发达有关，可陈仕学局长认为，更为重要的是，政府部门将教育放在了优先发展的战略地位，使教育成了真正意义上的第一民生工程。

诚然，经济发达并不一定意味着教育发达。很多地方的经济也很发达，教育却并没有发达起来。

据陈仕学局长讲，在新城区学校配套建设中，政府部门起到了主导作用。所有学校的建设一律高标准、高层次，而且力争一次到位，且留下了后续发展的空间。省市领导到历下区进行教育考察的时候曾说，历下区的学校教学设施建设不但在当今已经达到中国先进水平，就是几十年后，也绝对堪称领先。

我到一些学校走访的时候，曾与几对拍摄婚纱照的新婚夫妇不期而遇。璧人倩影，因有美丽校园做“底色”，更增添了一分“巧笑倩兮，美目盼兮”的诗情画意。

老城区新建学校困难重重，可对于心无旁骛只想办好优质教育的区政府部门来说，困难再大也毫不退缩。

近年来，老百姓希望自己的孩子就读优质学校的需求与日俱增，所以，尽管“择校热”一禁再禁，却依然“高烧不退”。但陈仕学局长告诉我，在历下区，这个难题现已基本解决。

尽管全区早已解决了校车问题，为离校较远的学生上学放学提供了便利，可是，其中也隐藏着安全隐患。为此，区政府多次投资，将多所学校合并、迁址，使学生家门口就有好学校，这样就不用舍近求远了。现在每个小区都有至少一所规范学校，学校硬件建设全部优质，软件建设日趋平衡。全区共有六七万名学生，现在只有不足百名孩子乘坐校车上学。我们相信，再过两年，校车在历下区将成为历史。

据陈仕学局长介绍，近几年，区政府又投资数亿元用于校舍建设与改造。全区不但实现了义务教育阶段学生入学的全部免费，而且每个学期还免费为学生提供书本、校服等，中小学生保险全部由政府买单。学前入园，也已实现了减免保教费。所有幼儿园的建设标准与中小学校保持一致，园所环境优美、童趣盎然。即使是对小型民办幼儿园，政府也支付保教费与保安补贴费，使之也进入了优质幼儿园的方阵中。

陈仕学局长说，政府在学校硬件建设上的高标准、大投入，让历下区的每所学校都成为一道美丽的风景线，都成了孩子们向往的地方。

构建教师幸福的心灵大厦

优质学校需要名校长与名师的支撑，而全体教师幸福感的提升是教育整体优质的核心要素。在很大程度上，学生生命状态的优劣是受到教师潜移默化的影响的。因为幸福或不幸福是可以传递的，有意也好，无意也罢，教师的情绪状态肯定会映射并渗透到学生的心灵之中，并产生积极或消极的影响。

教育家黄炎培先生曾谈到，改良之道，不独须从方法上研究，更须在思想上研究。历下区教育局采取各种措施，从诸多方面构建教师幸福的心灵大厦，提升教师的精、气、神，凝聚了教育本真的正能量。

一、实施教师健康工程

教师工作相对琐碎而紧张，导致教师易患有腰椎病、颈椎病、胃病等职业病。所以，在倡导教师积极工作的同时，教育局要求教师每天都要进行锻炼。一个身体健康的教师，不但工作效率高，心灵也会变得愉悦，从而有更强的幸福感。同时，教育局规定，学校每年为每名教师报销近 2000 元的体检费用；如果教师有了大病，则为其报销更多的医疗费。同时，教育局积极与医院沟通协调，如果教师上班期间没有时间，可以周六周日前去检查身体，还会为每位教师建立档案，并进行健康生活咨询与指导。这种如阳光般穿透生命的温暖，不但免除了教师的后顾之忧，还让他们从内心生发出感激之情，而此情会自然流淌在每位教师的教学生活之中，如春风化雨般润泽学生的心田。

陈仕学局长说，积极构建教师健康工程，让教师工作着，健康着，快乐着，这其中不只是得到实惠的问题，更重要的是使教师有一种被关注、被尊重的职业幸福感，也从另一个侧面体现出教师的人生价值。

二、职称评定工作进行到位

如果职称评定工作做得不到位，就会出现“几家欢乐几家愁”的尴尬局面，历下区教育部门则有效地破解了这个难解的问题。

其实，职称评定中的得失是一种常态。如果能让上者顺心，下者顺气，正当竞争就不会产生负面效应。为此，历下区教育局制定了一套科学化的职称评定标准，而且，整个评定过程全部按规则“出牌”，真正做到公开、公正、公平，让所有的教师都明白有的教师为什么能够评上，有的教师为什么评不上。所以，每次职称评定都是风平浪静，推送到上级主管部门的参评人选通过率也高达 95%。

陈仕学局长坦言，受指标限制，有的教师虽然取得了高一级的职称，有时却不能正式聘任。为此，历下区政府部门决定，对于在一线达到工作量、积极努力而水平又高的教师，另开“绿色通道”，让他们享受与被聘者同等的待遇。这些教师在倍受感动的同时，也产生了更大的工作热情与幸福感。

三、星级制为教师持续发展提供平台

歌德说过，人到底是在温柔的菩提树下成长，还是在刚毅的橡树下成长，情况不同，就会变成不同的人。

一名教师从低一级职称晋升到高一级职称，往往需要十几年的时间。比如，一位 30 多岁被评上中级职称的教师，一般到 45 岁左右才能被评上高级职称。如何让教师在这十几年里非但不产生职业倦怠，反而不断进取，体现其自身的价值，生成幸福感呢？历下区教育局采取了如下的措施——在整个职称序列运行过程中，平行设立了一到十级星级制，通过工作量、科研成果、教学水平等进行评定，让教师有一个持续追求的目标。与星级制相随的还有相应的 4000 元到 8000 元的个人专用基金，由教师自己支配，用于买书学习、外出培训、科研等。同时，建立名师工作室、名班主任工作室等，为积极进取、成绩突出的教师诠释生命的密码，提供能使其脱颖而出的平台。

四、读书使教师成为“潜力股”

英国历史学家卡莱尔说：“书中横卧着整个过去的灵魂。”英国诗人、政论家弥尔顿则说：“好书是伟大心灵的富贵血脉。”陈仕学局长特别重视教师的阅读，在他看来，读好书如同吸纳太阳的光华，不但可以滋养自己的生命，还是最好的备课。一位经常读好书的教师，会逐渐形成自己的语言系统与语言风格，不仅会将课讲得有声有色，其生活也会多姿多彩。因为，教师在读书过程中提升了人生境界，增长了人生智慧，进而更加热爱生活，更爱自己的学生，更爱自己的事业。

我曾应陈仕学局长的邀请，多次在历下区为教师做“读书与教师生命成长”等报告，每次去都让我感动不已。不只因为教师听得认真，还因我和教师在一起感受了读书带来的生命愉悦。

教师幸福指数的高低，往往与其所在的区域或学校是否形成了读书的氛围有着密切的关系。历下区教育局倡导读书，就是希望教师能从书中感受文化带来的智慧与力量，从而让自己越来越幸福，进而用这种精神感染学生，让学生也越来越幸福。

大诗人陆游曾对他的儿子说：“汝果欲学诗，功夫在诗外。”陈仕学局长对此有着深切的感受。他希望教师读教育专业方面的书，同时也鼓励他们读教育领域之外的经典之作。他说，这些从表面上看似与教育无关的书，实际上与教育有着内在的联系。读了各类的书，再从事教育教学工作，就会从“不识庐山真面目，只缘身在此山中”走向“横看成岭侧成峰，远近高低各不同”的高层境界。

在谈到读社会科学类书籍的意义，并讨论到历史上任何一个暴君都没有好下场这个话题的时候，陈仕学局长说，教师虽然不是暴君，可是，这些暴君的下场应引起教师警觉与反思。在某些时候，教师在家长尤其是学生心目中是强者。对此，教师不能有居高临下的心态，更不能从心理上伤害学生。因为当下的一两次伤害，有可能影响学生的一生。教师要“明明德”，要“止于至善”，要有一颗包容之心，要有意识地约束自己，要让自己成为学生最亲近的人。事实上，很多教师通过读书，更懂得了应爱学生，也知道了如何去爱学生。

读书能使教师成为“潜力股”，因为每一个教师都有巨大的发展潜能，读书是开发其潜能的最好途径。当一个教师不断从读书中品尝到无穷乐趣的时候，自身也便在持续不断地发展，进而从一般教师跃升为名师甚至教育专家。以前历下区教育局请专家来做报告的时候，大多教师不敢与专家交流；现在大不一样了，他们不但敢在大庭广众之下与专家从容地交流，有时候还会提出一些问题与专家进行商榷。有不少教师说，自己已经走在名师专家曾经走过的路上，未来的人生也会更加美好。

教师的阅读兴趣还会影响学生。教师读书时就像手持一支木桨，带领学生划进辽阔的水域。当学生也爱上读书的时候，就会让他们从单一地学习课本知识扩展开来，不但可以提高其学习能力，还能涤荡其心灵，丰盈其智慧。有一次，某位院士在历下区做讲座的时候，有几位初中生当场提出一些高质量的问题，让这位院士兴奋不已。学生在参加“青春飞扬”诗歌会时，既激情昂扬，又才华横溢，让学生家长与教育同行刮目相看，为此，区教育局还为学生出版了多部诗集。

五、培训让教师“听君一席话，胜读十年书”

历下区教育局高度重视教师的培训工作，一到假期，“镀金”活动便拉开帷幕，外出的“修炼”活动也持续不断。历下区教育发展的事实证明，在培训中，教师不但可以聆听专家的教育智慧，还会感受其生命的波折起伏，感受其生命能量的发芽、绽叶、抽穗。这些往往是从平时的文本知识学习中体味不到的。古人言：“听君一席话，胜读十年书。”这可谓至理名言。在培训中，这种感悟往往会成为激励教师成长的精神支撑，也会让他们矢志不移地行走下去，甚至会让他们在未来的教育教学上有所建树。正如美国学者彼得·圣吉所言，不管是对于教师个体还是对于教师团队，自我超越、改善心智模式、共同愿景、团队学习和系统思考是建设学习型组织的五项修炼方法，以个人愿景为基础，以学校组织文化为载体，培育个人愿景的互动与分享，实现全体教师愿景的整合与凝聚，使各位教师的内心不断深受感召，并自觉为之奋斗。

此外，考虑到当前教师与学生心理问题的出现数量呈逐年上升趋势，为了有效地解决这个问题，历下区对全区教师进行了全员心理咨询培训，对报考并取得国家心理咨询师职业资格证书者，全部予以报销学费。目前，各个学校不但有了持证上岗的心理教师，就是一般教师也要持证教学，并将其所学用于班级管理与教学工作之中。学生可以就自己的困惑与情绪障碍等问题，随时随地与心理教师交流沟通；心理教师则会对症下药，即时帮助学生解决。目前，历下区已有数百名持证上岗的教师，大多师生的心理问题都得到了及时的解决。

学校的发展依赖于教师的成长，而学校要为教师的成长提供更好的平台，这样，才能呈现出教师与学校都有所发展的双赢趋势。

六、让教师的心灵安顿

心态的优劣，不但是教师健康的晴雨表，而且决定着其幸福指数的高低。学校中比较优秀的教师，并没因为工作量太大而导致身体每况愈下，反而精神饱满、身体健康，这是因为他们有良好的心态。更重要的是，教师的情绪又会直接影响学生的情绪。一个在课堂上焦躁、易怒的教师，不管其掌握了多么高超的教学技巧，不管其采取了多么有效的教学模式，学生的学习都不可能是高效的，甚至会是无效的。因为一个长期处于不安全心理状态下的人，是不可能放飞思维产生高效益的。

陈仕学局长说，当今社会上有些人太过浮躁、功利，这种不良的风气有时候也会影响到学校，折射到教师的言行举止间。当教师的心灵浮躁起来的时候，教育教学工作就不可能顺利地进行。诸葛亮有言："非淡泊无以明志，非宁静无以致远。"教师的职业决定了其工作的性质，即要见利思义，见得思义，如果见利忘义，就会让心灵失去光泽。教师意志坚强且心灵安顿时，门就打开了，进来的是一缕春风，他们也就虚怀若谷、心如止水、幸福起来了。这样，学生也就少了浮躁，身安然而心坦然了。

七、感受"得天下英才而教育之"的幸福

一个人是否幸福，从本质上来说，与钱财多少、地位高下并无必然的联系，但与自身生命价值是否得以实现、是否被他人认同与欣赏有着密切的联系。当一个教师从学生那里得到高度认可、欣赏、敬佩时，洋溢于内心的喜悦就自然会转化成一种持久的幸福。

教师幸福感的相当一部分来源于自己学生的成长。孟子有言："得天下英才而教育之，三乐也。"当年孔子周游列国 14 年，磨难多多。可是，他因弟子三千、贤者七十有二而感到幸福与快乐以至"乐而忘忧"，也由此成就了盛名千秋万代的大教育家。孟子有言："人皆可以为尧舜。"如果每位教师都有一种高尚的教育情怀，都有一种积极追求的精神，那么一定可以收获人生的精彩。

陈仕学局长认为，从某种意义上说，每一个学生都有可能成为英才。所以，应当把学生的成长作为永恒的追求，而不是把学校一时的成绩作为成功的标准，这样才能从学生终身发展的角度思考如何更有效地进行教育。

谈及此处，陈仕学局长露出了自豪的神情。他说，在全国很多地方，甚至在国外，都能见到当年自己所教的学生，那份浓浓的师生情是其他快乐无法比拟的。中国近代著名教育家蒋梦麟先生曾说："有真学术，而后始有真教育；有真学问家，而后有真教育家。"毋庸多言，只有优秀的教师，才能教出优秀的学生。当年陈仕学局长的物理教学就有出神入化之

妙，传说故事、生命哲理自然地融入其课堂教学之中，学生从他身上感受到了物理的美，感受到宇宙星系的神奇，感受到了为师者的崇高。如果每一位教师都能像他当年一样，捕捉奥秘分析之奇妙，创造学科教学之大美，也同样可以培养出一批又一批“青出于蓝而胜于蓝”的学生，也同样可以享受到师生深情所赐予的幸福感。

八、当班主任是一笔巨大的精神财富

有人说，班主任不但工作量大，而且又苦又累，可是，在陈仕学局长看来，苦与累固然与其工作量的大小有关，可更与其价值追求的不同有关。如果只是为了完成任务或者为了其他比较世俗的目的而做班主任，就会叫苦连天，自然不会成为一名优秀的班主任，更别说精神高贵了。如果是为了学生发展、为了实现自身价值而当班主任，就会乐此不疲，尽管工作做得非常多，却不但不累，甚至还可以映射出灵魂深处的幸福火花。

陈仕学局长认为，一位教师的教学水平不管有多高，如果不担任班主任的话，绝对难以感受到与学生息息相关、生命辉映的那份真挚感情，更难以真正走进学生心里。所以，当班主任对于一位教师来说，当是一种幸事，是锻造自己生命成长的机遇。有了当班主任的经历，也就有了特殊的生命历练，才能成为真正意义上的幸福教师，这对于一位教师无疑是一笔巨大的精神财富。所以，陈仕学局长认为，教师要珍惜师生缘分，把握积极心态，拥有从容人生。

我在很多场合都感到，现在历下区已经拥有了一支人数众多的优秀班主任队伍。他们任劳任怨，积极向上，培养了一批又一批优秀的学生，同时，他们也在这个过程中成长起来了。

让课堂“翻转”起来

历下区系省政府部门等机关的所在地，有科研院所100多所，经济发达，环境优美，区域和谐，教育资源优质，被称为“首善之区”。

在这个区出任教育局局长，当是幸福之至了。可是，陈仕学局长并不满足。因为在他看来，所谓的优质，只是相对而言的：在济南市以至山东省，历下区的教育是优质的，可是放在全国，尤其是放在飞速发展的世界教育大背景里进行考量，就必须居安思危、应时而动。

一、在寻觅中选定改革之路

大家对于历下区教育发展的认可是一个不争的事实。可是，在相当长的一段时间里，许多教师并没有从根本上改变传统的教学模式。师讲生听、“满堂灌”的情况并非个案。而本应作为学习主体的学生，被束缚在被动学习的桎梏里。

这些情况常常炙烤着陈仕学局长的心。

当“可汗学院”这一新生事物出现的时候，陈仕学局长马上眼前一亮，恍若看到了新教育的一道曙光。随后的幕课、智慧型教室、翻转课堂，更让他有一种相见恨晚的感觉。为此，他专程赶到上海拜访华东师范大学幕课中心的陈玉琨教授、吴志鋐教授。他们一见如故，围绕翻转课堂等问题相谈忘时，及至深夜依然语犹未尽。陈仕学局长苦苦追索着让学生做主角的课堂形态，就在他“蓦然回首”之间，改革思路就那么清晰地呈现在眼前。

他返回济南后，马上召开教育部门领导班子会议，提出在历下区建设智慧型教室与开展翻转课堂改革的设想，并得到领导班子成员的一致认可与支持。

其实，并不是所有的学校都能够认识到建设智慧型教室与开展翻转课堂改革的重要意义，因为它需要具有先进的理念，也需要教师的广泛参与。历下区不但经济发达，而且区政府部门高度重视教育又有着远见卓识，所以，当陈仕学局长提议在全区各个中小学校建设智慧型教室、开展翻转课堂改革的时候，马上得到了相关领导的肯定和赞许。

历下区在省内率先成立了慕课中心，建成了一个高级智慧教育系统，从而实现了资源共享，传送速度非常快，更新率也极其高，提供了数以万计的包括思想品德、体育、艺术在内的各类学科的微视频和微课程，从而让更优秀的教师在网上有了更多的学生，也让更多的学生在网上接受了更优质的教育，在一定程度上实现了教育的均衡发展。

同时，历下区的智慧教育系统还实现了教师对每一个学生个性化学习的诊断，家长不需要让孩子去所谓的辅导班，即可了解孩子的学习情况，从而让个性化学习成为现实。

值得一提的是，历下区的翻转课堂改革得到了国外教育界的关注。美国加州州立理工大学亚洲语言及对外教学项目组的两位年事已高的专家，在网上看到历下区智慧教室与翻转课堂的建设情况，便带着他们的团队，自费乘坐飞机不远万里而来，与历下区教师进行了数天真诚而热烈的研讨。他们感慨不已地说，能与中国基础教育一线教师进行如此深入的交流，很震撼，受益也很大。

二、"翻转"教师传统的课堂教学观念

陈仕学局长的改革之路并不是一帆风顺的。那些习惯了传统教学方式的教师，包括一些优秀教师，对此并不感兴趣，有的甚至产生了抵触情绪。

陈仕学局长认为，翻转课堂首先不是课堂形式的翻转，而是教师观念的翻转，是让教师走下三尺讲台，让学生成为学习主体的一场教育革命。教师不能再独霸课堂、唯我独尊，一味地传授知识，而应变成策划者、"导演"与学生的学习伙伴，师生关系应从原来的从属关系变成平等互动的伙伴关系。所以，实施翻转课堂，受到挑战最大的是教师，因为它颠覆了传统课堂教学模式，必然也会颠覆教师固有的观念，甚至学生的一些表现也会让教师不知所措，以至教师必须重新学习，才能应对学生给予的挑战。

陈仕学局长是一个看准了就干的人，也是一个不怕困难且能克服困难的人。

历下区教育局挑选四位责任心强而又有一定学术研究能力的离岗校长组建了慕课中心，负责督导全区智慧型教室建设与翻转课堂活动的开展。同时，从台湾邀请高端专家，为教师开设关于如何使用智慧型教室进行翻

转课堂的专题讲座。

陈仕学局长欣喜地看到，一些有志于改革的青年教师，以及一部分中年教师，都已经跃跃欲试，积极努力地投入其中了。正如社会学家米尔斯所强调的："一个人要掌握方法和理论，就得变为一个自觉的思想者，一名了解在自己研究中所运用的假设和隐含意义的研究者。"只有当教师自行成为教学改革的思考者和实践者时，他才有能力和动力以方法为手段来翻转课堂，从而彰显出生命教育的意蕴。

三、使学生成为课堂学习的主人

诗人叶夫图申科说："凡人皆有其趣，人之命运似物换星移。凡人皆具特色，恰如星斗个个相异。"最近，我在历下区中小学的课堂上，看到了翻转课堂那"另类"的动人心弦的场景。

此处没有教师的课堂教学霸权，有的只是学生浓厚的学习兴趣。儿童对电子产品有着天然的亲近，一点就通，一学就会，有的甚至无师自通。课堂上，学生人手一台计算机，可以随时回应教师与同学的问题。更为可喜的是，学生展示自己的所学成果或评价其他学生甚至教师的时候，都拥有绝对的自主权。为了给自己所在的小组加分，学生不但积极回答问题，而且主动请"主持人"为自己的小组加分。此时，学生考虑的不只是自己的荣誉，更多的是小组的得失。这种合作精神、责任意识，在学习过程中自然而然地形成了。学生再没有心力交瘁的痛苦之感，有的只是灵气、自由与幸福。教育是什么？北京大学刘云杉教授答："教育不是'做'，即制造，而是'长'。每个孩子都是一个神秘的存在，都是一颗会发芽开花抽穗的种子。"而在德国教育家家斯普朗格看来："教育就是唤醒，将人隐藏的能力与自我的本质展露出来，使之显现于人人有规则的生活智慧中。唤醒不仅是一种教育技术，更是一种教育的艺术。"课堂成了"你"与"我"在语言与思维的交流中不断构建的富有积极意义的内在生活。

陈仕学局长说，孩子一天中四分之一或三分之一的时间是在学校中度过的，如果不能给他们一个喜欢学校、敬慕教师的理由，就更谈不上人生的幸福了。课堂，是学生学习与生活的主阵地，只有在课堂上感受幸福，才能实现学校生活的幸福。而学生当下的幸福，还会随着其生命的延伸体现出更多的含义。

有了对传统课堂的翻转，也就有了新型的评价机制。而这种带有激励性质的评价，不只要评价学习结果，更要评价学生学习的主动性、积极性及合作意识、创新精神、责任感，以及由此形成的幸福感。

四、在翻转课堂的影响下形成自觉性

当学生成为课堂学习的主角之后，教师是不是就无足轻重了呢？并非如此，越是翻转，教师的教学水平就越需要提升。美国学者盖伊·莱弗朗索瓦兹从心理学视角剖析了教师教学的心理过程，并认为这种潜在的高压力提高了对教师职责的要求。因为课堂上一些教师预设的教学思路会被学生即兴生成的思维火花所点燃，从而出现意想不到又精彩纷呈的课堂形态。这就需要教师既要掌握教学的航向，又不能压抑学生的开放性思维。教师备课只看教材与教学参考书已经很难适应这种课堂教学了，必须扩展知识视野，走进学生的学习与生活，让课堂教学成为吸纳知识、碰撞思维、生发智慧、快乐共生的生命殿堂。教师学习也应从原来的被动走向主动，从开始的迷茫走向明朗，开始享受与学生共同成长的幸福。

课堂的翻转，还是对教师课程内容与呈现方式的翻转。以前教师手持一本教案走天下，现在不同了——教师必须制订学生前置性学习的视频课程，因为学生在课前已经通过观看教师的视频课程进行了自我学习，课堂上单纯的知识传授越来越少。这些视频课程又不是封闭的，而是公开的、共享的，学生自己或在家长的帮助下选取所学内容的时候，如果教师做的视频课程不好，点击率就会比较低。这就迫使教师加速去读书学习，增加自己的文化底蕴，让自己制作的视频课程形神兼美。而这一次又一次的视频课程制作和修改的过程，就是教师一次又一次教学水平提升的过程。人本主义哲学家和精神分析心理学家埃里希·弗洛姆认为，思想只有活生生地物质化的时候才能影响人。教师所亲身笃行的教育生活乃是一种不言之教，久而久之，就会形成一种优质的教学思维惯性，甚至形成一种对教学敬畏的思想品质。当绝大多数人都如此而为的时候，教师教育教学的质量不就会越来越高了吗？

五、智慧型教室打破了学生学习的时空界限

苏联教育家苏霍姆林斯基说：“学生来到学校里，不仅是为了取得一份知识的行囊，而主要是为了变得更聪明。因此他的主要精力不应当用在记忆上，而应当用在思考上。真正的学校应当是一个积极思考的王国。”智慧型教室是实施智慧教育的主阵地，我们应致力于为学生的自主思考、自我觉醒和自我实现营造一个值得生活于其中的教育时空。

据陈仕学局长讲，家长对于孩子在校学习情况的关注度正在不断攀升，有了翻转课堂，家长可以随时随地“回放”孩子上课时的视频，进而了解其学习的具体情况，并有针对性地帮助孩子解决问题。那些在课堂上没有学会的学生也可以在视频回放中再次学习，还可以通过聊天软件向教师和同伴寻求解答。这就打破了学习的时空界限，甚至消解了一些学困生在课堂上学习的自卑心理，进而帮助其形成独立自学的习惯，养成了自学习惯也就迈出了求知上进的关键一步。

以往，孔子提倡的因材施教理念在一些教师的课堂上很难实现。如今情况不同了，历下区各个学校都有统一的智慧型教室，每个学生都可以借此择师而学。有时，学生与家长提出开设某门课程，本校未必就有现成的教师，但学校可以调选其他学校对此有研究的教师制作的相应视频课程，让学生的个性化学习成为现实。

办教育不但要真心实意，还要有国际视野，要有博大胸怀。学生是祖国的未来，将来要成为国家各行各业的建设者，所以，在当下的教学中，不但要让他们学好必备的知识，还要让他们从小就拥有大视野、大气度、大境界。杜威在其教育论述中强调，人的生活应是一个不断对世界开放的过程。开放意味着超越——超越自身的狭小圈子，超越有限的生活经验，超越潜在可能的偏见。智慧型教育与翻转课堂为学生打开了一个辽阔的天地，让他们足不出户就能了解世界，并积极地去探索其中的奥秘。

教育改革没有休止符

在历下区的翻转课堂搞得风生水起、收获好评不断的时候，陈仕学局长并没有居功自傲；相反，他一直在思考如何进行更深层次的教育改革。在他看来，教育改革没有休止符，教育者永远都要走在路上。

一、一师一优课，一课一名师

2014 年，教育部下发《教育部办公厅关于开展 2014 年度“一师一优课、一课一名师”活动的通知》，要求每位中小学教师应能够利用信息技术至少上好一堂课，每堂课至少有一位优秀教师能够利用信息技术进行讲授。那么，什么是优课？什么是名师？陈仕学局长认为，如果不将信息技术与学科特点，以及教师的教学个性有机地融合起来，是不可能形成真正的优课与名师的。令人欣慰的是，目前历下区已经出现了一些令人满意的优课，名师也不断涌现。上好一堂优质课已成为教育教学改革的突破口，不过，要想达到全面覆盖与高标准，则需要继续努力。

在陈仕学局长看来，翻转课堂不只是一种形式上的翻新，也不只是内容上的变革，还包括学科的个性化特质——对生命与精神的追求，这才是其价值之所在。比如，学生语文水平的提升更多的是通过大量读书、经典背诵的积累，以及不断写作训练才能完成。叶圣陶先生之所以说“语文教材无非是个例子”，就是告诉我们，学习语文是不能局限于教材的。所以，课堂上，除了小组合作学习、人机对话、生生对话、师生对话之外，还要让更多的经典文本走进课堂，丰盈学生的智慧。同时，每个教师都有着不同的文化水平，有着不同的人生经历，形成了各自不同的教学风格，所以，优质的课堂教学不能千篇一律，而应多姿多彩。腹中有物，才能出口成章；要想出口成章，就必须在读写上下大功夫。从某种意义上说，教师语文水平的高下决定着学生语文水平的高下。连一本名著都没读过的语文教师，是不可能引领学生去更广阔的天地的。这并不是说不要翻转课堂了，而是说如何更好地利用翻转课堂，让语文教学更有语文味，也更体现出“翻转”的新气象。

真正形成一堂优质课并不容易，它不是在某些专家的指导甚至众多名师的集体帮助下形成的不伦不类的“杂货铺”，而有着自己的教学个性、向往、渴求、呼唤。不然，“一课一名师”只是一句空谈。正如我国哲学家冯契先生所言：“只有在传授知识的过程中蕴含着正确的价值导向和深厚的思想内涵，学生所学到的知识才能真正化为理念、化为方法、化为智慧。”“一课一名师”所追求的即是在行动中践行转识成智的教育理想。

陈仕学局长说，“台上一分钟，台下十年功”，从表面上看是“一课”，真正得来却绝非一日之功。一位真正的名师，不只要上好一节课，还要上好很多节课，由此形成自己的课堂教学标记，形成具有鲜明个性的学科特点。水平一般的教师，费了九牛二虎之力也很难上好一节优质课。所以，教师一定要提升自己的业务素养，把通感形态转化为视觉形象，提升自己的人生境界，让“一课”成为名副其实的优质课，并不断地深化“一课”的功效，促进更多优质课的诞生。

这确实需要一个过程，但是，没有过程难得结果。绝大多数教师都有成为名师的潜能，只有不放弃自己的人生追求，扎扎实实地练功，才能抵达明亮的生命前程。

二、构建教育教育改革的品牌

不管是翻转课堂的推进，还是“一师一优课，一课一名师”的开展，历下区都取得了可喜的成绩。陈仕学局长却认为，目前，历下区的教育改革仍然行进在探索的路上。在他看来，历下区的教育改革如何在已有的基础上“更上一层楼”，构建一个既有理论支撑，又有操作系统的教育改革品牌，是当下以至今后许多年需要面对的攻坚战。

“它山之石，可以攻玉。”学习与研究他人的经验，就是要锤炼自己的教育改革品质。此前，陈仕学局长曾带领校长与教师先后到不少教育改革典型区去学习经验，而且从理论层面上认真研究了各种教育流派的著作。

现在，陈仕学局长已经开始将有志于改革并在理论与实践两方面都有研究的人员组建成一个团队，对既有经验进行系统的归纳与总结，广泛地到中小学校进行调研，总结出属于历下区教育品质的内核，构建出有着历下区特色又具有前瞻性思想的教育改革理念及路径，从而形成自己的教育品牌，进而产生一定的辐射作用，造福于更多的教师与学生。

虽然历下区的教育改革已经取得了巨大的成绩，但是，陈仕学局长说，改革还在进行时。因为他有着办教育的真情怀，有丰富的教育教学专家资源，也有愿意跟着他“走到底”的一大批教育改革者。“士不可以不弘毅。”远大的志向与抱负，定会在“上下而求索”的改革之路上交响成凯歌。

三、局长与校长应当是教育改革的第一责任人

教育改革意味着教育文化的改良与改造，意味着教学活动主体文化品位与涵养的提升。构建一套新的教育改革系统，需要专家的引领与教师的实践。教育局局长应当具备强烈的社会责任感，在政策引领及推动改革的过程中，既要仰望星空，又要脚踏实地推动教育改革工作的开展。而校长必然要深入其中，率先垂范，躬身笃行，革故鼎新，才能让改革持续推进。

陈仕学局长说，有的校长虽然支持教育改革，同时又认为这应是业务校长的事情，自己只需统揽全局即可。其实，校长才是教育改革的核心人物、第一责任人，起着主导和关键性的作用。尤其是在今后构建历下区教育品牌的改革中，校长要“接地气”，绝不能成为局外人。不然，改革越往前走，校长越会与改革的队伍渐行渐远，甚至成为教育改革的障碍。

在陈仕学局长还担任校长的时候，他就在山东省物理专业研究会的一系列活动中经常与名师专家进行交流，他不仅是物理学科的一位名师，还是整个学校推进教育改革的领头人。在他看来，探索改革是教育发展的源头活水，校长是教师，也是教研员，更应当是教育专家。所以，校长应“换位体验”，大胆改革，与教师并肩作战，共享成功的滋味。

陈仕学局长介绍，历下区的不少校长都有思想、有情怀，业务能力强，如果能在未来教育改革中大胆探索、持续实践，就有可能成为走向全省乃至全国的名校长，形成历下区教育的品牌。这不只是一种宏愿，必将

在历下区全体教育者的努力下变成现实。

梁启超曾指出："盖凡为教育家，必终身以教育为职志，教育之外，无论何事均非所计；又须头脑明净，识见卓越，然后能负此重任。"以此为鉴，陈仕学局长及其同事矢志教育，锐意改革，成绩斐然，体现出强烈的历史使命感和社会责任意识。重温他们的成长历程，体悟他们的躬身实践，其为人、为学、为政，都令人景仰、感慨和深思。

走在敢为敢当的教育改革路上

——采访大连市保税区管委会常务副主任宋晓波

保税区管委会常务副主任宋晓波

近年来，辽宁省大连市保税区教育在优质快速发展的同时，其美誉度、知名度也在持续攀升。这些地处农村的中小学，是如何异军突起、走出低谷、创出佳绩的呢？它们的经验究竟能不能“复制”，能否给中国的农村教育带来一些启示呢？为此，大连市保税区管委会常务副主任宋晓波为我们解读当地教育发展的内在密码——彻底破除各种障碍，打造出一套开放、竞争、牵引、“伏击”、联动、充满活力的机制。

双向选择，摘牌上岗

《吕氏春秋·尽数》有言：“流水不腐，户枢不蠹。”其实，教育亦然，也要不断地“流动”“转动”，才能焕发出勃勃的生机。

毋庸讳言，在某些学校，“流水”变“腐”、“户枢”遭“蠹”并非新闻，以致有的教师产生职业倦怠，牢骚满腹。宋晓波副主任认为，一般的教师都是通情达理的，不能将责任推到他们身上，而应从主管部门寻找原因。通过研究，他们发现，其中一个重要原因就是主管部门没有创设一种“能者能上，庸者能下，劣者淘汰”的机制。因为，不好的机制本身就是一种腐蚀剂，它会造成教育教学停滞不前，甚至出现畸形发展，让不思进取的教师的工作状态每况愈下，让优秀的教师也逐渐变得懈怠起来。

美国行为科学家爱德华·劳勒与莱曼·波特认为，激励并不是一种简单的因果关系，要使激励产生预期效果，就必须考虑奖酬内容、管理制度、组织分工、目标设置、公平考核等综合因素，还要注意个人的满意度在激励中的反馈。基于这样一些思考，在充分调查与研究的基础上，《大连保税区中小学试行“双向选择，摘牌上岗”聘用制度的实施意见》（以下简称《意见》）正式出台。

所谓“双向选择，摘牌上岗”聘用制度，即年部（学段）主任实行竞聘上岗制，年部（学段）主任再聘班主任，班主任和各学科教师在表达各自意愿的基础上实行双向选择，摘牌上岗。超编的学校人员也可以到缺编学校竞聘岗位。

对于未能竞聘上岗的人员，鼓励他们敢于承担和面对，按照《大连市事业单位聘用合同规定》的要求，可再竞聘其他行政或工勤岗位。对于仍未能竞聘上岗的人员，学校酌情安排相应岗位。对于拒不服从安排的，按相关文件规定处理，直接解除聘用合同。在“除痈”“修剪”的行动中，保税区完成了一次刷新教育的过程。

于是，改革的潮水带着强大的辐射力席卷而来，各学校应声而动，积极参与，有人说：“保税区教育的春天来了。”具有引爆作用的《意见》明确规定：在整个聘任教师的过程中，坚持德才兼备、以德为先的用人标准，坚持民主、公开、竞争、择优的原则，坚持精简、高效、扁平化的原则，坚持责、权、利相结合的原则，切实维护广大教职工的合法权益。上述规定使人深刻地感受到，管理与制度是一种有着多重目的的机制，而在这多重机制中，人的因素是最重要的。

宋晓波副主任说，自从带有淘汰性质的《意见》实施以来，教师的情绪和干劲一浪高过一浪，个个交出了“新答卷”。“能者能上，庸者能下，劣者淘汰”在保税区教育中已经形成共识。“重组合”让教育这潭“死水”变成了“流动不居”的“活水”。广大教师各自挖掘着优势和潜力，公平竞争、积极向上的态势蔚然成风，“专、精、特、新”的教师队伍凸显出前所未有的活力。这种优质的生命状态，还在有意无意间向学生辐射，从整体上提升了学生的幸福指数。

多劳多得，优绩优酬

多劳多得本来就是天经地义，但是，真正推行起来往往阻力重重。美国学者亚当斯在综合有关分配公平和认知失调的基础上得出这样的一个认识：人们往往是通过寻求一种人与人之间的社会公平而被激励的。所以，很多教师习惯了吃“大锅饭”，认为平均主义才是所谓的公平合理，长此以往，必然会助长平庸与懒散，而压抑努力工作者的积极性，让原来工作积极的教师也慢慢消极起来，结果导致教育教学的质量不断下降，学生本应受到的优质教育也成为虚幻。

宋晓波副主任说，为了让所有教育战线上的人员都被刻上教育改革的印记，保税区在分配制度上进行了大刀阔斧的改革。2012 年出台的《关于大连市义务教育学校实施绩效工资的意见》明确规定，义务教育学校教职工工资由基本工资、基础性绩效工资、奖励性绩效工资、特殊岗位津贴（校长津贴、班主任津贴）构成。在其他各项工资按月按标准发放的基础上，将按照每月人均 1700 元奖励性绩效工资由财政全额拨付给学校，学校参考教师的实际工作量、岗位（职务）、能力水平、贡献大小等因素进行合理分配。

宋晓波副主任还说，为让教师把头昂得更高、脊背挺得更直，在实施的过程中，保税区教育部门坚持两个原则：一是多劳多得、优绩优酬的分配原则，重点向一线教师、骨干教师和有突出成绩的教师倾斜；二是坚持动态管理原则，对教师的考核要按月实施，由专人管理，严格考核，确保科学公正。用真诚“降服”，用机制“驯服”，暗示着在大浪淘沙的年代，必须学会更新自己，而这种内在的自我澄明，恰如德国心理学家勒温在其著名的场动力论中所表明的，要使外部刺激成为激励因素，还要看个体内部动力的强度，外部刺激与内部动力的乘积才能决定一个人的行为方向和强度高低。

宋晓波副主任认为，在制定分配原则的同时，要站在时代的高度上，运用科学的分配办法，用清晰的文字让教师明白：奖励性绩效工资主要由课时津贴、目标管理津贴、出勤津贴和学期奖等构成。一线教师的奖励性绩效工资由上课津贴、备课津贴、批改辅导津贴、目标管理津贴、出勤津贴等构成；行政管理人员和工勤人员的奖励性绩效工资依据其工作任务完成情况和工作的实际效果等核定，标准按照任课教师平均课时津贴乘以一定系数执行。国外学者基于心理学研究结果提出，如果薪酬具有可选择性，那么教师的业绩表现与薪酬是正相关的，而这种可选择性的设置空间旨在充分发挥教师勇于竞争、敢于担当的心与气，直接打开教师灵魂的“天窗”，使所有教师“蜕变”，成为全新的自我。

为什么在有的地方发放绩效工资困难重重，甚至出现这样那样的问题，在保税区却十分顺利呢？

宋晓波副主任说，要准确发力，精确落地。出台新政策之前，他们进行了认真的调查，深入地研究群众所关注的焦点，考虑到了方方面面的诉求。即使面对教师的某些不合理的要求，也不会一味批评，而是耐心地进行解释说明。她说，要让绝大多数的教师对新出台的政策有高度认可，至少要解决好下面三个问题：一要让全体教师知情，从认识上突破；二要让他们把想说的话说出来，从精神上突破；三是要让他们感到公平合理，从思想上突破。更重要的是，通过绩效工作考核这个杠杆，让干得好的教师有多劳多得的荣耀感，让少劳少得的教师有一种紧迫感和危机感。美国当代教育管理学家托马斯·J. 萨乔万尼认为，这种道德的规约是教师工作最大的动机，尤其是领导的道德权威最能激发学校学习共同体内部成员的内部动机，促进其进行自我管理，使学校达到不治而治的境界。

挂牌名校，招聘名师

在保税区经济腾飞的同时，教育也需要与之共舞。教育要发展、要强大，就必须有名校作为支撑，可是，保税区的学校原本就是“土生土长”的“土老帽儿”，休说在全省没有名气，即使在大连市也是名不见经传。

孔子说：“名不正，则言不顺；言不顺，则事不成。”那么，如何较快地“名正”“言顺”地“事成”而涌现出名校呢？

古今中外，大凡名校都具有独特的精神气质和文化魅力，校长是学校文化的塑造者，教师是学校价值观的践行者。充满智慧的保税区领导早已领悟：要达到质的飞跃，必须新建学校，从全国招聘名校长与名师，挂牌全国名校，持之以恒地让名校从这片大地上迅速崛起。

想到就要行动，当即，宋晓波副主任就着手向素有联系且享誉全国的东北师范大学附属实验学校致意，并亲自带队前往长春进行考察，最终与之签订了创办东北师范大学大连保税区实验学校的合作协议。

这所学校于2015年6月破土动工，建造成为具有全国一流设施的高标准学校，2016年9月开学招生。为了名实相符，还专门从东北师范大学附属实验学校引进一位校长，又面向全国招聘骨干教师。因为他们知道，名校哺育名师，名师衬托名校，名师就像一道独特的教育文化景观，他们的精神状态与生活写照就是一所学校能否成为名校的判断依据。

宋晓波副主任说，有一大批名师闻讯前来应聘，因为他们所提供的条件非常优厚。比如，这次招聘的15位名师，全部享受保税区学校同等条件人员工资和津贴补贴待遇。试用期为一年，首次聘用期为三年，服务期为三年。对试用期满经考核合格的优秀教师，一次性给予10万元安家补贴；对具有特级教师或省级学科带头人资格的教师，一次性给予20万元安家补贴；对副校长一次性给予20万元安家补贴；对校长一次性给予30万元安家补贴。

为了让招聘到的教师安居乐业，他们还在辖区内为骨干教师提供一套80平方米左右的周转房；特级教师或省级学科带头人和副校长周转房的面积为100平方米左右；校长周转房的面积为120平方米左右。周转居住期限为五年。政策与办法、机制与鼓励，使保税区教育变得生机勃勃。

宋晓波副主任认为，给予名校长与名师相应的待遇，与物质激励不是一回事，它反映了保税区对人才的重视。当这些名师来到保税区后，不但有了“英雄有用武之地”的感觉，还产生了被信任、被重用、被赏识的幸福感。

宋晓波副主任真诚地说，不但要留住名师，让他们有归属感，还要为他们提供继续发展的平台，让名师尽早成为省级、国家级的名师，让他们在照亮学生生命前程的同时，也不断照亮自己的生命前程，从而使自己更有名望和威信，以至成为教育专家乃至教育家。

宋晓波副主任预言，用不了几年时间，东北师范大学大连保税区实验学校就会从大连走向全省乃至全国。更重要的是，保税区的学生也会因在这所名校里学习而拥有更加美好的前程。

其实，宋晓波还埋下了一个“伏笔”，那就是，将来保税区不仅有这样一所名校，还将陆续建两所、三所以至更多的名校。让全区的孩子接受优质教育，这是他们追求的目标，也是他们谨记于心的使命。

学前外包，委托管理

提起保税区的学前教育，宋晓波副主任很是感慨。她说，五年前，他们整个区还没有一所公办幼儿园，为数不多的民办幼儿园的教育教学水平也有限。办好学前教育，尤其是创办高质量、高品位的幼儿园，优化幼儿的生命成长质量，是保税区一项极其重要的任务。

为此，保税区决定创建两所高规格、高质量的公办幼儿园，但是，保税区没有这方面的优秀管理人才，也缺少优秀的师资。怎么办？经过研究，他们最终决定采取“政府所有、服务外包、委托管理、第三方评估”的方式，并以此为桥梁，面向全国公开选择省级示范性幼儿园并购买其专业化服务，从而让保税区老百姓享受到优质的学前教育。这种运营模式和管理体系，既克服了保税区学前教育底子薄、管理能力弱的不足，又确保了办学活力，加快推进了学前教育向优质、特色、公益、普惠的方向发展。

具体到管理方面，幼儿园产权所属是保税区，但保税区领导并不介入其中的具体管理，而是充分发挥外聘园长与新聘教师的积极性。不过，也不是对其完全放任自流，而是以第三方评估的方式对幼儿园进行全方位的考评。根据评估标准，得分 70 分以下，亮起黄牌；得分 50 分以下，终止合同。

第一年招生，家长们就为孩子入园踊跃报名，可以容纳 270 个孩子的两所幼儿园，很快就满额了。

外包园长与新聘教师不辱使命，孩子在幼儿园里不但快乐无比，而且很多方面都得到了优质发展。第一年的“六一”儿童节召开庆祝活动，孩子在台上的精湛表演让台下的家长感动得泪流满面。

宋晓波副主任兴奋地说，这种做法在全省教育系统中进行交流之后，辽宁省教育部门领导对此给予了高度评价，说这种办学方法具有强烈的时代感和实用性，能直接给老百姓提供优质服务，这种高起点的办园经验值得大家学习。

恰如陶行知所言：“教育者所得的机会，纯系服务的机会、贡献的机会，而无丝毫名利尊荣之可言。”保税区的一群教育实干家，用热情、探索证实着他们对教育事业的忠诚。

教学改革，风生水起

杜威曾说过：“教室是教学的实验室。”要开展教学改革，首先应从教室里的课堂开始。保税区的中小学地处农村，多年来，教师大多沿袭着传统的教学方法，照本宣科，一讲到底。学生被动听课乃至厌学的现象比较严重，辍学率居高不下。如何让课堂成为师生共同演绎生命精彩的智慧场，成了保税区领导思考的关键性问题。

宋晓波副主任说，用心定位，心定则灵。2011 年初冬的一天，保税区教育文化部门的领导来到她的办公室，兴奋不已地谈到孟照彬教授在广西壮族自治区玉林市玉州区成功推行“MS-EEPO 有效教育”的改革盛况。那些地处偏远农村的学校进行改革之后，不少教师脱颖而出，成了名师；学生主动学习、乐于学习的场面让人惊喜不已。听到这些介绍，宋晓波副主任心领神会，马上认识到：这就是一剂医治“心口痛”的良药。她自信满满，当即拍板，引进了这一让教育焕发生机的改革项目。就这样，从 2012 年 3 月开始，保税区在全区范围内引入了“MS-EEPO 有效教育”改革项目。

2012 年 12 月，孟教授带领着他的团队，在大连保税区第一高级中学进行了为期五天的全国性培训和展示活动。

过去，人们认为农村学生在课堂上不善表达是种常态，可是，在孟教授的引导下，学生全然改观，个个意气风发，能说会道。看来，不是学生不会说话或说不好话，而是教师没有教会他们说话，甚至连让他们说话的机会都无意间给剥夺掉了。

据宋晓波副主任介绍，从那之后，保税区推进“MS-EEPO 有效教育”的工作就如火如荼地开展起来了。

校长对教学改革的认可与参与度的高低，是能不能将改革深入进行下去的关键。为此，保税区在校长任命上“大动干戈”：起用甚至外聘支持并积极推进“MS-EEPO 有效教育”的校长；就地免去改革不积极，尤其是反对改革的校长；对改革没有起色的校长，全区通报，给予“黄牌”警告。宋晓波副主任认为，教学改革不只是教师的事，也不只是分管教学的副校长的事，而是校长的责任，正如陶行知所笃信的：“校长是一个学校的灵魂，要想评论一个学校，先要评价它的校长。”

大连保税区第一高级中学的韩增圣校长，就是在这场改革大潮中被外聘而来的校长。在他的带领下，学校推进“MS-EEPO 有效教育”的进程不但快，而且学生的综合能力得以大幅度提升，教师也从开始的不接受、怀疑，到后来的认可，再到积极投身改革之中。于是，教学就产生了巨大的变化。

宋晓波副主任说，不只是韩增圣校长，大连市 111 中学的李荣芳校长在这场改革中也大显身手。他原是体育教师出身，可是，为了推进改革，他竟然宣布，自己要在学校为学生上一次“MS-EEPO 有效教育”的公开课。不少人为他捏一把汗，有人甚至说他胆大包天。可是，谁也没有想到，他的课像山泉一样，竟然流淌着大山的魅力，他旗开得胜，赢得了热烈的掌声。“复活”的学生热火朝天，闭关自守的心灵打开了，表现出来的创造性与迸发出来的灵感让教师感到振奋不已。“动人以言者，其感不深；动人以行者，其应必速。”接下来，就顺理成章地在全校展开“MS-EEPO 有效教育”的改革。

宋晓波副主任谈起保税区课堂教学改革的时候，深感他们是这一改革的亲历者，也是最大的受益者。虽然只有两年多的时间，可是，教师们谈起“MS-EEPO 有效教育”中的理论和术语，个个都说得头头是道。

“MS-EEPO 有效教育”项目如同一棵结满果实的树，囊括了大爱的智慧和温馨。当教师与学生掌握了其操作流程之后，他们炽热如火的生命定会教得有品质、学得有兴趣，提高教学水平、考出好成绩自然就水到渠成了。

宋晓波副主任认为，推进“MS-EEPO 有效教育”项目，不能只是教师与学生动，也不能只是校长动，教育局局长更应当走进其中。只有这样，才能将改革深入地开展下去，才能让师生的生命价值真实地呈现出来。

宋晓波副主任说得好！保税区教育部门领导就是推进课堂教学改革的先锋，只要孟教授来保税区讲课，教育局局长一定是场场必听，即使外省区实验点有了这方面的活动，只要不是太忙，他也会专程赶到。那种专注听讲的神情，会让你感到他不是一个领导，而是一个谦虚好学的学生。

同样是只要有时间，宋晓波副主任就会去听孟教授的报告，就会走进课堂。她对改革的重视，从一个小小的细节上可见一斑——

2014 年 8 月下旬，我与孟教授一起来到保税区，并走访了几所学校。24 日早饭后，我与孟教授正在赶往大连机场的路上，突然接到宋晓波副主任的电话，说她正在赶往机场，她要挤出时间，在机场与我们再次交流。于是，我们就在机场寻得一个僻静之处与她交谈。她那么谦虚地听孟教授讲继续推进“MS-EEPO 有效教育”的设想，后来又以征询的口气谈了自己的看法，以至谈得忘时而延误了乘机时间。

宋晓波副主任说，在推进“MS-EEPO 有效教育”项目的过程中，他们与孟教授签订了三年合同，现在已圆满完成了任务，三年期限将到，他们还会与他继续签订三年合同。因为，在合作期间，每位校长和教师都找到了自信，学生也走进了乐学、善学与好学的境地。

领导重教，给予政策

教育的均衡发展既是教育发展的高境界追求，也是指导教育改革、教育发展、教育创新的全新的、科学的教育发展观。然而，综观当今某些地方教育发展不均衡的问题，除了受经济因素的制约之外，还与该地区领导有无前瞻性眼光与大胆的改革思路有着密切的关系。因为真正意义上的均衡，当然涉及硬件因素，比如，保税区在建造中小学与幼儿园的时候，投入巨大，每所学校与幼儿园都是当地最美的风景。可是，更重要的是，政府将工作重心放到了关心教育、支持教育和给教育“松绑”与放权上。教育最大的生产力，不是看给教师发了多少工资与奖金，而是让校长与教师能够主动地、有创造性地去工作。经济学家张维迎指出，人的行为不仅受利益的支配，也受理念的支配。可以说，先进的理念才是教育最大的生产力。

宋晓波副主任坦言，出台招聘校长、教师以及按劳分配等政策的时候，也有人善意地提醒过她：尽管这些政策都很好，可是，会不会由此引起某些不安定因素？

其实，起草这些文件之前，他们就曾认真“把脉”、仔细分析过，最后，大家达成了一致的意见。事实上，教师的确是深明大义的，非但没有对出台的政策有所抵触，反而有了更大的工作热情。

同时，管委会领导大气、公正，敢于担当，对有利于教育的政策都是“特批”出台。他们认为，早出台比晚出台好，即使出点小问题，也可以及时得到解决。无论如何，无私天地宽，公正人敢行。现任党工委领导说，不能畏首畏尾，更不能在职不干事，只有敢做敢当，才能把教育搞好。他对宋晓波副主任及保税区教育部门领导说：“如果出了问题，我来承担责任。”铿锵有力的话语，成为大胆改革的动力，更是教育实现“满堂红”的“大后方”。

宋晓波副主任说，每次听领导谈到教育问题的时候，她的心里都特别激动和感动。因为有了领导的大力支持，她就能在寻梦之旅中勇敢前行了。她深情地说：“为官一任，任劳任怨；造福一方，无怨无悔。如果只是‘当一天和尚撞一天钟’，那才枉为人生。”教育抵达真情处，一字一句都是诗啊！所以，这几年保税区的教育才获得了一步一个台阶的良性发展。

诚哉斯言！领导干部有了教育良知与教育情怀，不但会给当地教育带来希望，其自身生命也会闪现出独特的光芒。他们在教育改革的浪潮中磨炼、坚守，用崭新的思想、新异的做法和一腔热血，辟径而行。而在教育一线的实践者，则矢志不渝地行进在改革的大道上，用担当与使命、追索与求新来历练自己的精神生命，这种光芒一定能照亮保税区的教育天地。

激活师生思维张力的探索与实践

——采访广西壮族自治区教育厅厅长秦斌

广西壮族自治区教育厅厅长秦斌

2014年10月20日中午，我在柳州初识广西壮族自治区教育厅厅长秦斌，刚交谈了几句，我便被他的干练所折服。他清澈如溪水般的话语导引着我不由自主地走进了他博大的教育情怀里。

秦斌厅长的思路极其清晰，他用“增量提质”来概括近年来广西教育发展的总体任务。这四个字的丰沛内涵，在他如数家珍的语系里，不时摇曳着灿烂的教育思想与智慧。

在知难而进中实现“增量”

广西属于少数民族聚集区，经济欠发达。如果说东部沿海地区学校的硬件建设有了突飞猛进的发展，以至可以与世界发达国家相提并论的话，那么广西还需要解决教育硬件上的一些“温饱”问题。自治区党委、政府领导深刻认识到这一点，强劲的内在动力促使他们高度重视教育发展。知难而进，刻不容缓，他们决心按照自治区基础教育标准化要求，建设足够数量的学校，满足人民群众日益增长的教育需求。为此，出台了《中共广西壮族自治区委员会、广西壮族自治区人民政府关于加快改革创新全面振兴教育的决定》，实施“双千计划”，即多渠道筹措1000亿元以上资金，新建1000所以上学校，改、扩建一批学校，着力解决“增量”问题。还提出要实现“三个基本”，即基本解决“入园难”问题，基本消除“超大班额”“大通铺”现象，基本普及高中阶段教育。

秦斌厅长认为，对于经济欠发达的广西来说，完成“增量”任务可谓任重而道远，然而，自治区党委、政府奉行“言必信，行必果”的原则，坚持优先发展教育，重点发展优育，应该投入在教育上的资金再难也一定要完成，这就为教育事业的发展注入了一种特殊的精神力量。

但经济投入仅靠政府是不够的，还要开发更多的资金渠道。荀子有言：“假舆马者，非利足也，而致千里；假舟楫者，非能水也，而绝江河。”同样，广西的教育发展，也要“善假于物”。而开发民间资本，大力推进民办教育发展，当是完成教育“增量”的一条重要渠道。

秦斌厅长认为，做教育难，做经济欠发达地区的教育更难，它需要责任感、气度、胸怀。做教育是一件无上光荣的事情，能让经济欠发达地区的教育优质快速地发展就更加光荣了。教育工作者一定要有创新意识，一定要发挥联动效应，一定要有教育良知，一定要心中有学生。有了这四个“一定”，再做“增量”工作的时候，不但不会懈怠，还会在以苦为乐，以至在工作中享受解决困难带来的愉悦，感受教育发展带来的幸福。

“提质”是义不容辞的责任

秦斌厅长说，广西经济不够发达，文化也相对落后，要想让全区优质快速地发展起来，必须有人才做支撑，而人才的培养要靠教育，所以，教育到了一个必须改革的临界点。要想让广西的学校赶上东部学校的硬件水平，是件困难的事情。就目前来看，我国东部地区和西部地区的教育硬件设施的差距不是在缩小，而是在拉大，有些优秀教师离“巢”而飞向东部发达城市。

他感慨地说：“有些事情是我们左右不了的，可是，我们心怀广西发展大业，心系教育大业，不但不能灰心丧气，还要想方设法在困境中突围。于是，我们坚定不移地选择了教育教学改革，努力提升教师的教学水平与学生学习的质量。《周易》有言：‘穷则变，变则通，通则久。’穷则思变是广西教育人的共同梦想。我们不怕苦、不怕累，就怕寻不到教育优质、快速发展的路径。”

广西当前的教育现状是教师教育观念陈旧，课堂比较安静，学生思维不太活跃。其实这不只是一个地区存在的问题，全国不少地区也在不同程度上存在这个问题。儿童从出生之日起，就充满了好奇与想象，可是，应试教育在无形中压抑了他们的天性，折断了他们想象的翅膀。冲破应试教育的藩篱，还学生自由的心灵与开放的思维，是有志于改革的教育工作者的共同追求。

所以，“提质”就成了广西教育时不我待的一个任务。那么，如何“提质”？秦斌厅长认为，“提质”就要尊重教育规律和学生的身心发展规律，着眼于培养学生的学习能力、实践能力和创新能力；切实为学生“减负”，把教育教学重点落实到激发学生学习兴趣、养成其良好学习习惯上来，落实到引导学生参与社会实践、促进学用结合上来，落实到鼓励学生独立思考钻研、勇于开拓创新上来；坚持促进学生德、智、体、美全面发展，着力提升学生的身体素质、心理素质、劳动技能及审美和人文素养，使学生拥有丰富的知识、健康的身心和强健的体魄。

选择“MS-EEPO有效教育”的理由

秦斌厅长说，在教育教学改革的路上，广西教育人一直在探索中前行。尽管这种探索有时也很艰难，甚至还走过不少弯路，可广西教育人人穷志不短，“士不可以不弘毅”是广西教育人最好的写照。他们希望能通过教育教学改革赶上发达地区的步伐。所以，在相当长的一段时间里，他们曾持续不断地外出学习全国典型经验。很多学校在“取经”后，都进行了一次又一次的改革尝试，这种坚持不懈的努力使他们得到了一些回报。

秦斌厅长告诉我，为了“提质”，他们根据教育现状，选择了“MS-EEPO有效教育”项目作为系统改革区域性教育结构的突破口，并运用行政手段推广这种新的教育范式。

一、十年磨一剑的玉州教育

梦在黎明，路在脚下。坚持走探索创新之路，是广西教育复兴的关键。十年前，广西玉林市玉州区在新课程改革的征途上，率先奏响了“MS-EEPO有效教育”的旋律。他们认定，这项教育改革能让经济欠发达区域的教育发生整体性变化。古人言，“十年磨一剑”，玉州教育经历了一次又一次的磨炼后，终于得到了凤凰涅槃般的生命飞跃，彰显了他们的工作力度和决心。

秦斌厅长激动地说，当初玉州区推广“MS-EEPO有效教育”时，阻力之大是旁人难以想象的。教师习惯了传统的教学方法，一旦换一套全新的教学方略，不但会将教师原有的教学思维击破，还需要教师学习新的“套路”。尤其是那些年龄大的教师，难免有抵触情绪，而城里有些名气的教师根本不知道当年的“发动机”已经老化，他们对这套新兴的“玩意儿”不屑一顾，甚至说三道四。而真正的改革，只好从农村艰难地开始。

即使如此，玉州教育人硬是坚持了下来。“MS-EEPO有效教育”汇集了每位参与者的最大能量，让教师人人有舞台，个个有创新，而且一搞就是十年，其中的酸辣苦甜，只有身在其中的人才能品尝出来。尽管为了这项改革，很多教育干部、教研人员与教师“为伊消得人憔悴”，但他们在困境中永不放弃，在实干中超越自我，在探索中勇往直前，终于收获了惊喜。今天“蓦然回首”，才发现“灯火阑珊”处的那道最美的风景——有一种自强不息的精神支撑着他们在奋起中焕发出勃勃生机。

有人称这项改革是“农村包围城市”，以点带面，从线到片，逐步形成大围合趋势。且不去评说这种说法科学与否，但有一点是肯定的，那就是农村教育改革如火如荼地开展的时候，成果也接踵而至。学生的学习成绩不但没有下降，反而持续提高，而支撑着这种高位态势的正是那种课堂中的热烈景象与师生的幸福感，于是，城里一些学校的教师也动心了，一些骨干教师也卷入这股洪流之中。因为敏感的神经让他们意识到，改革是教育教学发展的唯一出路。

“人心齐，泰山移。”在“MS-EEPO有效教育”推进的过程中，涓流成海，各地纷纷传来成功的课堂改革喜讯。

就在秦斌的教育厅厅长任命书还在既定程序中流转的时候，他就已走进了玉州区的教育改革中。他惊喜地发现，这里的课堂不是教师“一言堂”，而是学生思维碰撞的聚集地。单元组形式应运而生，甚至大组、超大组也在课堂上展现出独特的魅力。课堂上的约定文化让学生在静态学习方式和动态学习方式之间自如地转换，不但实现了知识学习的高效率，还有了素养的提升。学生的思考能力、合作意识、沟通技术、组织能力、尊重他人的品质和良好的习惯，在课堂学习中自然而然地形成了。

现在有些学生的厌学情绪一直得不到有效改善，课堂上学生睡觉的情景也常能见到，即使不睡觉，有的学生也是一副无精打采的样子，这让教育工作者忧心忡忡。秦斌厅长说，他到玉州教育改革实验区调研时，一下子打开了这个心结。他看到教师和学生在互问互答、相互讨论问题中走向了愉快的“绿色”通道，课上没了睡觉的学生，反而个个生龙活虎，兴奋不已。更为可贵的是，学生并不是在教师的督促下学习的，而是有自己内在求知的能动性，甚至有主动创造的内在力量。秦斌厅长满怀信心地说，有了这样的高效课堂，就不愁学生学不到真知识、不具备创造能力了。

目前，农村学生的辍学率比较高，尽管教育主管部门与学校都对此采取了一些措施，可是收效并不明显。这其中当然有多种原因，而学习生活不快乐甚至痛苦，成为学生对学校课堂敬而远之的一个最为重要的原因。“MS-EEPO有效教育”就像一股春风、一阵暖流，让学生远离了禁锢学习热情的寒冬，激发了他们无限活跃的思维。他们的学习方式改变了，变得快乐，也就有了学习的内在动力，有了学习的高效率。童年时代与少年时代是人生成长的奠基阶段，此时心灵的状态将持续一生。从这个意义上说，如此构建起来的快乐课堂，不但能为学生未来的幸福奠定基础，还能为他们积累战胜困难的勇气和善于求新的智能。

秦斌厅长说，现在的学生多是独生子女，他们更多关注的是自己，缺少基本的分享意识。通过“MS-EEPO有效教育”的“突围”“规范”等活动，这些“小皇帝”与“小公主”，学会了肯定他人，懂得了换位思考，拥有了团队精神。

秦斌厅长感慨不已地说，在玉州区的一所农村小学里有一名三年级的小学生，在许多外来考察者面前，他竟然可以思路清晰地侃侃而谈。这位小学生从容的表达、充溢于胸的自信心，是没亲临现场的人们很难想象到的。在一般人看来，农村的孩子常常是缺乏自信心的，这些实验区的孩子却自信满怀，完全不亚于大城市里的孩子。秦斌厅长又说，学校发展固然需要更加优质的硬件条件，同时更需要教师与学生的软实力。信心可以点亮学生生命的前程，当广大农村的中小学生都拥有了自信的时候，“MS-EEPO 有效教育”便成了实现广西教育大发展的助推器，广西教育也会因此而向前迈出实质性的一大步。

玉州区教育改革的影响在广西蔓延的同时，也不断地向全国辐射。玉州迎来了各地的参观者，一些发达地区前来考察的教育工作者也惊叹，在这片贫困的土地上竟然有如此绚丽的改革奇观。有的甚至感叹：“我们在经济上远远超过玉州，可是，我们的教育落后于玉州了!”

玉州区的成功探索，为整个广西教育迎来了“开门红”，为教育改革找到了突破口。

据秦斌厅长讲，开始推广“MS-EEPO 有效教育”的时候，主要是在义务教育阶段的学校进行的。当改革成果精彩“亮相”，向世人传递出勇气、胆识和追求后，一些高中也主动参与进来，并且产生了一定的效果。高考是一个很难回避的敏感问题，但不改革又有悖于一个教育者的良知。好在这项改革不但扩展了学生的思维，也使学生的考试成绩得到了提升。所以，它不但深受学生的欢迎，也赢得了家长的支持。相对而言，高中教师的素质比较高，一旦转变了观念和态度，改革的效果比起小学和初中，不但快，而且好。秦斌厅长断言，今后参与这项改革的学校会越来越多，而且会让整个教育领域出现前所未有的大变革、大惊喜、大气象。

如果说十年前的“MS-EEPO 有效教育”改革在玉州实验之始只是“星星之火”的话，那么，现在已经呈现出“燎原”之势而蓬勃展开了。

二、“MS-EEPO 有效教育”与大师情结

秦斌厅长在调研中发现，“MS-EEPO 有效教育”的课堂不只是单纯地传授知识，而是以开发学生思维为追求目标的。当教师与学生那被禁锢的思维被打开后，课堂教学就有了特殊的生命张力。教师在这种张力迸发的过程中不再满足和停留于就教材教教材，而是向创造性地运用教材教学生

的境界发展。教师观念的变革，又必然引发学生思维的开放。

其实，课堂教学的改革只是“MS-EEPO 有效教育”其中的一个点。“MS-EEPO 有效教育”是一个综合性的改革系统，而课程结构体系、教材结构体系的改革也只是其中的部分项目。如果说教育改革之初，某一单项的教学改革还可以让人们趋之若鹜地作为经验去学习的话，今天则已无这种可能。教育改革已经发展到了攻坚阶段，也走到了改革的深水区。教育改革必须有系统性、科学性、前瞻性、关联性，不然就会顾此失彼，甚至前功尽弃。比如，在人们关注教材改革的时候，很少有人关注适应教学改革的教程的编写；在人们关注课堂高效的时候，很少有人关注生命由始至终的高效益的研究；在人们关注本校发展的时候，很少有人关注某个学校的发展如何与整个中国教育改革联系在一起；在人们关注某个区域推进教育改革的时候，很少有人考虑其改革何以有助于推动全国教育的改革。“MS-EEPO 有效教育”在关注个体与学校及其所在区域的同时，更是从战略高度、全国教育发展的视角来推进教育改革。所以，致力于教育改革的有识之士，应当从全国教育发展的大局出发，思考并实践如何在推进本校本区教育发展的同时，为全国教育改革提供一个范式，进而对全国教育改革起到一定的推进作用。这就是广西教育选择“MS-EEPO 有效教育”更加深远的考虑。

秦斌厅长说，当人们在谈论“钱学森之问”（即“为什么我们的学校总是培养不出杰出的人才”）时，是不是应当考虑如何为中国的未来发展培养真正意义上的大师？当年，国立西南联合大学的办学条件并不好，却培养出一大批高品质、高水平的社会精英。现今，广西尽管没有大师荟萃的教师群体，但当学生拥有了创新意识与主动学习的精神，若干年后，他们之中一定会有大师出现。

秦斌厅长坚定地说：“在教育教学改革中，我们不会画地为牢，而会敞开胸怀，接纳不同教育教学流派，所以，在推广‘MS-EEPO 有效教育’的同时，我们并不排拒其他教育教学流派的参与、竞争。事实上，现在的广西也有一些其他教育教学实验在进行着，而且也取得了一定的成果。海纳百川，不但不会影响大海的雄伟，反而可以让大海更加浩瀚。”

将中小学教师培养成教育专家

秦斌厅长认为，为了有效地推进“MS-EEPO有效教育”，必须培养一大批既有实践经验又有理论水平的以一胜百的专家，不然就不可能形成改革的燎原之势。

为满足整个广西教育的需要，发挥名师的辐射作用，教育厅启动了“开枝散叶”的专家培养工程，从而达到“一人受培训，带动全校人”的成效。先由孟教授对部分骨干教师进行分期分批培训，然后让更多的技艺已成的教师再去培训其他教师。秦斌厅长说：“三年多的培训，三年多的务实合作，我们的预期目标已经实现，‘开枝散叶’的‘大树’已根深叶茂。”

“MS-EEPO有效教育”之所以具有如此强的生命力，其中一个核心要素就是它有学之可用的操作系统。孟教授不但会讲，而且会做，所以，他的培训不叫“讲座”，而叫“讲做”。

如果你有机会到“MS-EEPO有效教育”专家培训的现场看一看，就会被那拨动人心的非凡景象所吸引。这些期待成为专家的中小学教师，一边讲，一边做，而且是团队一起做，集中了群体的智慧和力量。通过培训，他们掌握了这一项目的操作流程，回到自己的课堂上，既能讲又会做，实现了课堂教学的高效化。同时，他们还会再去培训本校或其他学校的教师，让更多的人学会这项技能。可以说，这是培养本土专家最为有效的一种方式。

往常的培训，多是专家在上面讲，学员在下面听，至于如何在实践中操作，那就不是专家负责的事情了，而孟教授不但讲理论，还亲自上课实践。做与不做大不一样，有些专家将理论讲得天花乱坠，当回到实践中，却有可能被碰得头破血流。孟教授就是要让学习者在实践中验证其理论是否正确，甚至在错中做，再去探究为什么会做错，这就为教师提供了强大的探索精神动力。所以，这不是一般意义上的讲座，而是“讲与做”的引领性的样板。更为重要的是，他在实践中逐步破解了课堂教学中出现的一系列难题。

如今广西的教育专家队伍日渐壮大，已经培养了800多名地方专家，200多名省级专家，还拥有了40多名教育家团队成员。这不仅是广大教师的出发点和支撑点，更是新一轮教育“参战”的“核武器”。如今，实验区已经由原来的12个市（区、县）扩大到了20个。而且，他们自己培养出来的专家，融合了本地“水土”的“属性”，更具有实际操作性。

目前，奔赴新增项目实验区的培训者，已经不是孟教授，而是他培养出来的广西本土专家了。培训已进行了三次，受培训的教师不但很快掌握了这一项目的基本操作，而且跃跃欲试，正在向更高一级挺进。

毫无疑问，再过一段时间，他们的专家队伍不仅可以满足整个广西的需求，还能与全国刚参加这项实验的同行进行对话与交流。长期处于落后状态的广西教育，将为这场伟大的教育改革贡献出自己的力量。

职前培养，学以致用

教育专家是实施教育改革的灵魂。培训专家队伍日益彰显其作用的同时，教育厅又将目光聚焦到教师的职前培养上来。

秦斌厅长认为，师范院校在校大学生的眼界决定了今后教育的眼界，他们的思想决定了今后学校发展的思路。尽管大学生还没有当过教师，可他们在中小学学习时是在传统的教育课堂上走过来的，在他们的思维深处还烙印着传统教育的思想——教师独霸课堂，学生只是学习的“奴隶”。况且，目前一些师范院校的教师所应用的还是传统教法，这些师范生走向社会当了教师之后，也自然会沿袭传统的教法。所以转变师范生观念是当务之急，以开启思维为前提的有效教育，理应在师范生那里得到落实，让这些年轻的学生在大学里学到“MS-EEPO有效教育”的理论及其操作流程，这样，当他们走上教师岗位后即可进入教育改革状态之中。

一、大学教师参加培训，拓展合作空间

大学教师要想有效地对师范生进行职前培训，首先自己要掌握并研究

"MS-EEPO 有效教育"，不然，就很难达到传授"真经"的目的。

我在"MS-EEPO 有效教育"培训活动现场发现了在其他地方没见到的情景。大学教师不再以教授的身份来培训中小学教师，而是以学员的身份与中小学教师一起讨论与研究问题，虚心地向中小学教师请教。他们与中小学教师结成一个个小组，热火朝天地讨论问题，以完成看起来简单、做起来不易的学习任务。他们发现，在教学实践方面，中小学教师更了解学生的心理，有着更多的发言权，知道如何将主动权交给学生。所以，大学教师在向中小学教师学习勇于探索的精神的同时，也主动地学习其实践经验。于是，"MS-EEPO 有效教育"又成了一架独特的连接大学、中学、小学教师的桥梁。

这些大学教师有着比较深厚的理论功底，再加上虚心学习、亲身实践，很快便掌握了"MS-EEPO 有效教育"的理论与操作系统。中小学教师则发现，往日让他们仰视的大学教授，包括一些大学的校长、院长，也和自己一起当起了小学生，其谦虚的品质让自己肃然起敬，于是更加坚定了学习的决心。知识与合作的互补、理论与实践的转化，打造出大学、中学、小学一体化的改革共同体。

二、师范院校的职前培训应运而生

据秦斌厅长介绍，四年前，广西部分师范院校已经对在校学生进行过"MS-EEPO 有效教育"的培训，并且取得了较好的效果。

广西教育学院成人教育学院主要承担本科、专科学历教育和广西全区教师教育非学历培训、指导任务，主体是师范生。为了推进"MS-EEPO 有效教育"职前培训，学院专门成立了一个项目办，负责这项工作。各个二级学院中教授教学法的教师，全部参与了这项实验，上课也运用了"MS-EEPO 有效教育"方法。参与实验的教师发现，以前教师单纯讲理论知识时，学生处于"被学习"的状态，听课不太认真。现在教师不再长篇大论地讲理论知识，而是运用"MS-EEPO 有效教育"，在小组之间互相强化必学的理论知识，结果，学生主动性非常高，学习效率也大大提升了。以往的课堂教学，只是把学生当成接受知识的容器，而不是课堂教学的主人。现在，当学生真正成为学习的主人时，学习就有了高效率与高效益。

广西师范学院领导意识到“MS-EEPO 有效教育”必将在广西乃至全国范围内引发教育的大变革，因此他们未雨绸缪，加大力度推进“MS-EEPO 有效教育”。近几年来，他们投入资金共 1400 多万元，在三个校区都建设了一批功能先进的“MS-EEPO 有效教育”教室。他们还成立了“MS-EEPO 有效教育”团队，其中的成员不但有来自本校的教师，还有来自南宁、玉林、来宾等地的中小学教师。在这样的团队里，他们一起开展教研活动，协同制订人才培养方案和教育改革方案。学校内部也经常开展全校性的教研活动，不同学科、不同专业的教师聚集在一起，讨论得热火朝天。在讨论中，不同维度的思维进行激烈碰撞，在碰撞中增进了解，取长补短，共同提升，打破了大学里不同学院教师“老死不相往来”的格局。他们还把实验区的优秀中小学教师、教研员直接请进大学课堂，担任师范生教学技能课程的主讲教师。这破除了一个固有的观念，即“中学特别是小学教师不是专家，根本不能给大学生上课”的陈旧观念。而且令人意想不到的是，具有相应的理论知识又有丰富的教学实践经验的中小学教师，成了最受大学生欢迎的“教授”。广西师范学院的教师也亲自到南宁市兴宁区的中小学上课，亲身感受同一教学内容在大学、中学、小学课堂里的不同教学要求和不同教法，加深了对培养一流人才的“大学、中学、小学联动”模式的理解。

他们还把“MS-EEPO 有效教育”作为大学课堂改革的抓手。他们深知，要扎实推进“MS-EEPO 有效教育”，必须有一批教师做支撑，为此，他们在每个学院成立“MS-EEPO 有效教育”团队，设立实验班级，并针对大学教师理论功底较扎实的特点，采取课题驱动的方式，筹措 60 万元专项经费，立项了 30 个“MS-EEPO 有效教育”专项课题，大大激发了教师参与“MS-EEPO 有效教育”的积极性。教师在改革实践中迅速成长，目前，已有 35 人成为省级专家培养对象。以“MS-EEPO 有效教育”为抓手的课堂改革也取得了明显成效，在实验班的课堂里，上课玩手机、吃东西、打瞌睡等现象已经基本消失，教师把主动权交到了学生手里，课堂呈现出一派师生互动、生生互动的和谐景象，以学生为中心、以参与为特征的民主课堂新形态正在逐步显现，师范生的培养质量得到了明显提升。

据秦斌厅长介绍，钦州学院开始推进“MS-EEPO有效教育”的时候，只有两三位教师参与进来，而现在已经全面展开了。新生一入校，就开始受到学习方式的训练。大学生具备很强的创新能力和学习潜力，不但学得快，还产生了进一步的学习兴趣。

那么，学生在校学了“MS-EEPO有效教育”之后，能不能将其用于中小学课堂教学之中？钦州学院主动联系钦州的几所实验学校，免费为学校的教师培训，让学院的学生去实习。不出意料，这些掌握了“MS-EEPO有效教育”新技术的学生，到中小学上课时，受到学生的热烈欢迎与教师的交口称赞。

钦州学院还主动与防城港市港口区教育局建立了双赢的合作关系，学院对港口区的教师进行了全员菜单式培训与学历教育。推进“MS-EEPO有效教育”需要操作技能，如果教师的整体素养得不到提升，操作效果就会大打折扣。用防城港市教育局局长的话来说，“MS-EEPO有效教育”的实施，让大学、中学、小学不再是单打独斗，而是联合成一个阵营，互通有无，互补互助。

三、师范生毕业就业率提升

大学教师普遍反映，对师范生进行“MS-EEPO有效教育”的培训意义重大。因为，师范院校培养的学生必须与中小学校相对接，如果在校时不学或学不好“MS-EEPO有效教育”，毕业后走向工作岗位，就很难跟得上教育改革的步伐。甚至有的实验区学校在招聘新教师时就以参加过“MS-EEPO有效教育”学习为前提条件，因为学校不希望再花时间对新成员进行职后培训。为适应这种新形势，参与了“MS-EEPO有效教育”实验的师范院校开始系统地进行这方面的教育改革尝试。

办大学也要考虑市场的需求，不然，毕业生就业率就不可能高。这让大学在反思其陈旧的教育教学方式的同时，义无反顾地走到了教育改革的路上来。有的学生在校掌握了“MS-EEPO有效教育”技艺，尚未毕业就已被中小学学校“盯”上，有的甚至已经提前签约“订购”。

每一点进步都有汗水的付出，每一份成绩都有心血的凝聚。广西在“MS-EEPO有效教育”探索实践中奋勇前行，它敢为天下先的气魄、深化教育改革的气势与江河一样雄壮，鼓舞着教育工作者努力奋斗。我们相信，站在高标准、高质量、高水平、新起点上的广西教育人在改革大潮的冲击下，将会勇往直前，谱写出跨时代的华章。

心系百姓的教育突围

——采访海宁市教育局局长沈林华

海宁市教育局局长沈林华

教育，无疑是一个社会关注的热点，只有身在其中的人才知道教育还有一些破解起来难之又难的问题，比如，“择校热”、农村教育、民办教育、学前教育等问题。浙江省海宁市却将这些难点逐一攻克，且取得了令人惊叹的成绩。为此，我专程赶到海宁市，向教育局局长沈林华了解具体情况。

我一开始就直奔主题，想知道他们究竟用何等的智慧方才破解这些难题，他回答得直接而简洁：“心系百姓。”在他看来，只要一心想着老百姓的需求，全力为老百姓办事，再大的难题都可以解决，再大的困境都可以突围。

于是，我的疑问也在沈林华局长的回答中逐一冰释。

“零择校”放弃特权

择校的危害众所周知，尽管国家教育部门对此三令五申，一些领导也在一次又一次地谈择校的危害，但是，一些地方的“择校热”依然是一个有人爱、有人恨的难解的“方程”。难道真的解不开吗？其实，如果动了真格的，这也不是什么难题。

在全国教师工作会议暨“两基”工作总结表彰会上，海宁市作为仅有的一家县级单位代表，就“零择校”和区域推进义务教育均衡发展的做法做了经验介绍。而且，《浙江省海宁市实现义务教育阶段“零择校”》一文，还被收入国家教育体制改革领导小组办公室编写的《全面推进义务教育均衡发展》一书。

海宁，既是当今中国教育“零择校”的先驱者之一，也成了一个“零择校”的获胜者。

沈林华局长说，2007 年他们提出“零择校”的时候，难度之大超出了想象。有些人认为，这一教育部门仅有的权力被主动放弃了，再也没有可以享受择校特殊待遇的可能了，纠结与意见在他们的心里油然而生。而那些有权、有势、有钱者，也失去了或明或暗享受择校的便利。为此，教育部门领导一度陷入困境之中。

但是，如果因为有了困难就畏首畏尾的话，择校问题就永远无法解决，教育在老百姓的心里就会失去它本来的光华。

2007 年之前，每年秋季开学前，教育部门总会收到来自各个方面要求择校的条子。到了招生的最后几天，教育部门的领导都要关闭手机，东躲西藏，有时还要连续几天开会反复研究，以至于到了深夜还是左右为难，被逼无奈，只好在有些学校某些班级既定的班额上再加几个学生，大班额与超大班额就这样形成了，严重影响了教育的质量。

尽管择校者在众多上学者中只占一个很小的比例，可是，由此产生的负面效应非常之大。因为，无权、无势、无钱的老百姓，在面对择校望洋兴叹的同时，对教育公平自然会产生怀疑。

为此，教育部门取消了择校收费，斩断了学校因择校而来的收入来源，可是，依然阻挡不住有权、有势、有钱者的强攻，结果，招生就成了以权、以势、以钱谋利的一个竞争舞台。而老百姓的意见也随着这种“择校热”而持续升温，严重影响了教育在老百姓心中的形象。

教育本应是一个精神圣地，不能因为个别人的择校而被玷污。要想让“零择校”真正变为现实，就不能“犹抱琵琶半遮面”，必须理直气壮、釜底抽薪，断绝所有想择校的人的一切后路！

2007 年，教育部门出台《海宁市城区公办初中小学新生入学招生办法》，以刚性文件规定新生的入学办法，明确新生的入学条件，全面实行

"阳光"操作，在城区义务教育公办学校实施"零择校"。这一决议，得到了市委、市政府部门的大力支持。

万事开头难。有些单位的领导认为，这种文件在当今这个社会是不可能真正实行下去的，所以，为了使自己的孩子能够接受更好的教育，还是将条子送到了教育部门。不管教育部门领导如何解释，他们都不能接受"零择校"这个事实。起初他们还抱有一线希望，直到入学那一天，自己的孩子真的没能择到好学校，他们心里的怨恨与不满就油然而生了。此后，当教育部门到相关部门办事时，就遇到了一定的阻力。

开弓哪有回头箭？阻力越大，越说明这个问题非要解决不可；阻力越大，教育者就越要有良知。人本无贵贱高下之别，为什么只有有权、有势、有钱者的孩子能上好学校，老百姓的孩子却没有这种权利呢？

沈林华局长说，在大谈社会公平的时候，我们首先要实现教育公平。因为这是老百姓最为关注的问题，也是体现社会公平的一个热点话题。当农村学校与薄弱学校的孩子不断流向城市优质学校的时候，教育公平也在渐渐地失衡。所以，必须有效地堵住择校后门，让试图择校者从无路可走到无念可想。

沈林华局长还说，教育部门不但堵"后门"，也在开"前门"。一些市区务工者的子女，只要合乎入校要求，就可以享受与城里孩子同等的入学待遇。这让那些处于弱势地位的务工者及其孩子感受到了人格的尊严，品尝到了教育公平所带来的实惠与心灵的喜悦。

现在，海宁城区义务教育公办学校的"零择校"已不是什么新闻，也不再有人送来择校的条子。即使当时有个别心存不满的人，现在也在为海宁教育这片纯净的文化圣地而感到欣慰。

农村教育情系百姓

由于历史等诸多原因，在相当长的时间里，农村学校的办学条件与师资水平都远远低于城市学校。要想让农村的学生享受到与城市学生同等的优质教育，必须加大农村学校的硬件建设，并提升农村学校的办学质量。

仅2013年，海宁市开展的24个学校项目建设总投资规模就达到了10.02亿元，其中一半以上是农村学校建设项目。

位于市区东部的尖山新区行知小学，就是面向新居民子女而新建的一所学校，不但具备外在之美，配套设置也超过了城区学校，而且经由海宁市实验小学输入先进的管理理念，并与之形成发展共同体。现在，行知小学已经成为一所名副其实的优质学校。

在农村，类似行知小学的新建学校不止一所，这让更多农村的孩子在家门口就享受到了优质的教育。孙桥小学、荡湾小学等4所村镇学校在2003年就已经完成了改、扩建。

孙桥小学曾是“蜗居”在两层危房里的一所农村小学，经过10个月的改造，现在已经焕然一新：四层的新教学楼、铺设着塑胶跑道的新操场、宽敞明亮的新餐厅……有人说，孙桥小学成了当地最美的一道风景。以前村民总是想方设法把孩子送到镇上、城区上学，现在很多人改变了这种做法，把孩子送到孙桥小学上学。

要想让农村学校留住学生，提升教育质量，除了加大硬件投入外，软件建设也十分重要。没有一流的学校管理，没有优秀的教师队伍，就称不上是真正意义上的优质学校。

据沈林华局长讲，2009年，海宁市就开始构建城区学校与农村薄弱学校结对成城乡共同体的模式，并以文件的形式做出规定：城区必须向农村选派优秀干部与教师，以支教的形式到农村学校上课，农村学校则派干部与教师到城区优质学校学习锻炼，尽快提高教育教学水平，从而实现管理文化、教研文化的交互融合。

为了让优秀教师扎根农村教育，教育部门又以文件形式规定：在教师职称评定方面，农村与城镇实行同一套标准；没有农村教育工作经验的教师，不能评聘中学高级职称；名优教师若到农村任教，其名优补贴翻一倍。可喜的是，一些高级职称的教师到农村任教已经开始由被动走向主动，以至爱上了农村教育。南苑中学的陈巧玲老师被派到农村学校——狮岭学校后，不仅勇挑重担上好高效优质课，还经常利用备课组活动时间向各位新同事传授教育科研经验。在她的带动下，该校九年级科学教师的工作热情倍增，大家齐心协力、齐抓共管，形成了你追我赶、互帮互学的风气，该校九年级学生的科学成绩在当年全市的期末统考成绩也由原来的后几位上升到了前几名。

同时，城乡学校还互派学生，到对方学校吃、住、学共三天时间。城区的学生到了农村，虽条件差了，精神却好了，他们感到农村各个方面都很新鲜，尤其是农村学生的纯朴善良，给他们留下了非常深刻的印象。农村学生到了城里，开阔了眼界，感受到了现代化的气息，并与城区学生交上了朋友。城乡教师之间的融合与城乡学生之间的融合，已经形成了海宁教育的一种特殊文化景观。

沿着服务民生的主线，海宁市持续加大教育投入，加强城乡教育、教学、研究的一体化建设，让老百姓实实在在地感受着均衡教育所带来的实惠。现在，已有不少农村学校基本达到了教育现代化县（市）的要求，并顺利成为全国首批义务教育发展基本均衡县（市）。

借势合作取得共赢

海宁市是一个县级市，要想实现教育发展的突围，除了要自身努力之外，“善假于物”也是一种智慧的选择。

华东师范大学有着丰富的高品质的教育资源，沈林华局长在这所大学又有着良好的人脉。同时，华东师范大学与海宁市相距不远，交通非常方便，人员往来相当便利。如果借势发展，当有天时、地利、人和之便。

沈林华局长当然不会放过这个教育突围的机遇。

经过认真研究与多方考察，2011 年 12 月，海宁市与华东师范大学签署了共建基础教育创新实验区的协议，随后达成全面合作意向。2012 年，华东师范大学海宁实验高级中学正式成立，由华东师范大学教育学博士周彬出任校长。2013 年 1 月，“华东师范大学优质生源基地”在海宁揭牌。

周彬并非有名无实的挂牌校长，而是实质性的校长，他一周至少有三天在校，最开始还要为学生上课。其教育理念和管理智慧在学校里得到了充分的体现——培植了一些在教育管理与学术研究上领“一代风骚”的干部；影响了一批致立于教育教学研究的教师。

周彬欣喜地说："借势，借力，借智，借平台。海宁时刻关注着教育界的最新成果，其虚心好学、积极开放的姿态令人惊喜。"

除了"点对点"的学校合作，海宁市还利用华东师范大学的智力资源优势与上海市的优质教育资源，对全市教师进行了整体培训。比如，在海宁建立"华师讲坛"，由华东师范大学教授对海宁市各校干部与教师进行每月一次的高端培训。不但双方均降低了成本，而且让更多的教育干部与教师持续接受培训成为可能。同时，海宁市教师进修学校根据本市教育的实际情况提出具体要求，选派校长与副校长到华东师范大学接受培训。

沈林华局长说，他们一方面在不断邀请专家、学者与名师来海宁讲学，让更多教师"学而时习之"；另一方面也在培养自己的名优教师，特别是高品质的特级教师。为此，他们与华东师范大学共建教师专业发展创新工作站，对有发展潜力的教师进行重点培养，同时选派他们参加国家培训，为教师迅速发展提供了有力的支撑。

华东师范大学海宁实验高级中学还专门建立了专家顾问团，让更多的专家走进更多教师的课堂教学之中，进行全方位的指导。

沈林华局长欣喜地说，一些骨干教师已经有了自主发展的强烈愿望，他们会主动邀请一个或几个专家对自己进行有的放矢的培训与指导。比如，有的学校进行了小班化的实践与研究，就邀请华东师范大学一位在这方面颇有建树的教授前来指导，这位教授深入到课堂与教师群体中，指导教师写反思文章与教学论文。教育局对这种合作大力支持，并拨出专项资金进行资助。

几年多过去了，有些教师已经崭露头角，有些教师已经在更大的范围内有了一定的影响。沈林华局长断言，用不了几年，海宁市将有一批名师走向浙江省，乃至跨入全国名师的殿堂。

站在更高的起点上，海宁教育将寻找"源头活水"的目光放到了更远处。

近年来，浙江财经大学东方学院、浙江机电职业技术学院相继落户海宁。凭借"近水楼台"的优势，海宁市已经尝到了不少高校技术人才资源带来的甜头。此外，浙江大学国际联合学院也已建成，在教育领域，作为一个县级市的海宁已经拥有了国际化的广阔胸怀。

据沈林华局长介绍，合作不能是单方面的发展，而应是一个共赢体系。比如，与华东师范大学的合作，让海宁市更多的学校获得了学术研究的支撑与更快发展的可能。同时，也让高校走出“象牙塔”，将学术研究成果更好地与实践对接，而且，海宁市各所学校也成了华东师范大学毕业生实习的一个理想场所。

民办教育异军突起

海宁市的公办教育在成为一张教育名片的同时，民办教育也异军突起。二者并驾齐驱，成了海宁市一道亮丽的教育风景。

海宁市的民办教育办得既好又快，引来了人们的广泛关注。问及其中的原因，沈林华局长如数家珍——

一是为民办教育持续快速发展提供强有力的政策支持。自 1999 年以来，海宁市先后下发了多个促进民办教育发展的文件。这一系列政策性文件都对民办教育予以政策上的扶持，持续优化环境，鼓励并扶持社会力量办学。

二是实施民办教育分类帮扶制度。对公益类的学校，按民办事业单位进行登记，收费实行政府指导价下的备案制，学校执行事业单位的财会制度，税收执行公办学校的政策，土地实行行政划拨，财政可以通过多种形式给予支持。对其他类的办学机构，按企业法人进行登记，收费实行自主定价，执行企业会计制度，税收给予适当优惠。

三是加强教学监管，督促民办教育的健康发展。对全日制民办学校采取“三纳入，一加强”措施，强化对全日制民办学校的规范化管理和服务。“三纳入”包括把全日制民办学校建设纳入基础教育学校建设布局规划中，提高全日制民办学校办学准入标准；把全日制民办学校的教学教研纳入全市教育管理指导体系中；把全日制民办学校纳入全市教育督导评估体系中，对学校师资配备、教师待遇、教学质量、教学设备、财务收支、安全设施等进行定期或不定期的教育督导，以规范其办学行为。“一加强”

是指为加强学校安全、公共卫生等综合管理，与民办学校签订综合治理目标责任书，规定新申办民办学校的校园校舍必须经过公安消防部门、房屋质检部门的安全检查，所有民办学校必须配备安防人员和设施，严防人身伤亡事故发生。

四是保障师资力量，增强民办教育的动力。开展对民办学校的教师培训工作，例如，2012学年共开展师德培训2次；依托市级教育项目、公办学校培训课程等开展各种形式的业务培训5次，共500多人次；民办学校教师参与市级技能比赛达到60多人次。开展公办教师到民办新居民学校支教活动，帮助新居民学校进行学科建设、教育科研、学校管理等。

五是尽可能地解决民办学校教师的编制问题。对于非在编的民办教师，参照事业编制来核定其工资待遇，在编民办教师的收入达到多少，随之增加非在编民办教师的工资。2011年，民办教师的工资已经相当于公办教师的60%，而且每年增加10%，2013年已经达到80%。目前，在编教师年平均工资为5.3万元，非在编教师平均工资已达4.6万。同时，所有民办教师都享受社区养老保险。

六是给予民办学校一定的特殊政策。城区义务教育公办学校取消了择校政策，但允许民办学校的学生择校。一些条件较好的家长希望自己的孩子上更好的学校，进不了公办学校怎么办？那就进发展得较好的民办学校。而且高中招生的时候，民办学校与公办学校同步进行，不少优质生源进入了民办学校。

据沈林华局长讲，近年来海宁市民办教育越办越红火，也涌现出了很好的典型，海宁宏达教育集团便是其中的佼佼者。这是一个从幼儿园到高中各个学段都包含的大教育集团，它不但享誉海宁，在嘉兴也占一席之地。集团董事长原来就是一位民办教师，他心中有挥之不去的民办教育情结。他从开办一家校办工厂开始，当有了一定的经济收益之后，便毅然选择了民办教育这项事业。集团自1999年开办以来，办学规模不断扩大，旗下的上海外国语大学附属宏达国际幼儿园、浙江宏达学校、宏达高级中学均取得了丰硕的办学成果。宏达国际幼儿园已成为浙江省一级幼儿园；浙江宏达学校已成为全国科技教育示范学校、全国绿色学校、浙江省示范学校，在校生占海宁全市总在校生数的8%；宏达高级中学成为浙江省二级重点高中。

海宁市高度重视民办教育的发展，为宏达教育集团的发展提供了有力的支持。集团可以从公办学校招聘教师，并保留其公办学校的编制；对集团给以核定的公办教师编制，建立与公办学校教师的互通交流机制。

沈林华局长说，海宁市民办教育的发展，让更多孩子有了接受优质教育的可能性。同时，这也让公办学校感到一些压力，进而产生发展的动力与愿望。于是，积极主动地发展，成了海宁市所有学校的共同追求。

学前教育并非“短板”

近年来，我国的教育取得了很大的发展，但毋庸讳言，学前教育是整个教育发展结构中的一块“短板”；而农村的学前教育，又是学前教育发展结构中“最短的短板”之一。如果这个问题得不到有效的解决，真正的均衡教育只能在浅层次上徘徊。

海宁市在解开择校难等“死结”的同时，也很好地解决了学前教育问题，特别是农村学前教育这块“短板”。

海宁市除了制定发展学前教育的配套文件，为学前教育提供政策支持之外，还加大了对学前教育的投资力度。在增强优化资源配置的动力，保障公益性民办幼儿园发展的同时，通过以奖代补的方式引导和支持民办幼儿园提供普惠性服务，按市属公办幼儿园标准补助生均公用经费，并根据持教师资格证的比例补助教师人员经费，全额补助标准为每人每年1.5万元。保障农村幼儿园的发展，对农村公办幼儿园建设补助按原有标准上浮40%，事业编制幼儿教师每人每年补助2万元。民办、公办园同等享受升等、年审等奖励。建立持证困难家庭幼儿、残疾幼儿入园教育资助券制度，与义务教育阶段学校同步进行。

在加大学前教育硬件投入的同时，海宁市还实施幼儿教师专业化建设行动，全面实施幼儿专任教师持证上岗制度和学历提升计划。一方面，通过招聘学前教育专科及以上学历的毕业生，保障新进教师的专业化水平；

另一方面，鼓励在岗教师参加函授、自考等，采取逐步将年龄45岁以上学历不达标的教师转岗到保育员和后勤岗位等措施，提高教师队伍的整体学历层次。

沈林华局长认为，学前教育发展的要义是教师思想境界与业务水平的提升。为此，他们在打造优秀教师群体方面“大动干戈”，而培训是整个“战役”中的重要一役。专家、名师讲座或外出学习，特别是骨干教师培训、新教师培训等专项培训，不但提高了教师的教学水平，也提升了他们为学生成长而服务的爱心与责任感。同时，发挥名师的辐射作用，以名师带新秀，以骨干促群体，进一步打造优秀教师群体。令人欣喜的是，一些年轻的幼儿教师也在跃跃欲试，向名师方阵“冲击”。孔子言：“后生可畏。”不用几年，这些年轻的教师定将脱颖而出，成为学前教育的中坚力量。

据沈林华局长介绍，他们还完善了优质资源整合机制，抓实了幼儿园等级创建工作，等级幼儿园覆盖率达96.9%。在城区则探索“名园＋新园”的办园模式，依托新建公办幼儿园和小区配套幼儿园使实验幼儿园教育集团形成了“一个中心园＋两个分园”的办学格局。12个镇（街道）均设有中心幼儿园，全部为省二级及以上幼儿园，其中两所为省一级幼儿园；各镇（街道）中心幼儿园均为公办园，对所属村级公办园实施“六统一”管理；在城乡间开展“姐妹园结对”活动，促进了学前教育的资源优势互补和共享；积极推进早教活动，所有的镇（街道）都开设了托班或亲子班，并设立了早期教育资源中心，累计为社区提供了300余次早教指导服务。

近年来，海宁教育一直在全方位与优质并进的系统中发展，且取得了突出的成绩。上面访谈所涉及的“零择校”、农村教育、民办教育与学前教育只是海宁市整个教育系统中的几个分支。然而，我们完全可以通过这几个亮点窥斑见豹，去欣赏海宁教育“无限风光在险峰”的美景。

让学生对学校充满向往

——采访博兴县教育局局长周奎齐

博兴县教育局局长周奎齐

采写山东省滨州市博兴县教育局局长周奎齐，这已经是第三次了。每一次与他的谈话，我都会收获一些新的思想与内容，这让我不由自主地想起《大学》中的名言："苟日新，日日新，又日新。"这个"新"，与他坚持不懈地学习研究有关，也与他作为一个教育工作者的良知有关。不管是之前担任校长，还是现在担任教育局局长，周奎齐的心里始终装着教师与学生，装着博兴的老百姓，这些成了他不断追索的一种内在动力。于是，博兴教育就有了持续不断的发展，他本人就有了一次又一次的生命飞跃。

给学生一个向往学校的理由

什么样的学校是好的学校？对此可谓众说纷纭，有的说学校要有名，有的说学校环境要美，也有的说要有高的升学率。这些，能不能作为学生向往学校的理由呢？不能说完全不能，可其中又少了某些核心的元素。

周奎齐局长及博兴教育的实践与探索，让我们眼睛一亮，让我们看到了学生向往学校的最为充足的理由。

一、让每一位家长都成为学校的同盟军

周奎齐局长介绍，博兴县有 6 万多个孩子，意味着有 13 万多位家长，将他们转化为学校的同盟军，学校教育就会如虎添翼。实践证明，只要有了家长的积极参与、配合，为学生的教育提供优质环境就能成为现实。

最近几年，博兴县教育局根据山东省教育厅的要求，在各个学校建立了家长委员会，而且创造性地建起了社区家长教育委员会，充分调动了广大家长参与学校教育的积极性。而且，从 2009 年开始，全县有 80 多个社区、村庄和单位，由家长委员会牵头对表现突出的学生及其家长进行了表彰。

为此，学校列出了“好学生”的标准：一是身心健康，二是习惯良好，三是学业成绩优良，四是有人气、会沟通，五是有个性特长。其中身心健康是最为重要的，这是必备条件，而其他方面只要有一个符合条件，就可以被评为“明星学生”。按照评价标准与学生的表现，学校推荐出“明星学生”候选人之后，再由家长委员会参与评定。这样，就向社会输出一种价值观，即优秀学生可以是学业成绩优秀者，也可以是其他方面优秀者，而其核心素质是身心健康。

同时，学校也列出了“好家长”的标准，即身心健康、习惯良好、以身作则、理解并尊重孩子。其中，最重要的是理解并尊重孩子，能做孩子的朋友。

每年春节前，学校会召开一年一度的表彰大会，这让全县教师、家长以及各行各业的人士都知道了什么样的学生是好学生，什么样的家长是好家长。过去那种以分数取人的观念逐渐地被淡化，关注身心健康与良好习惯的家长越来越多。春节期间，教育成了人们谈论得最多的话题，整个社会对教育的关注度、认可度、支持度也越来越高。

二、让每个教师都能成功

周奎齐局长提出了一个口号：“让每个教师都能成功。”这有可能吗？他认为，完全可能。因为这个成功的目标并不高远，也不复杂。为教师设

定一个合适的发展目标，实现这个目标就是成功，然后设定一个新目标，再为这个目标而努力，从而抵达这个目标。正是在这个过程中，教师有了不断前行的动力，有了实现人生价值的幸福感。于是，他们的教育教学水平高了，学生学习的兴趣也浓了。更重要的是，教师的这种积极向上的心态，也在有意无意地影响着学生，让学生有了努力进取的心态，也有了学习的幸福感。

为此，周奎齐局长提出了“打造一支优秀的教师队伍”的建议，这里所说的“优秀”，不是精英，也不是一般意义上的优秀，而是成为一名学生喜欢的教师。那么，这样的好教师的标准究竟有哪些呢？周奎齐说，与好学生、好家长的标准类似，好教师首要的也是身心健康。最优秀的教师，不是说教者，也不是解说员，而是以身示范者，能以其人格的力量潜移默化地影响学生。教师的身心健康最重要，二是习惯良好，三是领导满意、同事支持，四是学术认可，即懂得教育规律与尊重教育规律。最后一个，也是十分重要的标准，就是受学生喜欢。

是否受学生喜欢，不是看当前学生对任课教师的评价，而是让初中生回忆自己小学最喜欢的教师是谁，让高中生回忆自己初中和小学最喜欢的教师是谁。

博兴县教育局曾在 6 万多中学生中开展了“寻找感动学生的教师”活动。

在博兴县的一所高中，有一个班里的 30 多位学生中，21 名学生同时推荐他们小学时的刘老师。虽然他们离开母校、离开刘老师已经六七年了，他们却依然对刘老师念念不忘。学生在投票时所写的推荐理由非常简单：一是刘老师非常幽默；二是他真正关心与尊重学生。而这些都是从一些小事中体现出来的，比如，有个学生肚子疼，刘老师就亲自带他到卫生室检查。刘老师天天做着普普通通的事情，也许他自己早已忘却了，学生却铭记在心。更让人们想不到的是，学生推荐他最为重要的理由是刘老师上课不拖堂。这个理由简单得不能再简单了，这也许会让那些为了让学生多学知识而拖堂的教师很不服气。其实，这位刘老师之前是一位民办教师，教学水平也不一定特别高，可是学生就是喜欢他，因为他懂学生，爱学生，尊重学生。周奎齐局长说，近期，他将专门到这所小学去拜望刘老师，并代表学生向他表示感谢，同时也代表教育局向他表示敬意。

一位36岁的女教师也深受学生喜爱。学生喜欢她的理由也非常简单，那就是她从来不在公众场合批评学生，而是和颜悦色地将学生叫到她的办公室，搬一把椅子让学生坐下后，才真诚地指出这个学生的问题，并告诉他如何改正，以及怎样更好地成长。有个学生说："她让我们感到了做人的尊严。"人们常说，教师是人类灵魂的工程师，这位女教师对此当之无愧。反之，如果不尊重学生，其灵魂还会高尚吗？可见，即使教师所教的学生考试成绩非常优秀，如果学生不喜欢，那也不是真正意义上的好教师。

有一位初中的名师，他的教学水平相当高，带出来的学生升学率也比较高。可是，在一所职业学校的一个班级里让学生推荐自己喜欢的教师时，有一位学生刚要推荐他，其他学生教反对，而且非常气愤地讲出了他们的理由：这个教师只喜欢成绩好的学生，对成绩不好的学生从来都不屑一顾。如果班里出现了问题，他不问青红皂白，只会怀疑那些成绩不好的学生。学生气愤不已地说："他从来不尊重我们。"自然，这位名师这次没有被评上"好教师"。这也许会给这位教师一定的打击，可是，他也应当好好地反思，在这么多年的教学中，多少学生受到了他的打击啊！一个不尊重学生，特别是不尊重后进生的教师，也一定得不到这些学生的尊重。

"寻找感动学生的教师"活动的调查结果有正面的，也有反面的，它向教师传递了一个信息：要爱学生，尊重学生，做他们喜欢的教师。

三、让每一个学生都有展示特长的平台

周奎齐局长说："真正有价值的教育是让孩子不断展示自己。"希望自己的特长与成果有展示的平台，是绝大多数人的愿望，可是，不少学校并未给予学生这种展示的平台。这不但让不少学生的特长与成果难以显现出来，更重要的是，这种特长会在长期的搁置状态中，变得终无一用而荒废。其实，学生都拥有着巨大的潜能，如果为他们提供一个展示的平台，他们就会"八仙过海，各显神通"。

为此，全县70多所学校为学生与教师成立了1600多个俱乐部。俱乐部都由学生自愿组建，教师负责引导，教育局给予引导的支持。在这里，无论是什么项目，如编织、跳绳、乒乓球、炒菜以至爬树等，只要学生喜欢，都可以组建俱乐部，也可以对外进行成果展示，并由教育局组织评委参评。这着实让一批学生大显身手，特别是让那些平时学习成绩不太突出但有才艺的学生有了扬眉吐气的地方。

周奎齐局长认为，不但要让学生充分展示自己的才能，还要对此进行奖励。为此，教育局印发了大量获奖证书，大范围地表彰在各个俱乐部中表现突出的学生。每年的儿童节，是学生最高兴的时候。这一天，教育局会召开大会，隆重表彰1000名“明星学生”，其中，包括全面发展的优秀学生400名，另外600名是身怀各种特长的学生，如编织能手、泥塑小行家、体育明星等，县委、县政府、县教育局等部门的领导会亲自给每一名学生颁奖。

县里表彰后，各乡镇还会参照这个标准在乡镇范围进行表彰。乡镇表彰之后，学校还会参照这个标准再行表彰。于是，每年都会有4万名以上的学生受到表彰，领取到印有自己照片的获奖证书。周奎齐局长说，以后会将继续增加获奖的数量，让绝大多数学生都能领到获奖证书。

可喜的是，学生参加俱乐部的热情与日俱增，几乎每周都有新的俱乐部诞生。这让更多的学生感到自己是学校的一分子，每一个人都有自己的特长。

更让人欣喜的是，由于有了展示的机会和获奖的可能性，那些以往学习成绩比较差的学生开始喜欢学校了，也渐渐地喜欢文化课学习了。

让学生向往学校的愿望变为现实

为了让每一个学生都产生向往学校的愿望，就要全面提升教育的质量。为此，周奎齐局长对学校提出了教育质量提升的八个要素。

一、注重教育均衡发展

让所有的孩子接受义务教育，一个都不能少，这是法律的规定，也是教育者的责任。现在，博兴县小学入学率已经达到100%，初中生的巩固率也已达99%以上。客观地说，这在全国农村义务教育中已经做得相当不错了。可是，周奎齐局长忧心忡忡地说，上一年全县仍然有22名学生辍学。尽管辍学的理由多种多样，甚至有些是无法抗拒的原因，可是，他认为，不能从学生的家庭或其他方面寻找理由，而应当从教育系统内部查找原因。他感慨地说："目前农村基础教育的突出问题就是有一部分学生流失了，而且不是因为贫困流失的，是因为我们的教育导致一些学生不喜欢学校。所以，要千方百计让学生向往学校、喜欢教师，让学校成为学生乐而忘返的场所。"

二、提高课程标准实施水平

课程是真正影响学校办学水平的重要因素。周奎齐局长认为，不但要开齐、开全课程，而且要研究国家课程与地方课程的校本化，要开发具有地方特色的校本课程，让更多的教师拥有更强的课程意识，特别是让更多的学校成为实施课程标准的典范。

可喜的是，博兴县的课程标准实施已经取得了一定的成绩，以俱乐部活动为特色的校本课程取得了明显成效。滨州市教育局与山东省教育厅高中课程实施的会议就是在博兴县召开的。但是，周奎齐局长并不满足，也没有骄傲，他认为，还要继续加强课程实施标准的宣传与研究工作，让课程改革成为教师发展与学生健康成长的有力支撑。

三、关注学生的身心健康

长期以来，一些学校的体育课、艺术课、课外活动都被其他科目挤占了，中小学生体质下滑成为近年来全社会关注和令人焦虑的教育热点问题。为了切实解决这个问题，博兴县教育局重点抓了三个方面的工作。一是严格落实体育和艺术课程计划。严格按照国家课程方案和省课程计划组织体育和艺术教育教学，开全课程，开足课时，严禁任何地方和学校随意增减课程和课时，减轻学生课业负担，确保学生有足够的时间参加体育和艺术活动。二是经常性地组织开展体育和艺术活动。牢固树立"健康第一”思想，保护学生视力，保证学生睡眠时间，保证学生每天锻炼1小时。三是强化学校体育、艺术活动考核评价。根据国家发布的学生体质健康标准，在中考招生录取中赋予一定分值，对小学和初中的体育、美术、音乐实行抽测制度，成绩通过媒体公布，并纳入对各镇教委、学校的考核指标中。

四、培养学生的良好习惯

习惯的好坏直接影响着学生品格的高下。俄国教育家乌申斯基说：“良好习惯乃是人在神经系统中存入的道德资本，这个资本不断在增值，而人在其整个一生中就享受着它的利息。”可以这样说，好习惯，一辈子享受不尽它的利息；坏习惯，一辈子偿还不完它的债务。看来，是否有良好的习惯比单纯重视学习成绩的优劣重要得多。而且，习惯养成的最佳时段是在小学与中学。那么，如何去测评学生是否具备良好的习惯呢？博兴县教育局专门开展了一系列的教育观摩督导活动，即由全县各学校的校长、业务校长与兼职督学组成一个观摩督导团。每校必到，即使是偏远的农村小学，至少也要预留出半天的督导时间。同时明确规定，每个督导人员至少要约谈10名学生、3～5位教师。督导内容重点包括学生有什么变化、表现在哪些方面，尤其要关注学生是不是具有积极的心态，是不是具有奋发向上的精神等。这些督导人员平时对此就有比较深入的研究，所以能够很快且准确地了解到真实情况。督导成绩，就成了考评学校优劣的重要依据。

五、正视学生的学业成绩

周奎齐局长认为，学校没有升学率不行，只有升学率也不行，所以，要用生态的方式抓升学率，要让升学率与素质教育融为一体，为此，就要向高效课堂要质量。学生考试成绩好不是靠加班加点实现的，而是遵循教育规律的必然结果。学校有一个基本的做法，即规定在校时间与作业量，将学生作业纳入学业成绩考评之中，为此，在全县全方位地进行抽测，要求学生在规定的时间内完成作业。其实，很多时候学业成绩与学习时间并不成正比。一个天天超时学习、课业负担非常重的学生，学习是不可能产生高效率的；相反，如果学生身心健康，且拥有良好的学习习惯、足够的休息与锻炼时间，尽管学习的时间少了一些，可是学习的效率可能会高一些。更重要的是，学生的身体健康了，心里愉快了，也就喜欢学校了。这种积极的心态与学习生活方式，不仅有益于当下，还会向其未来的生命延伸，从而让他们终身受益。

六、关注学生的经历与体验

周奎齐局长认为，学生的经历与体验也关系着教育教学质量。有时，这种经历与体验往往比取得一两次好成绩重要得多。周奎齐局长结合自己的切身体验谈到了这个问题：初中时学的一元二次方程是必考内容，可是，毕业后到现在再也没有用过。可有些东西、某些感受，可以对学生产生极大的影响。周奎齐局长一直到上小学五年级时，还是害怕写作文，也一直写不好作文。有一回暑假结束开学后，他写了一篇作文，没想到被语文教师当成范文在全班朗读。从那以后，他喜欢上了作文，以至于开始喜欢上语文课。有趣的是，这位语文教师是一位年纪很大的老者，周奎齐以前总是觉得他老气横秋，很不喜欢。可是，从那以后，他再去看这位老教师时，怎么看怎么舒服，感觉就是一位德高望重的好老师。相反，在他上小学三年级的时候，班主任是一位长得非常漂亮的年轻女教师，她很美。有一次，解放军要路过他们村，四五年级的学生都要去迎接解放军，三年级则去一半。出发前，这位班主任告诉学生，要选长得好的学生去。周奎齐从小就是一个人见人爱的男孩——直到今天，他仍然是一个美男子。可是，令他万万没有想到的是，他没有被选中。他沮丧至极，回到家里，对着镜子反复照了很多遍，结果，一直感觉自己十分漂亮的他，就这样对自己失去了信心。他的班主任在他幼小的心灵里种下了一颗“我长得不好”的种子，导致他以后很长一段时间内做事都没有信心。从那以后，他再看那位班主任时候，觉得她一点也不美了，甚至从此不再喜欢她，也不愿意上她的课了。

直到今天，谈到这件事情，他还是感慨万千。教师的一个肯定或否定，竟然会在学生的心里留下如此深的印记！可是，很多教师并不知道这种影响力有多大，有的仍然在一次又一次地伤害着那些无辜的学生！其实，教师的一些不经意的言行，都有可能影响学生的情绪，以至影响他们的成长。今天周奎齐当了教育局局长，他就下决心不让博兴县的学生再遭遇自己曾经遭遇过的伤害，让教师关注学生的感受，让学生更加喜欢教师和学校。

有人说，没有经历，形不成经验。在这方面，周奎齐局长也有深刻的感受。他说："生命中最大的快乐是发现的快乐和征服的快乐。"他们县一位三年级的教师出了一道数学题：说汽车每小时开 160 千米，那么，从某地到某地需要多长时间？没想到，一个学生站起来说，这道题出得有问题，因为汽车超速了。原来，这个学生暑假期间曾随父母外出自驾游，他的爸爸就因超速而被罚了款，所以他对此十分注意。而且，这个学生跟着父母在宾馆住下后，随后就主动去询问与研究宾馆里的安全通道，因为他参加过学校里的逃生演练，具备强烈的安全意识。

类似这样的感受与经历，看起来与教育教学质量没有多大关系，实则至关重要。教育的好坏，不只在于分数的高低，更在于学生素质的高下。

那么，如何考评这些素质呢？博兴县寻找到了可行的做法。对于学生的体验与经历，通过考评，用描述的方式记录下来，载入档案，并总结出这样做对学生发展的好处，以及有什么不好，进而提出指导性的意见。

七、增加各类拔尖人才的数量

周奎齐局长说，他们不刻意培养尖子学生，但是会努力发现与培养拔尖人才。

他认为，不是学校里没有拔尖人才，而是有的教师没有发现拔尖人才的眼睛，更没有有效地培养拔尖人才。他说，世界园艺博览会上，西班牙展馆的外形像一个巨大的藤条篮子，这是博兴县一名农村初中毕业生的设计。在众多招标竞争中，他一举中标，为了完成这个任务，他精心设计，全村人在他的带领下齐心协力完成了这个任务。为什么他能够取得如此卓越的成绩呢？因为他上学时就开始喜欢编织，而且从小就有着超越一般人的悟性与创造力。

博兴县还培养出了像曹臻、姜华君这样的世界乒乓球冠军，其他方面的拔尖人才也不在少数，所以，学校应当为助小苗成为参天大树施肥浇水。可喜的是，不少校长与教师已经认识到了培养拔尖人才的重要性，也已经培养了一批拔尖人才。比如，博兴县的艺术人才辈出，不但赢得了本县老百姓的赞誉，还到省里，甚至北京去演出，这成了博兴的一个文化品牌。

八、使家校合作更密切

学生的不少观念是受家长影响的，所以，首先要给家长输入正确的理念，让他们与学校一道正确地引导学生发展。而且，没有人比家长更关心学生，他们希望将学校办好，希望有更优秀的教师。既然如此，我们为什么不与他们同心协力呢？

家长委员会可以让家长更多地了解学校的各项计划，并且让家长进行讨论，提出意见与建议。家长的积极参与和真诚帮助令人感动，他们的建议也多有可取之处。比如，博兴县现在家长交流的模式，就是在家长的建议下改进而来的。家长对学校了解得多了，才能更加理解教育。有的家长不无感慨地说："教师这么累，这么辛苦，可是，他们还是那么认真地备课与教学，真是太了不起了！"他们开始理解教师的辛苦和对学生的爱，于是少了很多抱怨，多了赞扬与信任。

周奎齐局长说，以前，他们想让每一个学生都吃好，可是，一旦对外承包食堂，成本就上去了，自己又苦于没有专业管理能力，学生们还是吃不好，怎么办呢？就是让家长参与。每天都安排家长为学校食堂买菜、做饭。他们买来的菜，当然是最好的；他们洗的菜，当然是干净的；他们做的饭，当然是可口的。几乎个个家长都想到学校食堂做义工，可是，大的学校家长也多，一年都难得轮上一次；只有在小的学校才能轮流当一次义工。而那些当义工的家长，不但积极负责，也以此为荣。

不仅在食堂，学校里的很多工作都有家长的参与。有时，学校缺乏资源时，家长便会伸出援手；学校有了难解的问题时，家长会出谋划策，共同破解难题。“明星学生”的评选活动中，家长更是积极参加；学生表彰大会上，家长几乎没有不到场的，甚至感冒了也会戴上口罩赶来参加。周奎齐局长高兴地说，博兴教育改变了家长，家长也改变了博兴教育。更重要的是，现在的学生就是未来的家长，在自己父母的影响下，他们以后当了家长，会更出色，会对教育做出更大的贡献。

周奎齐局长从担任教师和班主任，到校长，再到教育局局长，已有30年了。他痴情于教育，奉献于教育，同时，他也因教育而发展。目前，全国到博兴参观、考察的人越来越多，其教育改革创新经验在全省、全国得以推广。而周奎齐局长，也成了博兴的一张教育名片，并走向了全省乃至全国。他在全国数百次的演讲都让听者动容，可想而知，这位教育工作者的激情中，深藏着多少教育的情怀，以及“士不可以不弘毅”的雄心壮志！

通讯篇

以“心”为本，彻见大“道”

——北安市教育的一流服务品质

衡量一个机关水平高下的重要标志之一，就是观其服务质量的优劣。多年来，黑龙江省北安市教育局作为教育主管部门，不但树立了强烈的服务意识，更有让老百姓满意的积极行动。黄炎培先生曾说：“改良之道，不独须从方法上研究，更须在思想上研究。”北安市教育局深谙其中要义，采取各种措施主动出击，破解了中小学学校教育的很多难解之题。其优质服务，不仅凝聚了教育本真的正能量，更成了北安市一张亮丽的名片。

服务一：基本建设，由教育局来做

“环境必然具有教育性”是历代教育家信奉的至理箴言。而学校环境的简化、净化、美化及其平衡状态更是教育者对教育生活所追求的状态。然而，众所周知，学校硬件条件差是教育的明显“硬伤”。在这方面一些学校急需改善，有的校长看在眼里，急在心里，只能东奔西跑找门路，将主要精力投入到筹钱上，导致难以兼顾教育教学的统筹工作，这实在是舍本逐末。

校长的这种精神固然可嘉、可赞，然而这不是他们的主要任务。况且，绝大多数校长筹钱的能力非常有限，有的尽管也见出一些成效，其实却微乎其微。

那么，这个任务究竟应该由谁来承担呢？北安市教育局局长郑云波认为，这是教育局尤其是他这个“一把手”的责任。

郑云波局长认为，教育局不只是中小学的领导机关，更是他们的服务部门。他颇有感慨地告诉我："作为一名教育干部，不是你要我服务我才服务，而是要主动'出击'，积极主动地进行服务。"作为一种"另类"的服务，他迈出了"规范运营"的第一步。

基于这种思考，郑云波在就任局长之后的第一次中小学校长会议上便正式宣布："以后，为学校建设筹钱的事由教育局来做，你们则把主要心思放到教育教学工作上。"敢于承担重任的心声，如初春的和风，暖洋洋地荡漾在各位校长的心间。

当然，这并不是要求校长不关心学校建设方面的问题，而是鼓励校长在关注学校发展的时候，尽可能地提出可行的相应建设项目，呈交教育局具体承办。

一诺千金的教育局领导随后就开始了行动。令人欣慰的是，市委、市政府领导高度重视中小学校基础建设，相关部门也希望北安市教育能有更好更快的发展，所以，在跑项目、要资金时，教育局领导得到了所有人的支持，效果非常好。

数据是最好的说明，仅"十二五"期间，市政府就布下"重兵"，投资 3.89 亿元，对 34 所学校的 45 栋校舍进行改造，总面积达 23.9 万平方米，同比"十一五"期间增长了 184.64%。通过维修改造，北安市第四中学、铁东小学、建华中学、铁路小学等 25 所学校的办学环境得到了极大的改善；硬化室外运动场 5.58 万平方米，18 所学校新建了环形人造草跑道及人造草坪球场；20 所学校晋升为省级标准化学校；新增计算机 1401 台，教学一体机 448 台，教学仪器设备 161948 套件。硬件建设的迅速完善，使得各个学校也迅速产生"化学反应"，实现了"校校通"全覆盖。学校环境和设施焕然一新，为每一颗"求学的种子"开辟了全面发展和健康成长的春天。

如果说校园改造是常规性的服务，那么，打造个性化、实用性的操场就是带有北安烙印的特色服务。

以道观之，物无贵贱；物之所值，实用为本。北安市各所学校的人造草坪可谓物美价廉——它虽然只有一般塑胶三分之一甚至四分之一的价位，可它绝不像劣质塑胶那样散发出异味甚至毒素，完全保证了学生的健康；由于本来就是由草做成的，人造草坪不但释放出青草的芳香，还特别柔软，学生在上面奔跑、跳跃、嬉戏甚至打滚，都不会受伤。严冬季节，人造草坪不但不会被冻坏，反而可以在上面浇上水结成冰，既保护了草坪，又形成了人造滑冰场。学校一到冬天就买来滑冰鞋，让学生在上面练习滑冰。在滑冰场上，学生身轻如燕，发出一阵阵欢快的笑声。因“地”而改，一场多用，不但让操场成为北国风光中一道美丽的剪影，还成了学生一展技能的天然基地。

春暖花开之时，校长们发现，以前花了很多时间与很大气力寻求的学校基础建设，现在几乎不费吹灰之力地展现在眼前了。他们在兴奋之余也在思考，对于教育局到位与主动的服务，要心存感动，更要在“新坐标”的指引下，把自己储存的力量全部迸发出来，全身心地投入到教育教学工作中。唯其如此，才能让学校也像硬件建设一样旧貌换新颜。

服务二：承办志愿报考指导会

每年的高考分数出来后，填报志愿就成了学生、家长与教师共同关注的焦点，每年都会有一些考生因志愿报得太高、太低或专业不理想而遗憾不已。

报考志愿，其实是一门学问。而对这门学问最有研究的，是各个大学中负责这方面工作的人员。可是，全国那么多所大学，考生不可能一一前去咨询，所以，多数学生只好凭着感觉或道听途说选择了志愿，自然会有不理想的情况发生。

谁能为考生“搭把手”?

如何服务于全市考生，让更多的考生在报考志愿时不留遗憾，北安市教育局没有被流俗“网”住，他们慧眼洞开，心生一计，那就是将绝大多数考生所要报考的大学的相关人员诚心邀请到北安，让考生们可以当面向他们咨询与请教。

2015 年以来，北安市教育局连续两年精心设计并主持召开了全国高校招生咨询现场会。高校免费参与，学生免费咨询，桌凳茶水侍候，为高校和考生搭建了面对面沟通和交流的平台。2015 年，130 多所高校来到北安；2016 年增至 140 多所。哈尔滨工业大学、中南大学、东北大学、大连理工大学、南开大学、吉林大学、东南大学等 31 所高校优秀生源基地落户北安，北安还成为省内第五个民用航空飞行员招录站。报考“一点通”，在北安已经“开锅”，甚至达到了“沸点”。

明眼人一看便知，这件事做起来并不是那么简单，不但会耗费不少资金，还需要大量的人力、物力，尤其需要一份特殊的教育情怀。诚如德国哲学家雅斯贝尔斯所言，“教育须有信仰”，只有胸怀一份虔诚之心，才能实现教育之事无巨细，事事躬亲。可以说，有了服务意识，有了对考生的真心关注，做再多的事情，教育局领导都心甘情愿。此时此刻，我们不得不说他们对教育服务已经实现了“升级版”。

在报考志愿这件事上，广大考生与家长渴望得到“明白人”的指导，但他们怎么也没有想到，教育局如此雪中送炭，为他们点起了一盏明亮的灯。所以，家长们个个高兴异常，纷纷到咨询现场请求帮助。

可是，现场会原定在北安市第一中学召开，后来发现无法容纳全市及周边地区、农林牧场数量众多的考生与家长，怎么办呢？郑云波局长通过政府领导联系了凤凰体育场，那里不但场地大，环境也好，当然，是要为此付出一定费用的。

郑云波局长坚定地说，费用事小，考生事大。

来到北安市的大学工作人员，也被教育局的一股正气和一腔热情感染了。他们在咨询现场，认真回答每一个考生与家长的询问，根据考生具体情况提出可行性建议。结果，绝大多数考生都美滋滋地选好了理想的大学。

有考生留言：“想起指导教师的耐心分析和热情指导，我就心存感恩；想起教育局这样大费周折的服务，我真是激动不已。”

其实，教育局的服务早在考生报考之前就已全方位开始了。比如，他们通过自主招生，让某些具有特长但成绩不太好的考生，避其“锋芒”，找准“窍门”，顺利进入了名牌大学。

每一点进步都有辛勤的付出，每一份成果都有汗水的流淌。几年来，北安的高考成绩不但在黑河市独占鳌头，在整个黑龙江省的众多学校中也名列前茅，这与北安的教育教学质量高有主要的关系，可是，让更多考生填好报考志愿，走进理想大学，教育局的无偿服务无疑也起着“金线”“嫁接”的作用。

郑云波局长认为，教育服务是忠实于灵魂和人性的修行，不应当只是空喊口号，而应当落实到行动上；不应当被动地服务，而应当主动地服务；不应当是假帮忙，而应当是真作为。服务是一种极其高尚的行为，不能有任何功利思想。即使是不属于教育局职权范围内的事情，只要对考生、家长和学校有利，虽难而进，虽苦亦为！

服务三：构建教研协作区

教师作为促进学校发展与引领学生成长的无以替代的人文力量，是学校教育最关键、最活跃、最根本的因素。但是，由于师资诸方面的原因，尽管薄弱学校不断努力，依然与优质学校的教研水平有着不小的差距。而优质学校的优质教研资源，在本校产生效益的时候，也很难有更大范围的推广和扩展。

具有服务意识的北安市教育局，在充分调研的基础上，于2013年构建了五大教研协作区，探索出教研交流、资源共享、均衡发展的管理模式。按照地域特点，以就近不就远为前提，以兼顾强校弱校组合、城乡一体发展为原则，以具有优质教育资源的兆麟小学、和平小学、通北镇中心校、北安第二中学、北安第八中学为核心轴，成立了五个教研协作区，并转型升级，辐射全市义务教育阶段的所有中小学校。

杜威曾说：“学校作为一个社会组织，应实现的是多种多样的人共同生活的方式。”正如杜威所言，北安市各学校既然成了同一个协作区，也就成了一家人，其宗旨即实现区域内各类成员学校及其师资的新的组织形式与共同生活的方式。薄弱学校把优质学校的优秀教师请来对本校教师进行教研指导，优秀教师“传经送宝”，帮助他们完善各项管理制度，传授管理经验，上示范课，培养骨干教师，释放着自己的能量，还拥有了使命感。大家在互帮互助中，摆出了“追”“赶”和谐竞赛的阵势。

与此同时，在教育局的统一部署下，教研协作区还在全市范围内开展了100多次各类教研活动，既有“班主任工作论坛”“课堂教学观摩”“主题队会联评”等常规活动，也有“教师基本功百日练兵”“一师一优课评选”等专项活动，这不但让教师，特别是薄弱学校的教师，更多地观摩到优秀教师的教研现场展示，也感受到优秀教师教研的高超技艺，及其敬业谦虚的优秀品质，自然而然地生成了“择其善者而从之”的心理驱动，在教学上获得了又一次“新生”。而那些精兵强将的教师，在展示过程中触摸到灵感，为了将自己的教研成果展示出来，也更加努力地进行钻研。久而久之，教师即逐渐形成了“更上一层楼”的合力精神与追求。

郑云波局长说：“教育局之所以提供这种服务——搭建协作教研点‘大融合’的平台，就是要让优秀者将自己放逐，把光展现出来，变得更加优秀。另外，还能唤起一般者的竞争意识，让他们奋起直追。由此，还不只是让教师的教研水平得到提升，更想凝聚人心，让积极向上的正气持续不断地提升。”

其实，绝大多数教师都希望自己有所发展和提升，却往往苦于没有这个平台，没有这种机遇，导致发展欲望慢慢暗淡下去。教研协作区的构建如同春风送雨，铺平了“自我筑巢”的平台，这让更多的教师找到了自己的最近发展区，甚至开始自觉追求更加高远的目标。

毋庸讳言，当今的某些薄弱学校，尤其是农村偏远地区学校的音乐、体育、美术专业教师仍然不足，这是一个相当普遍的现象；而如果将城区优秀的音乐、体育、美术教师调到农村学校任教，难度之大可想而知。但教研协作区的构建组合，有效地解决了这个问题。北安市教育局将协作区内的所有音乐、体育、美术教师组织起来，统一安排，并统一编排协作区内所有学校的音乐、体育、美术课程表。这样，即使是极其偏远的农村小学，也可以享受到城区优秀音乐、体育、美术教师的授课。这不但丰富了农村学校课程，还让那里的学生从小就全面发展，有了对美的追求。而那些城区“跨界”发展的优秀教师，在教授那些几乎没有学过音乐、体育、美术课程的学生后，也强烈感受到了城乡的差异，更加感受到到农村任教的必要性，甚至会将信念化作一团火焰，升腾起一种崇高的使命感。他们必定会珍惜这一教研经历，让澄清的心灵愈加生辉，从而爱上薄弱学校及农村的学生。

只有创新，才有活力。在协作教研中，原有的名师更加努力，一批后起之秀也在互助中崛起。为了更好地促进名师的快速发展，北安市教育局选派多名优秀教师赴澳大利亚、加拿大等国家进修学习，还先后组织 300 余名校长及骨干教师，赴河北衡水、邯郸，山东滕州，内蒙古宁城，上海等地的学校参观学习，组织教师 1000 余人次参加省内教育教学研讨活动，相继邀请冯恩洪、纪连海、高金英、王文湛等全国知名教育专家来北安讲学，参训教师达 15000 余人次。

为了发挥名师的示范、引领、带动和辐射作用，建立培养优秀教师的长效机制，兆麟小学、和平小学还借助协作特区这一平台，成立了学科名师工作室，充分发挥了名师的教育反哺作用，打造出一支勇立潮头、积极发展的教师团队。他们积极行动，有效地促进了全市教育的健康发展。

在互联网时代，教研应更加注重传播方式和传播载体。为了及时获得各种教研新信息，扩大协作教研的范围与受众面，北安市教育局又组织了“服务到家，送研上门”的活动。他们通过教研网、微信群、QQ 群等交流平台，上传各类教研文章和心得体会累计 500 余篇，让不管是在城区，还是在农村的教师，都可以随时随地地获取相应的教研信息，并将其用在自己的教育教学之中。

实现城乡学校硬件的均衡虽然困难，但具备了一定的资金之后，就相对容易解决，可是，教研等软件建设方面的均衡相对困难。而北安市协作教研区的构建，可谓是挖空心思地打造优质教育服务，不但结束了“闭关自守”“单打独斗”，还把“道”之根深扎于教研的岩石缝隙中，形成了一条可供参考的教研路径，成就了均衡发展的协作之美。

服务四：使学生养成良好的阅读习惯

目前，全国各种名目的课题多如牛毛，可研究这些课题究竟是为了支撑门面，还是为了真正解决教育上的难题，却是两种截然不同的价值取向。

北安市也搞教育课题研究，在他们看来，真正有意义的课题研究应是基于实际问题的研究，是在调查研究的基础上主动出击，而不是随意而为，更不是为支撑门面的伪课题研究。

郑云波等教育局领导在调研中发现，教师普遍反映的一个问题就是中小学阅读方面的痼疾。他们在分析高考试卷的时候同样发现，北安市考生理科成绩比较好，语文成绩却相对不理想。而与考生们的进一步交流更让人震惊——现在高考语文试卷内容呈增多趋势，有的考生甚至读不完试卷上的文字；有的即使读完了，也读不明白。

我们必须承认，现代儿童心理学的研究结果已然昭示：有效的知识性学习不是单纯的量变积聚，而是促发学生内在知识结构的重组与构建。也就是说，从儿童发展的可持续性上来看，内在的质性学习远远比外在的量化刺激要重要而深刻得多。

基于此，北安市教育局用心思考，寻根溯源，并进行长远设计，发现语文教学中存在的问题，提出要解决问题必须从阅读教学改革开始。于是，作为中国教育学会“十二五”重点科研课题“学校心理素质养成教育研究”的子课题“中小学生阅读习惯养成的实践与研究”，于 2013 年 3 月在北安市十所实验学校安家落户。在三年的时间里，课题伴随阅读探究，阅读依靠课题深入。良好的阅读习惯在学生心坎上生根发芽，并展示出了枝繁叶茂的景观。

一、找准服务对象，落实研究的主要内容

1. 养成阅读习惯

叶圣陶先生说：“教育是什么？往简单方面说，只需一句话，就是养

成良好习惯。”可现实中，人们往往只将其理解为一般行为习惯的养成。其实，它贯穿于整个教育过程之中，阅读亦不例外。为打好阅读训练这场攻坚战，北安市教育局在十所实验学校进行了分阶段实施。

第一阶段，进行大脑科学训练，培养注意力，开发潜能。阅读的过程既是思考的过程，更是一番涤荡灵魂的过程。阅读不只是要用眼睛看，更要用大脑想，用心灵悟。只有眼、脑与心协调共鸣，才能达到一种至真情、至澄明的高效境界。

学生的阅读潜能是非常大的，如何发现与挖掘学生在阅读过程中的自我学习潜能则是教育者的根本追问。阅读不能三心二意，而应心无旁骛，时间长了，才有可能养成良好的阅读习惯。而且，古人所谓“一目十行”，其实并非只是天才的“专利”，通过训练，平常人也有可能达到，而教育所需思考的就是寻找和发展能够实现这一理想结果的各种可能性。北安市教育局从理论上抓住关键，在实践中则别出心裁、独树一帜，利用各种阅读活动，培养学生的阅读习惯。

第二阶段，进行识字记忆的训练。识字不仅要记其形，还要懂其义。学好中国古已有之的象形、形声、会意、指事、转注、假借六种造字法，不但可以更多更快地记住词义，还可以让学生不教自会，从而提高记忆的速度与质量。基于此，教育局明确具体要求，指导实验学校通过多种训练，让学生对语言文字深入了解，在意识和心灵中萌发灵感，储存记忆。

第三阶段，引领学生有感情地读。语文阅读中的作品都是作者“情动而辞发”的产物，所以，文本并非无情物，在阅读的时候，只有“披文以入情”，才能了解其中的妙处。各实验学校利用各种方式引导学生深入作者彼时、彼地、彼情之中，进而从更深层次上理解阅读文本的内涵。长期的训练点亮了学生智慧，让他们逐渐爱上了阅读。

第四阶段，进行语文阅读情境化教学。任何文本都是有生命的人写成的，也都体现着特殊情境。瑞士教育家裴斯泰洛齐认为，教育不仅仅是学习书本，它应包括儿童的情感、智慧及身体等各方面的发展。为此，各实验学校对情境化教学进行了深入的研究。教师采用“其言也，约而达”的点拨与指导方式，让学生自己走进文本的情境之中，并在课堂上形成一种群体阅读情境，学生则自然而然地步入了乐此不疲的阅读审美状态之中。

2. 鼓励随笔化表达

如果说以上四个阶段的阅读训练是曲折的追寻，那么，随笔化表达就是自我提问和反思的爆发。

德国哲学家卡西尔曾这样说，阅读使“我们形成对于世界的最初的客观视域或理论视域。这样的视域不是单纯的‘给予’，而是建设性的智慧努力的结果”。大量优质的阅读，让学生茅塞顿开，提升了阅读水平，更拓展了思维的疆域。而写作把这种努力化为情感的自然表达，它不是枯燥的字词训练，而是将内在思想进行语言凝练与流淌的过程。在这个过程中，每个学生都会在各自的思想世界中，逐渐发现最真实的自我。可以说，学生阅读水平的攀升，带来了说与写的飞跃；而说与写能力的增强，反过来亦有助于阅读水平与品味的提升。为此，北安市教育局领导认为，在阅读达到“瓜熟蒂地”时，应调整方案，乘胜追击，让“一张嘴，一支笔”成为学生的“王牌”。于是，他们在实验学校开展了随笔化表达活动，即随时、随地、随意、随形地说和写。要想即兴言说、出口成章，就必须持续不断地阅读，让读与写相互映照，不然，就不可能形成自己的优质语系。而写成文章，与好的言说有着异曲同工之妙，所以，各实验学校专门开发了情境随笔课、读书随笔课、评改随笔课等。各种随笔课的开设，使学生如鱼得水，其文字表达能力提高了许多。

二、看不见的服务，看得见的成果

十所实验学校通过对学生进行问卷调查后发现，大部分学生养成了读书思考的好习惯，还产生了“知之者不如好之者，好之者不好乐之者”的爱书情结，同时也学会了准确过滤不良的文化信息，自觉地阅读有思想、有文化品位的图书报刊，甚至能主动背诵经典作品，以丰盈自己的精神与智慧。

阅读数量与质量的提升，自然助推了学生写作能力的“水涨船高”。原来视作文为畏途的学生，有些已经找到了入“道”之门，爱上了作文；有些已将作文写得生动自然，得心应手；更有些学生开始崭露头角，在市级以上的作文大赛中获奖，赢得了师生的一片赞誉。学生在中考与高考中的阅读成绩，也有了不同程度的提升。阅读，让学生的“翅膀”有了更加广阔的天空。

当然，学生阅读兴趣与写作水平的持续提升，要求教师必须具备相应的指导能力，它督促教师也要更多更好地阅读。而教师阅读数量与质量的提升，不但能增强教师对学生阅读的指导力，还能让教师的课堂有了更丰富的色彩，这时候，教师突然发现，读书就是最好的备课。其实何止于课堂教学水平的提升，当北安市的教师越来越有文化品位的时候，其精神风貌也有了变化，有了属于自己的“禅理”精要——潜心钻研业务，真心做好课题，细心培育学生才是为人师者隐于内心的真谛。

好风凭借力，扬帆正当时。行进在“十三五”的时空坐标上，一幅壮美的画卷正在徐徐展开……北安教育的基础设施建设日新月异，标准化学校建设方兴未艾，高考成绩连创佳绩，教育科研屡建新功，教育整体形象持续攀升，师生的获得感和幸福感持续增强，北安教育知名度和影响力持续提高，成了家喻户晓、闻名省内外的城市名片。

在"善假于物"中创新求变

——东营市河口区在合作办学中的突围与发展

东营市河口区地处山东北部，渤海南岸，黄河入海口北侧，是中国沿海地区土地、石油、天然气、盐卤、地热、浅海资源极为富集的"金三角"。近年来，河口区在教育领域所取得的一个又一个令人欣喜的成绩，同样成为一个亮点。那么，其教育何以会获得如此快速的发展？成功地与北京大学青鸟集团合作办学，当是其中一个不可或缺的原因。

河口区第一中学：在困境中突围与超越

2012年3月28日，是王志华校长人生中具有转折性的一天，这是他担任河口区第一中学（以下简称为"河口一中"）校长的第一天。对于一直心怀教育情结的他来说，这是一件可喜可贺的事情，可是，他不但很难高兴起来，还有些担忧。河口一中建校之初仅有13排平房、46名教职工，并且无固定生源，高考考取本科的人数长期在个位数徘徊，属于东营市三类学校。历经几代人的艰苦奋斗，尤其是1997年宋卫忠校长来到河口一中后，组建了新的学校班子队伍，明确了以"学校办学有特色，学科教学有特点，学生发展有特长"的办学思路，紧紧围绕"以人为本，科研兴校，和谐发展"的办学理念，内强素质，外树形象，抓管理，抓教学，提效益，办学规模得到显著提升，师资力量得到有效充实，本科上线人数连续实现飞跃式增长，2009年时达536人，学校终于走上了规范、健康、高效的发展之路。王志华校长在为全体师生过去所创造的奇迹而感慨的同时，也清醒地意识到，尽管学校每年的本科录取率都是稳中有升，但在考取名牌学校及“211工程”“985工程”高校的总量上还没有真正实现大的突破，学优生培养效果很不理想，学生家长对学校却提出了更高的期待。可以说，学校的发展进入了高原区，如何突破此时的困境就成了摆在王志华校长面前的艰巨任务。

他却并没有因此悲观与失望，而是通过在教师中间的走访与调查，探寻产生这些问题的原因，探索破解难题的方法。

一、合作办学，“善假于物”

要想有所突破，就需要足够的内力，那么如何在内力不足的境况下破茧而出呢？

问题的产生总是有其根源。而如何透过纷繁复杂的现象发现问题存在的本质根源，正是王志华校长一直以来苦苦寻觅的。正如哲学家黑格尔所言：“现实是本质与现象的统一。”所以，从来到河口一中的那一天开始，王志华校长就通过随堂听课、问卷调查、师生座谈会等方式，深入各处室、级部、备课组和班级了解情况。经过各种深入细致的调研之后，他对学校的现实问题及生存情境进行了全面分析，并指出，学校目前发展主要受到两个方面的制约：一是办学条件落后，无法适应现代教育发展形势的需要；二是学校已经陷入低层次运转状态，内驱力不足，理念滞后，视野狭窄，亟须转型升级，走开放办学之路。

明确了方向后，王志华校长又陷入了深思之中，下一步究竟要怎么走呢？

一天早晨，他突然想到了荀子的一段名言：“假舆马者，非利足也，而致千里；假舟楫者，非能水也，而绝江河。君子非生异也，善假于物也。”

受此启发，他想，如果能够与名校开展合作办学，引进优质教育资源，不就是“善假于物”吗？

王志华校长的突发奇想一在校委会上透露，全体人员马上活跃起来，大家都兴奋不已，并很快达成共识。事实上，看似突发奇想，其实是王志华校长对问题情境中的所有关系在“百思不得其解”之后而产生的顿悟性理解。

三天后，相应的计划、策略和行动方案一并被呈现出来，而且得到了区政府部门的大力支持。于是，王志华校长全面布局，开始大力实施计划。

一放暑假，王志华一行数人就乘车北上。下车后，他们直奔北京大学附属实验学校，走进了董琦校长的办公室。

理解达成共鸣，真诚触摸心灵。董琦校长的家乡在山东临沂，他与王志华等人初次接触，便有一种他乡遇故知的感觉。况且，很长时间以来，他都很想为山东老家做些事情。王志华校长的举动，正好点燃了他心中的激情，成全了他多年来未了的心愿。看着面前这几个不远千里来找治校“处方”的老乡，董琦校长感慨地说：“有你们这些敢于担当的学校领导，何愁教育不发展?”

这一次交流，一腔热血与赤诚的心便相互碰撞出了耀眼的光华，他们很快达成了共识：河口一中将作为北京大学附属实验学校合作发展示范学校，并与北大青鸟教育集团开展战略合作，后两者将在办学、管理、资源等方面给予河口一中全方位的支持。随后，双方共同商定需履行的责任、义务，并签订了合作协议。

这天晚上，王志华校长激动万分，怎么也无法入睡。他清晰地感到董琦校长正在用一双热情的手，帮他赶走黑夜的荒凉。他深深地吸了一口气，高兴地举起拳头喊道：“学校终于有希望了。”

二、因材施教，“把脉开药”

合作办学是一项系统工程，要有大气势、大智慧，更要有精谋划、细打算。顶层设计与基层探索结合并行，思想境界与执行力度兼容相济，大幕揭开之前的准备工作尤为重要。为此，北京方面的董琦校长和张志强老师不辞辛苦，多次亲临河口一中，与王志华校长及学校师生坐在一起商讨细节问题，做了大量的前期调研工作，从而确定了合作办学的基本框架和具体着力点。经过反复研究和沟通，最终确定了“围绕教学提升教师专业化水平和学生核心素养”这根主线，而这根教与学的主线即整个教学理论体系的逻辑起点。可以说，它诠释了现代教学“教学相长，互促发展”的价值引导与实践规范。河口一中遵循这一思想主线，不断加大教科研的指导和培训力度，探索具有本校特色的教育之路，注重提升学校管理和班级管理规范化、专业化和现代化水平，高度重视师生身心健康，重视构建学校、家庭、社会三位一体的育人模式活动方案。

很快，北大青鸟教育集团派来的首批专家队伍就走进了河口一中。他们与河口一中的领导、教师座谈，确定学校“脱贫”和发展的切入点。通过现场听课、专家汇总、反复论证，形成了一个学校近期发展的指导性意见，并让河口一中全体师生都参与进来，让他们对指导意见提出建议。然后，北大青鸟教育集团与河口一中相关人员进行面对面的交流，针对学校发展“病因”，对指导意见进行进一步的修改与完善，最后形成了一份双方满意又切实可行的指导意见。

据分管合作办学的马永祥副校长讲，通过与北大青鸟教育集团的积极对接，学校明确了以办学理念、课堂教学改革、教师专业化发展、学优生培养、学校综合管理、班主任培训、家校共建、校园文化建设为核心的合作规划，进而有计划、分批次、成梯队地安排专家、名师来到学校进行指导，通过专题报告、讲座等形式引领学校的各位教师更新教育及管理理念；通过听评课、示范课、同课异构课、集体教研等活动帮助学校的教师大力推进新课程改革；通过学优生辅导、自主招生培训等活动加大学优生的培养力度；通过心理辅导讲座、心理测评等活动帮助学校的师生及学生家长调整心态，增强心理素质，并积极推动心理咨询室的建设；通过邀请音乐、美术、体育等学科的全国名师进行点对点的指导，促进学生核心素养的全面提升，全面推动素质教育，提升学校发展的内涵。从上述一系列教育举措中可见，河口一中无论在教学管理、课程建设、教学改革还是在学校文化内涵的探索方面，都是以学生核心素养的培养为最终指向的，即指向个人终身发展和社会发展需要的必备品格和关键能力。诚如我国当代心理学者林崇德教授所言，未来基础教育的顶层理念就是强化学生的核心素养。

2012 年下半年，在区政府部门的大力支持下，河口一中与北大青鸟集团正式开展合作办学，并成为北京大学附属实验学校合作发展示范学校。

学校成立了以王志华校长为首的领导小组，下设后勤保障、技术支持、课堂服务三个职能小组，各小组互相统筹协调，有序开展各项工作。这几年来，合作办学工作稳步推进，围绕课堂教学、德育工作、学校管理等实现了全方位覆盖、全过程指导，以形式多样的活动为载体，并以此为契机，通过专家引领、内潜驱动，进一步加大了“请进来、走出去”的力度，积极为教师专业化发展和学生核心素养提高创设了平台，取得了显著成效。

合作办学不但要有协议之形，更要有实施计划的行动之实。而北大青鸟教育集团从一开始的行动中，就融进了大爱的智慧和温馨的亲情，给河口一中的领导与教师留下了真诚、可信的印象。

比如，在课堂教学的指导上，专家、名师亲力亲为，先对河口一中需要指导的专业课教师所提供的备课成果进行“会诊”，提出建议与意见，再由相关教研组修改，返回到专家、名师手中。有了这种前期了解，北大青鸟教育集团再选派九个学科的全国知名优秀教师来到河口一中，走进教室听课，河口一中的相关学科教师及学校领导也会随堂听课，然后名师、专家和一线教师面对面进行交流，进一步指出教师课堂教学中的优势与不足，然后让教师二次上课，让课堂来说话，用成效来验证。

王志华校长说，多次反复与深入互动，对于河口一中的教师来说，是一次次“摸、爬、滚、打”的训练。经过多次训练后，他们逐渐明白了什么样的课是高效优质课，也懂得了如何才能让学生进入乐学善学的境界……

德国哲学家马丁·布伯曾说，真正的对话是从一个开放心灵到另一个开放心灵的话语。河口一中的教师与到校指导的名师、专家之间，何尝不是进行了这样的一种“对话”？在这一系列的课堂教学研究过程中，河口一中的教师不但学到了真本事，还与指导专家建立了深厚的友谊，尤其是专家们敬业严谨、认真负责的工作态度，也真正渗透到了教师的心里。

三、借鉴创造，形成风格

杜威说过：“思想仅仅作为思想是不完全的……只有应用能检验思想，只有通过检验能使思想具有充分的意义和现实性。”因此，借鉴他人的经验成果固然是教育改革的有效路径或捷径，然而若要在变革中有所突破与超越，必须立足于本土问题情境的积极践行。

王志华校长说，在学校不断取得发展的同时，他们也希望到全国各地的名校去学习，走出去，开阔视野，用“它山之玉”，来攻本校教学之“关”。好在北大青鸟教育集团与全国的很多名校都建立了友好关系，他们热情帮忙联系，于是，河口一中每年都派出100余名教师前往全国各地的名校进行考察学习，还参加了北京、上海、浙江、河南、河北、吉林、深圳等地的高层次教学论坛活动，同时，也邀请诸多名校校长到河口一中为教师开设讲座。由此，河口一中的教师拓展了思维，开阔了视野，并逐渐更新了教育教学的理念与思想，为更好地提升教育教学质量打好了坚实的基础。

河口一中还组织部分学生到全国名校的课堂去听课。比如，选派一批学生到衡水中学上一周课，让他们感受名校教师的异样风采，感悟名校学生蓬勃向上的状态。开放的思想和美妙的课堂，打开了学生心灵的窗户，进而让他们拥有了不懈追求的精神。

在某种意义上说，一个人的视野与境界，决定着其生命的亮度、高度和广度。合作办学与外出学习，使王志华校长找准了奋斗的目标，不但有效地提升了教师的教学水平与学生的学习成绩，也渐渐地形成了河口一中具有竞争力的教学风格。这种竞争力不仅仅体现于教师的教学水平和教育视野，更体现于其生命的深度和境界，此即王志华所笃信的“一名真正优秀的教师，在教学中不但要入格与定格，还要出格”。所谓入格与定格，即河口一中探索出来的各学科的有效的教学模式。它不是仿制品，更不是复制品，每种模式上都明显地烙着河口一中的印记。

现在，河口一中正在积极推进“教—学—评”一体化课堂教学改革。各学科推选出课程改革带头人，在专家的悉心指导下认真研课、磨课，并带领全体教师积极开展课堂教学实践，不断解决问题、总结经验，并取得了卓有成效的进展，得到了专家的高度认可。

王志华校长说：“我们现在依然走在探索的路上，可是，我们不是消极等待，而是积极行动。”他满怀希望地对我说，再有几年，他们就会涌现出一批具有自己的教学风格，乃至不断超越自己的优秀教师。这些教师不但是当地的教学名片，还会走向全省、全国，展示出自己独特的魅力与风采。

四、丰硕收获，成果累累

一分耕耘，一分收获。合作办学取得了丰硕的成果，大大提高了河口一中的课堂教学效率，突破了学校发展的“瓶颈”。其直接体现就是高考成绩实现了大幅度提升，尤其是一本上线人数，2013 年达 90 余人，2014 年达 117 人，1 名学生考入北京大学。2015 年，在生源减少且一本院校招生规模缩减的不利情况下，一本上线人数达 137 人，本科上线人数达 611 人，1 名学生考入北京大学，名牌大学人数也大幅增加，本科上线率达 72.6%，远远高于山东省的本科录取率。

合作办学的特色之一就是学科教学指导和学优生辅导同步推进，让学生和专家、名师直接对话，进行长期跟踪式指导，使河口一中的学优生辅导更加科学规范。

心理疏导也是合作办学的一项重要内容，其亮点在于学校不仅面向学生，还关注学生家长，同时关注学生发展核心素养的各个方面，艺术指导、体育指导、科技创新及学生社团建设等都包含在内。每年学校都有近 200 名学生通过艺体学习考入理想的大学；学生在全国“叶圣陶杯”“文心雕龙杯”作文大赛及各级社团评比活动中屡获佳绩；在科技创新方面，学校每年征集学生创新创意作品 2000 余份，申请专利共 55 项，并将学生的优秀创新作品推荐去参加青少年科技创新大赛、机器人竞赛等各类各级比赛中，获奖达 200 余人次，其中，获得金奖、一等奖达 100 余人次。

班主任队伍的培养与建设工作是合作办学工作的重点之一，主要由北大青鸟教育集团的专家做好顶层培训设计，密切关注班主任的思想品德素质、业务水平和工作能力，开展系列化、层次化的培训。在此基础上，河口一中多次外派班主任到北京、上海、河北等地的名校参观学习，给班主任提供了一个相互学习、借鉴和取长补短的机会。同时，针对学校管理方面，合作办学主要开展了教师心理和通用业务素养培训、学校中层干部培训及综合类培训，内容涵盖学校管理的各个层面，且形式多样，既有实实在在的教育、管理经验和理念，也有为人师表的职业情操和理想信念。合作办学活动的开展，显著提升了学校的综合管理水平，也使学校的各项工作保持着良好的发展势头。

实践证明，合作办学给河口一中带来了实实在在的好处，“借脑兴校”带来的不仅是知识的更新，更多的是理念的转变，这让河口一中得到了大实惠。

据马永祥副校长讲，2012 年时优质生源尚有流失的河口一中，从 2014 年开始出现逆转。2015 年，几名学生在一所很有影响力的名校上了三个月学后，坚持要到河口一中借读，认为这里才是他们心目中的名校。

合作办学初期，王志华校长提出了一个发展目标：创建自己的名师队伍，打造齐鲁名校，让教师在学生面前有威信，在学校里有尊严，在社会上有名望。

仅仅用了四年时间，河口一中不但摘掉了薄弱落后学校的“帽子”，还培养出 1 名全国英语名师，1 名省级优秀教师，1 名省级劳模，1 名山东省道德模范提名奖，1 名东营十大功勋教师，3 名教师荣获东营市教学优质示范课一等奖。2015 年，东营十大优秀人物评选活动中，教育战线仅有的一位当选者便是河口一中的一位年轻教师，而学校的市、区级优秀教师、教学能手已有近百人。

在第一期合作办学接近尾声时，经过充分征询师生意见和建议，结合学校工作实际，王志华校长代表学校继续与北大青鸟教育集团签署了新一期的合作办学协议。学校想争取在原有基础之上实现更深层次的战略合作，从关注教学拓展到文化引领，涵盖学校工作的方方面面，力争早日实现将河口一中打造成齐鲁名校的远大目标。

河口一中屡获“战功”的王老师告诉我：“这些成绩在前几年，连想都不敢想，现在却屡屡‘夺冠’，是合作办学和外出学习改变了我们的成长道路。”

分管教学的斐泽安副校长认为，他们看重学生的高考成绩，看重教师在不同领域取得的荣誉，更看重教师与学生的精神状态以及学校在社会上取得的信赖度。学生学会了面对和承担，教师也形成了无怨无悔和锲而不舍的品质，正因为有了这些最为宝贵的精神财富，学校才有了从量变到质变的飞跃。

五、总结经验，提供参考

合作办学给河口一中带来了天翻地覆的变化，人们在叩问：他们是怎样打开藩篱，沐浴在不断走向成功的光辉里的？

对此，王志华校长认为，至少有四个方面可以供大家参考。

一是高度重视。合作办学活动不仅对河口一中，甚至对整个河口区的教育发展都产生了举足轻重的影响，这必将载入河口区教育发展的史册。合作办学的成功开展，何以能够实现？首先得益于区政府部门的高度重视和大力支持，区政府部门和区教育部门的领导一直关心合作办学工作的进展，并多次到河口一中进行调研，这对合作办学而言，既是压力，更是动力。其次得益于学校和北大青鸟教育集团双方的高度重视，主要领导全过程、全时段参与合作办学活动，及时处理相关问题，调整思路，确保合作办学能够一直高效运转。

二是内化于心。加拿大当代学者迈克·富兰认为，教育变革其中一个成功关键，便是教师能够找出改革对他个人的意义。然而，现实中很多人都有一种思维惰性，在接受新事物的时候，往往会自觉不自觉地产生一种抵触心理。所以，有时候，让教师接受新的理念很难。合作办学也不例外，刚开始的时候河口一中的大部分教师对此并不接受，就连一些骨干教师也持怀疑态度。这时，学校领导就要一心一意，强力推进，让他们在实践中觉醒。时间长了，尤其是合作办学的成果显现出来的时候，教师就会慢慢地有了心理上的认可，就产生了自觉意识与积极行为。诚如德国社会学家哈贝马斯所说的：“真正的交往是主体间相互理解的交往。”所以，那些表面上看似是强推，其实质则存在一个内化于教师之心的长期过程。只有让心灵的朝圣展示在阳光下，才能诠释生命的密码，不然，即使教师表面上实践了，也是有形无实，找不到问题的关键点，更不会叫醒“熟睡”的心。

三是真诚合作。双方合作必须真诚，不然就不可能达到互促互进的境界。从总体上讲，北大青鸟教育集团派来的专家都给予了很好的指导，但也有个别专家因为不熟悉学校和教师情况而难以做到有的放矢，导致针对性有所欠缺。如果不是心怀真诚，不但出不来成果，还有可能不欢而散。可喜的是，双方都非常真诚，即使提出意见，对方也都能坦然接受，从而做到“有不善未尝不知，知之未尝复行也”。《中庸》有言：“至诚如神。”双方真诚以待，才能事半功倍。

四是及时沟通。河口一中在每次活动之后都要对所取得的成果及存在的问题进行认真总结和分析，并寻找解决问题的办法。有时候，王志华校长还要带着分管教学的副校长和级部主任赶到北京，与董琦校长和各位专家进行交流，常常是一谈就是一天。比如，哪些方面的合作有成效？哪些方面还有问题？下一步如何办？等等，在沟通交流中一一确立目标，制订计划，并明确对策。

董琦校长说：“我们确实对河口一中的办学给予了很好的指导，可是，我们也被他们一心求进的精神所感动。我们不但成了合作伙伴，也成了相互学习的朋友。”

可见，合作办学单位之间在共同探索中已然形成了共同学习体。而其内部成员虽拥有不同的兴趣，对活动做出了不同的贡献，或持有不同的观点，却恰如美国学者莱弗和温格所说，这种教师团队成员的多层次参与，正是学校作为实践共同体在改革与发展中的基础和关键。

教育部门：协调服务，打开“心界”

从河口一中作为北京大学附属实验学校合作发展示范学校，并与北大青鸟教育集团开展战略合作开始，人们就非常关注其发展的前景。

2014年下半年，在第一个三年合作即将到期的时候，河口区教育部门领导提出，既然河口一中能够突破困境，浴火重生，那么，通过合作办学，其他学校也可以借势发展，旧貌换新颜。

是全面开花，还是由点到面？恰如加拿大学者本杰明·列文所言，我们在思考如何成功地大规模变革时，必须同时思考以一种什么样的持续变革方式进行这样的变革，我们需要什么样的政策杠杆，在一种什么样的经济社会大背景的理念框架下去审视、评判大规模教育改革的社会缘起，改革的设计与实施进程、结果以及教育公共政策领域的创新？的确，也许我们只有对这一系列问题进行反省并澄清之后，教育才能够真正到达一种区域性的、协同发展的境界。

认真研究、客观分析了区内教育资源的状况后，河口区教育部门决定以区内相对优质的河口区实验学校与河安小学为合作主体，然后向其他学校辐射。

前来指导的专家很多，而河口区距离高铁站、飞机场路程又远，为了更好地为专家提供良好的工作和生活环境，考虑到义务教育阶段学校的经费比较紧张，教育部门承担起了专家在河口的食宿费用，减轻了两所学校的经济负担，从而让学校能腾出更多的时间和精力，全心全意地进行合作办学。

当下的教育发展研究领域已经形成基本共识，即不断落实和扩大学校办学自主权，构建政府、学校、社会三者之间的新型关系的变革理念。然而，在这样一种关系体系当中，区域行政力量到底应行使怎样的一种职责，才能够使其职能与价值最大化？美国国家公共行政研究院院士罗伯特·B. 登哈特强调，区域教育行政部分的发展，应在其新公共管理及新公共服务理念的指导下转变职能，从划桨者到掌舵者，再向服务者转变。而据河口区教育部门相关负责人讲，河口一中合作办学的经验很有价值，很值得借鉴，当河口区实验学校与河安小学再与北大青鸟教育集团开展战略合作的时候，教育部门依然给予学校充分的自主权，重点做好沟通协调等服务性工作，尤其是当学校遇到困难的时候，会想方设法帮助其解决。可以说，正是这种区域行政推动与学校自主发展之间的动态平衡，切实引领了学校的可持续发展。

教育部门的相关负责人告诉我，根据两所学校的特点，在吸收河口一中合作办学经验的基础上，经过一段时间的合作，已分析出这两所学校在管理、课堂等方面的变化还存在哪些“疑难杂症”。对此，董琦校长及有关专家总能较快指出解决问题的思路，从而使学校呈现出柳暗花明的景象。所以，他们的合作不但进行得异常顺利，双方的心情也特别愉快。目前，合作办学已经超出了原有的范围与预期，从课堂教学，到班主任工作，再到学校管理，都做得风生水起。

美国心理学家、教育学家威廉·詹姆斯曾说，一个学校的质量取决于学校里人的素质。毋庸讳言，学校教育实践的中心始终是人，学校的精神高度也来自于教师精神的高度。正因如此，北京大学附属实验学校一直笃信，校长及其引领下的教师团体的精神与智慧能赋予学校以灵魂。

因而，北京大学附属实验学校会定期派专家来开展教研报告会，而原本只是面对两所学校领导与教师举办的报告会，又吸引了其他学校的校长与教师。不到两年时间里，举办了专家报告会近 20 场，而且层次非常高，深受本地教师欢迎。教育部门相关负责人说，他们是很难请到这么高层次的专家的，可是自从有了合作办学，只要提出需求，对方就会将这些专家按时请来，为听者奉上丰富的精神食粮。在合作办学期间，针对区域内的教育需求和教育教学改革，还举办了多场次的专题报告会，如校园足球改革专题报告会、课程改革报告会、小班化教育专题报告会、依法治校报告会、国学教育报告会等。各位专家的亲临指导，促进了全区教育的快速发展。

由于专家讲得出乎意料的好，听课者也由原来的应付，演变成后来的踊跃报名、不请自到。大家都听得特别认真，场场都能满载而归。

专家们也被感动了。他们说，在其他很多地方讲课都很少有如此认真的听众。讲座中，他们不但不需要维持纪律，有时候报告都结束了，很多教师还意犹未尽，不愿离去，有的则直接走上台去，向专家们请教问题，有的还会留下联系方式，以便以后继续交流。

教育部门相关负责人说，以前他们组织培训活动之前，教育部门还要给各个学校下达参会人数指标，可到真正开会的时候，总是少了一些，即使去开会的人，也是心不在焉。现在大不一样了，如果有参会指标，校长马上会问能不能多给学校几个。以前培训的时候，总有参会人员晚到早退，现在呢，如果 8 点半开会，不到 8 点 15 分，会场上就已经人满为患了，静候专家的到来。

教育部门的领导说，以前教师不愿意参加培训，责任不在他们，是所请的专家没讲到教师心里。美国学者帕克·帕尔默对于“教师共同体”曾经这样解释：“共同体是个体内部不可见的魅力的外部可见标志，是自身认同和自身完整与世界联系的交融。”但凡组织内的沟通，如果个体没有充分认识自我，没有达到自身的认同与完善，那么当然难以产生想要表达自我的渴望。而在以往的培训中，无论是教师自身还是所请的专家，也许都未形成一种各自完整而又相互认同的状态，所以，也就不可能形成真正的交流、沟通与共同成长。通过合作办学，北京大学附属实验学校所请的专家不但有理论水平，也有丰富的实践经验，讲起话来风趣幽默，因此受到教师喜欢也就在情理之中了。一次又一次的培训，一次又一次的现场教研，改变的不只是教师的业务水平，更是教师的精神面貌和心灵状态。他们感到课堂教学有了情趣，教育管理有了门路，即使是平时的生活，也好像有了灿烂的阳光。

河口区实验学校与河安小学：改革与发展并进

相对于河口一中来说，河口区实验学校与河安小学的合作办学在起始阶段是风平浪静的。因为已经有了河口一中成功经验的参照，还有了教育部门的大力支持，所以，在提升合作办学的品质与效率方面，他们几乎是旗开得胜，收到了比较好的效果。

一、重新调整小组合作学习，不断创新前行

创新是发展的动力。当今，不少学校的课堂教学改革风起云涌，这两所学校当然也不甘落后，都进行了积极的研究与探索。不过，有些问题并没有得到很好的解决，如在小组合作学习中关于学生序号确定的问题。因为小组内学生的序号通常是根据学习成绩从高到低来确定的。通常，排在一号、二号的学生特别高兴，因为身上有了学习优秀者的“标记”；排在

后面尤其是末位的学生则未必愉快，因为被贴上了学习成绩较差的“标签”。美国心理学家马斯洛曾警示我们，期盼社会对自己的尊重，是个人天性的需要。每个学生都希望自己具备多种能力和丰富的知识，能够维护自尊，并得到别人的尊重，因为它能使人对自己充满信心，对社会满怀热情，体验到自己活着的意义与价值。而类似以上小组内的排序，虽然可以让学优生帮助学困生提高学习成绩，却也由此导致给学困生所造成的低人一等的心理阴影挥之不去，由此挫伤学生极为珍贵的品质——自尊。要知道，自尊才是学生自我发展、自我教育的内在动力啊！正因如此，在合作办学的起始阶段，北京大学附属实验学校的名师及专家便对这个问题进行了认真的研究，进而提出了建议：将序号改为好听的植物或动物的名字。这样，学生之间就没有了高低之分、优差之别，于是，学困生与学优生不但获得了心理上的平等，还达到了人格上的公平。

层层剥离是达到成功节点的密码。关于小组合作学习，在合作办学中还取得了更大的突破——传统意义上的小组合作学习，一般采取的是同质异组、同组异质的分组方式。但是，在与董琦校长交流的时候，他说他们正在尝试同质异组、同组同质的分组方式。因为这种方式让同质学生在新的小组内有了新鲜感，原本一直处于优势地位的学生也有可能在同质组内成为倾听者，从而激发了其积极向上的学习热情。学困生在同质组内则有可能成为讲解者与帮助者，从而大大增加了他的自信心与自豪感。美国明尼苏达大学合作性学习中心的相关研究表明，合作学习就其本质来说就是帮助学生在小组共同活动中最大限度地促进自己及他人的学习。所以，无论是何种分组形式，既不应拘泥于某种传统模式，更不应被束缚在某种分组理论当中，而要根据学生的实际需求，择其善者，创其实用者，这就是北京大学附属实验学校开展教学组织过程改革的基本立场。

董琦校长认为，社会在发展，大家都在变，课堂改革永远都是进行时。原有的经验和思考，有的还会成为经验，有的可能成为前进的羁绊。即使曾被人们认为较好的教学模式，也不能模式化，更不能变得僵化。只有“苟日新，日日新，又日新”，才能让教师的教与学生的学变得更有情趣，更有效益。

二、自主课程建设改变了师生的状态

课程改革的重要性毋庸讳言，但对于不少学校来说，能够做出特色且真正让学生更好地发展，还有一段不短的路程。河口区实验学校与河安小学原来也一直在课程建设方面进行着探索，但尚未形成自己的鲜明特色，直到合作办学之后，在北京大学附属实验学校专家的引领和指导下，才设计出了一套自主课程体系。它的一个重要特点就是重根本，从而让课程建设取得了“本立而道生”的突破。

何谓“本”？中国优秀传统文化中蕴含着丰富的精神资源，就是可以点亮学生生命前程的“本”。所以，他们不是让学生花费许多时间去学习课本，更不是让他们去学习高年级课本上的知识，而是让他们更多地去学习古代文化经典，使其扎根于学生生命成长的沃土之中。这未必会对当下提高学生的学习成绩起到明显的效果，但因为有了这个根，有了这种潜能，学生在未来的生命中就有可能长成参天大树。人们经常谈起为学生的未来负责，为其生命成长奠基，这种自主课程不正是为学生负责与为其成长奠基吗？为此，学校免费发放经典文化教材，每天 7 点半全校学生一齐开始诵读经典。河口区实验学校小学部开发了校本教材《古诗文诵读考级读本》，并利用放学路队诵读、亲子共读、经典诵读、才艺展示、达标考级等形式激发学生的诵读兴趣。童年是记忆的黄金时段，教师有责任与义务把经典“嵌在学生脑子里”，让经典“成为终生的民族文化的基因”。相反，如果错过这个最佳时期，以后即使再努力，也只能是“时过然后学，则勤苦而难成”了。

当然，仅有文本课程是不够的，真正能够成就一番事业者，除了读万卷书，还要行万里路。法国哲学家米歇尔·福柯曾感言，任何一个学科都不仅仅是一种可以言说的知识，而是一种话语的实践，一种对参与者的训练，这种话语实践在人的灵魂上打上印记，融化到血液里，落实到行动上。学生在实践中所形成的精神信念和价值态度在他们心灵之镜中折射出的色彩指引着他们成长的方向，可当今学生的生活、自然与社会课程太少，他们生命成长需要的实践经历缺失了太多，为此，河安小学设计了

"我们的信仰"课程。在我前去学校参观的时候，河安小学的学生第二天就要结队而行，前往莱芜参观莱芜战役纪念馆。该校的刘波校长认为，到莱芜不只是为了让学生见世面，更重要的是让他们直观地了解中国的革命史，让他们懂得今天的幸福生活来得何等不容易，进而激发起他们爱国家、爱学习的情怀。

刘波校长认为，学校应当努力帮助学生们打开智慧的大门，让他们具备一定的创新精神，因为他们要在未来的社会建设中担当大任。为此，学校开创了以创新意识为中心的"我们的未来"课程。一个人创新品质的形成，并非一日之功，而要从小进行培养，这往往可以收到事半功倍的效果。

可以说，无论是在传统文化课程，还是实践探索课程，抑或是创新意识培育课程方面，河口区实验学校与河安小学的教学团队都会精心设计，这无疑为学生提供了发展的最大空间与可能。刘波校长说，如果没有北京大学附属实验学校的点拨与支持，是不可能设计出如此丰富又富有时代精神的自主课程的。这些自主课程建设不仅大大提高了教师构建课程的能力，也让学生学习到了更加丰富多彩的内容。

三、通识培训与教学改革并驾齐驱

虽然河口区实验学校的合作办学历时不足两年，但其各项工作已喜获丰收，不只促进了教师的专业成长，也提升了学生的考试成绩，更为重要的是教师的精神状态越来越好，学生善于学习与乐于学习已经形成常态，学校在老百姓心目中的美誉度与信赖度也与日俱增。

据该校的李延春校长讲，北京大学附属实验学校为他们请来了一批既有教育情怀又具有学术研究水平的专家，专家的引领有力地推动了教师队伍的专业发展和课堂教学的改革进程。

一方面，名师与专家结合自身体悟，生动而形象地讲述了教师如何才能让生命获得更好的成长，那就是只有心怀爱心，乐在教育教学之中，拥有自由的心灵与阳光的心态，以及持续发展的内在动力，才能实现自身的生命飞跃。由此，教师懂得了作为教育工作者，不能让自己的生命只在同一个平面上滑移，而应当实现不断飞跃，并由此让生命实现精神的“升值”。这种优质的生命状态，不但提升了教师自身的幸福指数，还在有意无意中传递给了学生，从而让学生也感受到了更多的幸福感。

另一方面，这些名师与专家不但改变了教师的教学观念，也引导他们在学生的学习方式与教师的教学方式上进行了大胆的改革。教学由原来的“满堂灌”，变成了“群言堂”，不再是教师滔滔不绝的讲解，而实现了“其言也，约而达，微而臧”的美妙。《学记》中所提到的“导而弗牵，强而弗抑，开而弗达”的教学思想，已经落实到教师的课堂上，教师队伍的整体素质有了明显提升。

法国社会学家弗朗索瓦·佩鲁曾说，如果不从人的更高层次上去理解发展，对各种发展问题的理解和解决就难免是肤浅的、表面的。强调学校的特色发展，说到底是学校对人的积极性、主动性和创造性方面自主发展的教与化。现在，学生已经越来越喜欢课堂，教师也更加热爱学生从而潜心教学。李延春校长认为，以前学校苦苦追索的减负高效，现在已经逐步变成了现实，学校的办学水平也已经迈上了一个新的台阶。

让师生的生命更好地成长

——滕州市西岗镇教育巡礼

近年来，山东省滕州市西岗镇的教育质量呈现出持续上升的态势，各所学校在社会上的美誉度也不断地攀升。那么，这一地处农村的乡镇教育何以会有如此快速的发展，成了人们关注的一个问题。为此，我走进西岗镇，去探寻其发展的内在密码。

为教师成长推波助澜

唐朝韩愈的《师说》在开篇即道："古之学者必有师。"可以说，中国文化中，教育首重"师承"。它不仅仅是知识技能上的"口耳相传"，更是情感、趣味、操守与修养等道德人格的传承。可以说，教师专业水平的提升与人生境界的升华，对于学生的成长与发展起着至关重要的作用。为了让教师能够持续快速地成长，西岗镇教委办不但搭建了多种平台，还采取了相应的措施，激发了教师生命成长的自觉。

一、搭建三个平台，构筑成长通道

校以师名，师以教成。教师是学校教学改革的重要主体，而课堂教学是教师成长的核心路径。可以说，很多教师都做过名师梦，有的教师也真正走上了名师之路。那么，如何触发教师的成长点，推进学校的优质发展，即成为区域教育可持续发展的关键问题。西岗镇教委办立足于课堂教学，着眼于名师梦想，为教师搭建专业成长的平台，构筑生命发展的通道，从而激发教师奋发向上的积极性与使命感。

1. 以课堂为阵地，搭建教学“比武”的平台

课堂作为一个教育学概念，具有立体而多维的界定。它既是静态物化的所在，即师生教与学的场所，更是灵动思想的栖息之地，即师生生命成长的原野。

基于此，西岗镇教委办近年来启动了一系列中小学课堂教学水平提升工程，让教师走上了“比武”的平台，展示其课堂教学的个性特色，包括2012年的“每人一节公开课”、2013年的“每人一节示范课”和2014年的“每人一节模式课”等活动。教师自定时间，自选班级，自选授课内容，向学校提出申请，学校再组织评委听课，并进行评议打分，以此作为对其课堂教学水平的评价，纳入教师学期综合量化指标。针对各个学校涌现出来的优秀教师，教委办还在全镇组织课堂教学模式展评，通过层层评选，让一些名不见经传的教师实现生命的突围，成为为大家称道的名师。

据教委办主任仇玉晨讲，最近几年，西岗镇在市教育局组织的模式课展评活动中，有四种课堂教学模式及相应的教师课堂教学获得一等奖。模式课之外，优质课堂评选成绩亦是卓然，4 人获得枣庄市优质课评选一等奖，6 人获得二等奖；19 人获得滕州市优质课评选一等奖，8 人获得二等奖。

2. 以名师为依托，搭建争先创优的平台

古人有云：“德能正其身，才能称其职，笔能成其文，言能明其志。”而在学习化社会，名师不仅是传道、授业、解惑的“正身”者与引路人，更是追求多元对话和情感启智的合作者与有心人。

据仇玉晨主任讲，西岗镇自2010年正式启动名师评选活动以来，每两年评选一届，迄今已经成功评选出了四届“西岗名师”。其中1人被评为山东省特级教师，1人被评为山东省优秀教师，1人被评为枣庄市优秀教师，7人被评为枣庄市骨干教师，2人被评为滕州市名师，3人被评为滕州市十佳班主任，1人被评为滕州市明星教师，1人获得滕州市教师综合技能大赛五一劳动奖章。在各项大赛中，西岗镇的教师也出手不凡，杨坤老师获山东省音乐教师基本功比赛一等奖，李心亭老师获全国科技创新大赛一等奖，赵曰淼老师获全国美文诵读一等奖。历届所评名师在任期内都享有每

人每月 100 元的名师津贴，参加职称评定时享受滕州市优秀教师加分待遇，每年优先安排外出学习培训。

名师的成长没有固定的模式，但是名师的影响是无形而深远的。我在采访一些名师时，能真切地感受到他们都有一种无法抑制的自豪感，更有一种深蕴内心的责任感。美国文学家、哲学家梭罗曾说，最令人鼓舞的事实，莫过于人类确实能主动努力以提升生命。名师平台的依托，使其不仅仅成为一种荣誉，更衍生出一种带动全镇教师发展的担当与责任。所以，他们对自己有了更高的要求，希望自己能有更大的突破。

3. 以活动为载体，搭建展示自我的平台

2013 年以来，西岗镇教委办多次开展同课异构、作文教学研究与课堂教学模式研究等活动，并邀请省教研室英语教研员陈元宝及枣庄市、滕州市教研室的教研员，针对教师的现场授课给予即时而精妙的点拨，让教师有了一种豁然开朗的感觉。在枣庄市与滕州市课堂教学评比活动中，不少教师都取得了令人满意的成绩，比如，2 位教师的作文课先后在枣庄市优质课比赛中获得一等奖，12 位教师分别到市中、山亭、峄城、台儿庄等区直学校授课，并得到了枣庄市教研室领导的一致好评。

二、强化三项措施，提升文化内涵

每个教师都有发展的需求，而文化内涵的发展是其修身治学的根本。为此，西岗镇教委办采取三项措施，为教师文化共同体的发展提供了有效的支撑。

1. 强化竞赛机制，苦练基本功

西岗镇教委办每学期组织一次基本功比赛，每所学校推荐 2 人，其余参赛选手由教委办按 15%的比例随机抽取，以参赛选手的总成绩作为学校的比赛成绩，以此督促全员参与基本功训练。古希腊先哲亚里士多德曾言：“卓越不是单一的举动，而是习惯。”可以说，卓越的教师不在于某一次赛课的突出表现，而关乎其毕生的学习习惯。因此，学校要求每位教师每天写一板粉笔字、 页钢笔字、一页毛笔字，上课必须使用普通话。严格的要求，促使教师养成了自觉练好基本功的意识与习惯。

2. 强化书香校园，触摸名家思想

读书有这样的一种倾向：“取法乎上，得乎其中；取法乎中，得乎其下。”现在社会上的教育类图书琳琅满目，质量高下大不相同，如果不选读上乘之作，就有可能在低层次徘徊。

苏霍姆林斯基秉持的教育信条即“无限相信书籍的力量”。西岗镇教委办积极开展书香校园创建活动，并有针对性地制订教师读书计划，向学校推荐教育名著阅读书目，组织校长到北京等地选购图书，先后购买了教育管理类图书 3200 余册，教学研究类图书 8600 余册，名师名家示范课、讲座等各类音像资料 680 余份，从而让教师汲取更有价值的精神食粮，从行动上践履着伟大思想的深层意蕴。教师在阅读的过程中，触摸到了名家的思想，陶醉在超越时空的伟大精神境界。这不但提高和拓展了教师的教学水平和视野，更升华了其生命的高度。

在教委办定期组织的读书交流会上，教师的读书心得成为一个精神亮点。因为教师不但读，还有悟，那些与实践结合起来的创新思维不时闪烁着光辉。通过这样的活动，更多的教师受到了启发，再读书的时候就更加深入了。2011 年以来，在历届滕州市教育系统“十大读书人物”的评选中，西岗镇的教师都榜上有名。

3. 强化研学反思，积淀精神厚度

孔子有言：“学而不思则罔。”学与思是高尚人格追求与教育理想践行的认识论，其中犹以思为重。美国学者波斯纳曾提出一个教师成长公式：教师的成长＝经验＋反思。而“反思性实践”思想与“反思性实践者”概念是由美国哈佛大学哲学博士唐纳德·A. 舍恩在批判技术理性的基础上提出来的，他认为，培养教师的反思意识和能力，提升教师的实践品质，鼓励教师成为反思性实践者，将成为教师教育改革的重要内容。

为此，教委办在西岗教育信息网上设置了“教师文苑”板块，主要发表教师的教育心得、教学案例、文学创作；同时，开通西岗名师工作室和明星班主任工作室两个博客群，组织教师定时、定量上传博文，展示案例，交流心得，提出疑惑，研讨探究，学期末还会统计博文篇数，纳入教师考核之中。各学校也建立了自己的校园博客，以作为本校教师记录其成长轨迹、进行网上研讨、积累教研资料的重要途径。柴里小学教师的博文集第一辑《贴着地面行走》已印发到全镇学习。全镇还统一印制了《教师感悟日记》，要求所有领导干部每周读一篇日记，所有教师每课写一篇教学反思。近两年来，西岗镇中小学教师在各级报刊发表论文、感悟、反思达 43 篇。

自己的文章让大家共享，并得到赞誉，会在教师的心里种下自信的种子，激发他们写作的热情。当越写越多、越写越好的时候，写作就成了其生命成长的一个重要组成部分。英国哲学家培根在《论读书》里曾言："读书使人充实，讨论使人机敏，写作使人精确。"基于阅读的积淀，自然会迸发出写作的表达，它属于精神的文本，具有永存的价值。更重要的是，这点燃了教师的创造性，铺就了一条走向成功的精神之路。

仇玉晨主任对我说："我们允许教师平凡，但不能容忍他们平庸。因为每个教师都各不相同，优劣有别当是一种教育的生态。可是，我们要让不同层次的教师都有发展的需求，让他们都在原来的基础上有所进步。"的确，追求发展是人的本质属性，也是一种优质的生命境界。这种品格与境界难道不是每一位教书育人者所追求的应然之道吗？在生态化的教育空间里，修身治学是为人师者自觉的文化追求。为了实现教师的持续发展，西岗镇还采取了"走出去、请进来"等方法，开阔教师的视野，提升他们的研究水平。当教师的水平得到持续攀升的时候，西岗镇中小学生接受优质教育的目标也很快就会实现了。

班主任的发展成为常态

苏联教育家马卡连柯认为，班级教育是一项直面生命的事业。故而，班主任的人格修为与智慧能力，对学生的生命成长可以产生直接的影响。如何让班主任步入优质的发展状态之中呢？西岗镇教委办一直在不断地探新求索，并取得了令人满意的成果。

一、选优聘贤，保证班主任的质量

资格准入制度是保证班主任质量的前提。随着 20 世纪 80 年代最先开始于美国的教师专业化问题研究的进展，教师资格认证制度已成为教师专业化发展问题的基本保证。而班主任作为教师队伍的骨干力量，其岗位资格认定制度的建立与完善无疑成为教师职业发展的深化论题。据此，西岗镇积极探索研究，努力创新并完善选拔聘用制度，在如何选聘德才兼备的教师走上班主任岗位方面做到了“四个明确”，从而保证了全镇班主任的水平。

一是明确选聘标准。教师上岗需要资格证书，在西岗镇参加班主任竞聘者则需具有滕州市级以上班主任培训合格证。此外，按照“学为人师，行为世范”的标准，将敬业爱生、理念先进、责任心强、组织管理能力强作为选聘班主任的必备条件。二是明确工作职责。班主任要通过高效的课堂教学、有意义的专题教育和兴趣盎然的团队活动等，为学生创设一种心灵自由的学习和活动环境，要让学生在“润物细无声”中受到良好思想的浸染，体验在校生活的美好与幸福。三是明确选拔程序。聘任过程中，采取个人自荐与组织推荐相结合的方法，引进竞争机制，严格选拔程序与标准，按照懂教学、会管理、作风正、能力强等标准竞聘上岗，公开、公正、公平而又不拘一格地选拔人才，从而让教师群体中更多的优秀分子走上班主任的岗位。四是明确考核制度。班主任的聘期一般为一年。实行末位淘汰制度：对于不能履行班主任职责的班主任，将其调离班主任岗位；对于班级量化管理成绩落后、班级教育教学水平落后的班主任，实行“一票否决”制。相对应的，对于在工作中表现突出的班主任，给予大力的表彰、鼓励，从而让班主任成为令人羡慕、受人尊敬的职业。

二、培训考察，拓宽班主任成长路径

学校既是学生发展的场所，也是教师成长的土壤。学校要发展，必然要学习。国际21世纪教育委员会的重要报告《教育——财富蕴藏其中》中指出，教师作为变革的因素，其作用的重要性从未像今日这样不容置疑，这一作用在21世纪将更具决定意义。可见，提高教师素质，是教育改革和发展的重要话题。而优秀的班主任不但应当是教学上的能手，还应当是管理上的高手。但“人非生而知之者”，只有在“学而知之”的过程中，才能持续不断地提升教学与管理的水平。为此，西岗镇教委办采取了三项措施。

一是实施“青蓝工程”。日本学者佐藤学认为，教师的学习是个体参与知识技能所联结的共同体的实践，并提出“学校的变革——学习共同体的构建”的理论。这恰与西岗镇各学校的教师群体“传帮带”活动相吻合，即新担任班主任工作的教师，往往热情高而经验不足，有时候，虽然十分尽力却未必能有好的结果。为此，学校为他们配备了经验丰富的优秀老班主任作为导师，与他们“结对子”，进行“传、帮、带”。经过一段时间之后，一些年轻有为、虚心好学的班主任便脱颖而出。二是实施全员培训。采取定期与不定期相结合的办法，以班主任例会集中培训、优秀班会课评选、班主任论坛等方式进行集中学习。同时，邀请魏书生、丁榕等全国著名的教育专家为班主任做专题讲座，让他们领略全国最优秀班主任的风采，同时也使他们产生努力提高的心理需求。各个学校还集中订阅《班主任》《班主任之友》等刊物，使班主任及时了解全国不同类型优秀班主任的先进经验，提升理论素养。三是组织考察培训。镇教委办组织班主任先后到济南、淄博等地的名校考察学习，如组织中学的班主任赴河北衡水中学参加班主任论坛。而且，在教师外出学习回来之后，再组织他们通过报告会、撰写心得体会等形式，及时地把学习到的新的教育观念、经验、方法传授给全镇的每位班主任，带动了班主任整体工作水平的提升。马克思说过：“一个人的发展取决于和他直接或间接进行交往的其他一切人的发展。”如果群体成员之间没有合作，那么群体将不复存在。西岗镇各学校坚持将教师作为教育改革与发展实践的主体，不断融合最新教育信息，构建科学理念，发展教学能力，并以最终形成学校的全员智慧作为基本立场。

因而，如果说班主任队伍是一个合作性群体，即专业学习共同体，那么，学校就是支撑这一成长过程的学习型组织。

三、注重引领，开展“明星班主任”评选活动

群体动力学的创始人勒温指出，在合作性的群体中，个体具有较强的

工作动机，往往能够相互激励、相互理解，个体间的信息交流频繁，工作效率明显高于非合作性群体。西岗镇教委办立足于班主任合作性群体的构建之上，注重引领，鼓励先进，从而充分发挥骨干班主任的示范、带动作用。

自 2011 年以来，西岗镇积极开展“明星班主任”评选活动，“明星班主任”每届任期为一年，任期内由镇政府统一发放每人每月 100 元的岗位津贴，并在职评、外出学习等方面享有优惠政策。对“明星班主任”实行动态管理，提出具体要求，即任期内至少与两名青年教师“结对子”，指导青年教师的班级管理工作且要求取得成效；每周撰写一篇班级管理心得，每两周组织一次主题班会，每月进行一次师徒结对汇报，每学期在全镇范围内做一次班级管理讲座，每学年在市级以上的刊物上发表一篇关于班级管理经验的论文，这些职责履行完毕后及时在镇教育信息网上公示。对完成任务并考核合格的，落实奖励措施并发放津贴；对考核不合格的，取消其资格和相关待遇。

以“明星班主任”评选活动为载体，镇教委办又开通了“西岗镇明星班主任工作室”博客，要求“明星班主任”定期将优秀班会设计、教学案例故事、班级管理心得等上传到博客，从而让全镇所有班主任浏览并发表评论。另外，还通过班主任论坛、班主任沙龙、优秀班会送课入校等形式，影响和带动全体班主任深入研究，专心工作。西岗镇先后有 8 名教师被评为滕州市“十佳班主任”，2 名教师在滕州市班主任专业技能大赛中获奖，1 名教师当选枣庄市班主任工作室滕州工作站的导师。

一般人认为班主任工作既累又苦，但在西岗镇采访几位“明星班主任”时，他们虽然也说工作紧张，很累，却没有任何痛苦的感觉，相反，他们认为自己能够培养出更多优秀的学生，有一种实现生命价值的成功感和幸福感。

其实，优秀班主任在付出的时候，尽管没求任何回报，但收获早已在其中了。因为他们在成就学生的同时，自身也获得了发展，而发展是促进班主任成长的内在能量，更是其精神成长的最大福利。

四、评价改革，对班主任实行全方位考核

评价是班主任成长的重要载体，也是促进班主任发展的必要手段。美国教育家斯塔费尔比姆曾提出以决策为中心的教育评价模式，并认为评价最重要的意图不是为了证明，而是为了改进。评价改革是对教育目标及其价值体系的系统调查，是为教育决策提供信息的过程。但是，以往那种结果性的评价，往往会将有价值的过程遗忘，从而使评价不但失去了科学性，甚至挫伤班主任工作的积极性。为此，西岗镇教委办不仅关注对班主任的结果性评价，更关注过程性评价，采取的是定期与不定期、平时与期末、同事评价与学生评价、听课交流与奖励学习等相结合的评价方式，多维度、立体式地进行全方位的考核与评估。对班主任的工作材料，如班会记录、工作手册、家访记录、培优补差记录、教育案例、教研论文等进行量化评比，在年度考核、职称评聘和评先树优等方面优先向优秀班主任倾斜，不断提升班主任工作的积极性与实效性，提高班主任管理工作的科学化和制度化水平。

据仇玉晨主任讲，这种评价方式不仅对优秀班主任是一种督促与鼓励，还会让他们在持续不断的成长中，形成一种积极的行为自觉。因为在一次又一次的评价中，他们把压力变成了动力，把付出变成了果实，进而享受到了更有价值的生命的意义。于是，班主任工作不再是一种负担，而成为一种享受，“累并快乐着”便成了一种生命常态，幸福感也如影随形。

学校发展各具特色

学校教育的区域推进与发展历来以“办学特色独具一格，校园文化自成一家”为典范。那么，何为学校特色呢？杜威曾指出，学校是一个独特的组织。细细品味学校的特别之处，也许恰恰在于，相对于其他社会机构，学校具有独特的使命和目的——育人。这就要求学校有与之相应的思维方式、领导特色和管理实践等，使其活动过程焕发出生命光彩。由此可见，理解学校与育人之间的深层关系及学校的自主发展是学校特色发展的

实质与核心。

正是基于这种更广视野、更深程度的理论思考，西岗镇各中小学及幼儿园在不断发展的同时，形成了各自的独有特色。其实，强调学校的特色发展，说到底是学校对人的积极性、主动性和创造性等方面自主发展的教与化。在西岗镇教委办领导的陪同下，我走访了一所初中、三所小学与一所幼儿园，其鲜明的办学特色，以及师生积极向上的精神面貌，给我留下了极其深刻的印象。

一、西岗中学：在教学改革方面破茧而出

教师年龄结构的老化、教学观念的陈旧、知识更新速度缓慢等因素，成为制约农村学校发展的“瓶颈”，西岗中学则不然。学校在课堂教学改革等方面破茧而出，不但提高了课堂教学的效率，也在与课堂教学相关的很多方面进行了创新尝试，大大改变了师生的生命状态。

1. 建模推模，有效上课

早在1960年，美国教育家约瑟夫·施瓦布就指出，如果要学生学习科学的方法，那么，有什么方式比通过积极地投入探究的过程中更好的呢？基于结构主义心理学家布鲁纳的研究结论——学习就是对认知结构的组织和重新组织，因此，结构化的、自主合作性的探究式学习逐渐成为新课程改革的基本理念。建模推模即结构化学习的表现形式之一。

西岗中学确立并推行了“自主探究，当堂评价”的课堂教学模式，按照同质异组、同组异质的要求，将全班分成6～8个合作组。在每个合作组内，同桌的两个同学又为一个单元组，学优生叫“师傅”，学困生叫“学友”。学习中的一般性问题，由“师傅”教“学友”，在单元组内即可解决，单元组内解决不了的问题，再在合作小组内通过讨论甚至争论解决。

西岗中学的陈永渠校长认为，学生与学生之间没有优劣之别，彼此之间互相教与学，达到了一种心理上的平等，也就有了内在的自由，所以，教与学的效果都比较好。同时，学优生还生发了帮助学困生的责任心，学困生也产生了自觉学习的内在需要。所以，不管哪类学生，都能产生浓厚的学习兴趣，也都能取得比较理想的成绩，并由此形成合作意识。

随着学生学习积极性的提高，对教师的要求也越来越高，教师不但要备教材、备学生，还要能及时回答学生提出的各种各样的问题。为此，学校每学期都会开展“一人一课，打造精彩课堂”录像赛课活动，坚持每课必评制度，评课落实“三个一”要求，即提出本节课的至少一个优点，指出本节课的至少一点不足，给出本节课的至少一点建议。

“三个一”要求留给教师的是压力，也是动力，它鼓励教师不但要认真教学，而且教学后要进行反思。更重要的是，评价课堂的尺度变了——所谓的好课，更多的不是教师讲得多么好，而是学生学得多么好。所以，不但要评价学生学习方式的变革及其呈现出来的生命状态，还要评价教师所讲的是不是做到了“其言也，约而达，微而臧，罕譬而喻”，而能让学生“继志矣”。

西岗中学的教学改革在让学生焕发生命活力的同时，也使教师在快速地成长起来。所以，在2015年全市课堂教学模式展评活动中，西岗中学荣获优秀教学模式创新成果和优秀教学模式课一等奖。

2. 分层布置，有效作业

美国当代教育学家古德莱德曾坦言，学生各不相同，其不同的程度超过了我们至今所能认识到的，学生是很难把握的，他们不会同样地成长起来。因此，尊重学生的差异是教育者最基本的职业素养。基于此，西岗中学兼顾学生的基础和课堂掌握情况，因材施教，同时对语文、数学、英语等学科采取分层布置作业的方法，让不同程度的学生实现了作业的“按需分配”。此外，禁止教师向学生推荐其他资料，以减轻学生的课业负担，提高学生的学习效率。

作业批改坚持“四有四必”原则：有发必收，有收必批，有批必评，有错必究。尤其是在“有错必究”环节，不只要让学生知道自己的作业错在什么地方，还要知道为什么错了，尤其要让学生不再犯类似的错误，争取达到“不贰过”。

对生物、地理、历史、思想品德等科目，学校要求学生当堂完成配套的练习册，课后不留作业，强调课堂知识要当堂消化，并通过学生之间互助学习等方式，实现课堂教学高效率与高效益的和谐统一。

3. 强化关键知识，进行“微考”

西岗中学不搞应试教育，但是，对于学生所学内容的关键知识，则会有针对性地进行强化。这些关键知识，不是哪一个教师的经验总结，而是聚合了本学科教师的集体智慧，一致的认同形成了教材真正意义上的关键性内容。对于这些内容，除了在平时教学与复习中通过不同形式进行强化之外，学校还对其进行归纳、分类，实施“微考”。“微考”之后，年级组、学科组再通力合作，根据学生“微考”时的不同情况，进行系统分析和分类讲解。这样的讲评，不但具有针对性，而且达到了良好的强化效果。事实上，学生对于关键性的学习内容，是需要不止一次的强化才能记忆于心的。如果强化形式太单一，不但达不到效果，还有可能产生负面效应。西岗中学不但抓住了对关键性内容进行强化的节点，而且从一开始的讲，到学生的练，再到“微考”与讲评，在各个方面都强化了学生的记忆，丰富了学生的体验，加深了学生的理解。于是，学生对所学重点知识就有了比较深刻的认识，也取得了比较好的考试成绩。

4. 多元评价，激励进步

课堂教学的改革必然带来评价的改革。西岗中学完善了对学生的多元评价机制，促进了不同层面学生的持续性发展。评价不是一卷定优劣，而是在全体学生中开展“学业进步奖”“学业合格奖”“学业创优奖”等评选活动，大力宣传“进步即优秀，合格即优秀，特色即优秀，优秀更优秀”的教育理念，不比基础比进步，不比智力比勤奋，坚持低起点、密台阶。即时性的多元评价与相应的奖励措施，为每个学生都提供了获奖机会，营造了提升空间，使得学生的学习目标更具体、更明确，学习的积极性和主动性得到最大限度的激发。

二、西岗镇中心小学：书香丰盈师生生命

近年来，西岗镇中心小学在“尊重生命，享受教育”的办学理念的引领下，积极营造书香校园，丰盈师生生命，以读书打造特色，以读书追求卓越，有效地促进了师生成长，使学校走上了内涵发展的快车道。

1. 好书遍校园，阅读唾手得

古罗马时期的著名学者西塞罗曾言：“没有书籍的屋子，就像没有灵魂的躯体。”学校更是如此。西岗镇中心小学除了建设物态环境之外，更致力于为学生营造一种浓浓的书香氛围。如把学校图书室的书拿出来放在楼梯拐角处和走廊大厅里，实行开放式管理，方便学生借书、看书，形成全阅读环境。每逢大课间及两个饭后时间段，很多学生在这里畅游于书海之中。

学校还设置了开放、简易、实用的流动书架，书架上摆满了学生捐赠的图书，书上注明了捐赠者的姓名，并由学校统一设置了标签。学生捐赠图书不只是为了留名，还凸显了与他人分享的品格。有了好书，如果能与大家共享，不只有益于他人，也会为自己的道德加分。

班级图书角也是一道美丽的风景。学生在向学校捐赠图书的过程中，也纷纷将自己心爱的图书带到教室，在方便他人阅读的同时，也读到了自己未曾读过的由其他同学提供的好书。

为了引导学生从小树立藏书意识，学校还积极倡导每个学生建立家庭图书架，让书香飘进每个家庭。学校相关部门和教师还定期向学生推荐好书，并了解学生家图书的收藏情况和使用情况，对家庭藏书量大的学生进行宣传和表扬。于是，那些家庭藏书原本不多的学生及其家长，也开始买来更多的好书，供孩子阅读，或亲子共读，使家庭的所有成员都享受到了好书的精神馈赠。

德国诗人歌德说：“读一本好书，就是与许多高尚的人谈话。”那么，学生读了一本又一本的好书，就等于与许多高尚的人谈话。荀子说：“蓬生麻中，不扶自直。”长期在好书的熏染中长大的学生，自然会拥有良好的品质。

2. 教师读好书，写作增才华

教师的幸福指数，固然与收入的多少有关，而关系更为紧密的是其精神收获。多读书，读好书，是提升教师精神品质的最佳途径。为此，学校不但建成了高标准的教师阅览室，订阅了报刊，购买了教育理论书籍，还明确要求教师要读好四类书：读经典名著，增文化底蕴；读理论专著，强教学实践；读儿童文学，悟童心童真；读报纸杂志，解世事风情。

众所周知，经典名著是历经大浪淘沙、时光流逝，而将思想与文化品格一直定格在人们心里的精神风景，它可以改变人的精神面貌与心灵状态，提高人的智慧。阅读理论专著，不但可以提升教师的理论修养，还可以促使其将从书中学到的理论与平时的教育教学实践相连接，从而让实践更有意义，方向更加明确。儿童文学主要描写的是孩子们的世界，读这类作品，不但可以更好地让教师与学生的心灵沟通，还会让教师更具童心。老子言："复归于婴儿。"纵观世界上的大文学家、大教育家，几乎都是永葆童心者。报刊上的内容具有现代特征，与教师时下的教育教学有着更加密切的关系，教师读得多了，不但会对外界的教育改革了解得更多，也会冲击原有的观念，让自己与时俱进，从而接近教育教学改革的前沿阵地。

正是基于这种思考，学校实行了"以书代奖"制度——各类教学比赛都以书籍替代奖金；校长"荐读"制度——校长在全体教职工大会上进行好书导读。中心小学的马翠萍校长说，这种做法对于促使更多教师去阅读更好更多的书是一种引导。其实，当教师真正爱上读书，并从中收获了精神食粮后，读书自然会变成一种生命自觉，教师的教育教学水平自然会越来越高。

苏霍姆林斯基说得好：每天不间断地读书就是最好的备课。这是对备课的最好诠释。它打破了传统的备课观，当读书丰盈了教师的内心后，教学就会变得从容而愉悦，教学就不再是一种痛苦的煎熬，而是一种幸福的人生体验。

读书固然重要，写作的意义亦不可小觑。从某种意义上说，写作是一种极好的精神之旅。教有所读，读有所感，闻有所思，既而形成文字，甚至见诸纸端，都是一件美在心灵的事。即使在指导学生写作的时候，教师也应当如叶圣陶先生主张的那样写"下水文"。这样的文章写多了，写好了，也会在无形中提升教师在学生心目中的地位，对于自己的生命成长来说，又何尝不是一种幸事呢！苏霍姆林斯基就是一边忙于教育教学工作，一边笔耕不辍，从而为世界教育史上留下了大量丰盛的精神食粮。

中心小学在教师的写作方面下了一番很大的功夫，大力倡导教师撰写读书摘记和教学随笔。为此，学校统一发放自己印制的读书笔记本，要求教师每学期选读有利于提高教育教学理论素养的书籍，认真做好摘抄，每月写好一篇读书心得，在读书的基础上养成写随笔的好习惯。

教师读书与不读书，以及有没有形成写作的好习惯，会有迥然不同的生命形态。不要说是为了学生的成长，即便是为了教师自身的内在提升，也应当投入读书与写作中，感受它们给自己带来的生命的激荡与心灵的洗涤。

3. 提倡“三个共读”，激发阅读兴趣

如果说读书可以丰盈个体的生命精神的话，那么，与他人共读则会提升读书的境界。《学记》有言：“独学而无友，则孤陋而寡闻。”所以，一定要“论学取友”。孔子的学生曾子则说：“以文会友，以友辅仁。”在西岗镇中心小学不只有同学之友，还有师生之友、亲子之友。

学校要求学生以“漂流书”的形式，将自己喜欢的书籍传递给同伴，并在阅读后写下自己的感言，然后继续传递，将好书阅读到底。正是在这个过程中，学生之间因为读书而有了共同语言，也缔结了深厚的友谊。而好书中的精髓，也在这种传递中得以传承。

马翠萍校长认为，教师不但是学生读书的组织者、参与者、引导者、合作者，还应当是学生的共读者。因此，学校组织师生参加“同读一本书”“同背一首诗”“同过一个节”活动，要求教师利用晨读课、读书课为学生朗读经典书籍。教师在与学生共读共背的过程中，不但融入了学生之中，也在书的滋润中获得了持续不断的成长。

家庭是学生生活与学习的重要场所，家长是对孩子影响极大的人，所以，学校提倡在家庭中开展“亲子共读”活动，让家长成为学校读书活动的支持者、宣传者、参与者和建设者。学校要求家长将每天晚饭后半小时的时间定为读书时间，和孩子共同阅读；有条件的家庭，还要定期或不定期地带着孩子到书店购书，到图书馆借书；家长在孩子过生日时以书为礼品，过春节的时候送好书“压岁”。

4. 搭建交流平台，享受阅读乐趣

学生喜欢参加活动，如果有了成果则更喜欢展示出来。如何通过活动与展示让学生更加热爱读书，西岗镇中心小学做了精心安排。

一是举办一年一度的读书节，这是中心小学的学生最快乐的节日，因为要举行书香班级和书香家庭评比、读书小报展评、读书征文评比、书香论坛、诗文诵读成果展示、“征集名言，制作书签”展示、游园等活动。这期间学校会邀请家长参加，让他们观摩学生读书的成果。

二是开展形式多样的主题阅读活动。以年级或班级为单位，结合学生的年龄特点和阅读关注点，有组织地开展主题阅读活动。如以“童话滋养童心长”为主题的童话节活动，通过读童话、绘童话、集童话、写童话、演童话等形式引导学生多方面地亲近童话，多角度地感悟童话，养成爱读书的习惯。

三是组织不同层面的读书会。①班级读书会：以班级为单位，有计划地开展读书活动，进行多种形式的阅读、讨论和交流，让学生在读书会中交流读书的心得，畅谈读书的体会。②教师读书会：学校成立青年教师读书会，组织教师读书沙龙，在交流中不断形成教师读书的文化氛围，实现教师的人文素养与专业技能的有效提高。③亲子读书会：学校定期举办亲子读书会，开展“亲子共读，家家书香”活动，将家长动员起来，让他们与孩子一起读书，营造良好的家庭读书氛围，引领孩子走进书的世界。

以上活动的开展进一步点燃了学生阅读的兴趣，这些展示的平台让学生充满了自信。当书香弥散到校园甚至更广阔的时空时，就会形成一股无处不在的力量。这种力量，不只会支撑学生走好当下的路，也会让他们步入未来的幸福之路。

三、清泉小学：写作教学步入佳境

有的小学教师在进行作文教学时经常感到不得要领，学生写的作文也不知所云。如何让教师教得从容、学生写得轻松呢？清泉小学通过积极探索，创建了“问题导学，自主发展”作文教学模式，从而让作文教学步入了一个全新的境界。写作是基于阅读经验与生活情感体验的自然表达，因此，增加学生的阅读量，为其提供生活的体验，进而教会他们写作的方法，是破解写作困境的必要条件。

1. 指导写作方法

对于学生而言，课文既是阅读的文本，也是习作的范文，而多数学生对此所知不多甚至一无所知。为此，教师应在教学时进行有效的点拨，让学生明白课文的妙处所在，教会学生懂得用什么方法才能增添写作的亮色。如教学《师恩难忘》一课时，有的教师就启发学生，让他们体会作者是如何紧扣题旨选取典型事例，并在叙事之中融入真实情感的，从而使学生懂得了通过典型事件凸显人物性格的妙道，以及“情动而辞发”的重要意义。教师要使学生知道，在写作时，可能有好多事件可以作为写作的素材，但一定要学会过滤，诚所谓“弱水三千，只取一瓢饮”，事例虽少，却因其具有典型的特点而具有了生命的张力。同时，感情是自然流淌出来的，而不是挤出来的，更不是无病呻吟。清泉小学的陈修梅校长认为，这不仅涉及如何培养学生写作的问题，也涉及他们在写作中学会如何做人的问题。因此，课文不再是枯燥的字词或阅读的训练，而成为学生思想和个性化语言的凝练与流淌的过程，学习在自己的世界观之中成为真实的个人。

至于某些写作方法，并非教师在课内指导之后学生就能很好地掌握，而需要教师对此进行继续强化与训练。比如，在教学《师恩难忘》之后，教师又让学生在课外阅读与主题相关的诗文，还从网上下载优秀范本供学生阅读，并要求学生撰写读书笔记。

此外，学校要求学生每天晨诵二十分钟，午读一小时，晚读半小时。开始的时候，学生读书的兴趣并不太大，后来却越读越有兴趣，以至阅读成为其生活的重要部分。随着阅读量的增加，学生大脑中存储的优质语言也在持续增多，写作也变成了一件轻松的事。

通过课内与课外的指导与训练，学生明晰了写好作文的方法。刚开始写作之时，一个班里只有三五个学生的作文尚可，而今，百分之九十左右的学生都可以提笔顺畅成文了。

2. 走进自然与生活

中国当代作家张炜在谈到阅读的时候，特别强调阅读自然的重要性，它不但会丰富写作素材，还会让心灵更加丰盈。清泉小学就特别关注学生对自然的阅读。

学完《去打开大自然绿色的课本》一课后，教师鼓励学生走进大自然，教他们用眼睛看，用鼻子嗅，用耳朵听，用手触摸，用心感受，于是，各种感受汇聚在一起，在学生的心里形成了鲜明的形象。之后再要求学生写作文，此时，学生不但可以写出自然之美，还可以将对自然的喜爱之情非常自然地注入作文之中，有了“一切景语皆情语”的美感。

《百科全书》《十万个为什么》《昆虫记》中的内容多与自然有关，清泉小学的教师除了指导学生进行阅读之外，还要求他们到大自然中去寻找书中所写的自然之物，再返回来继续阅读相关内容。学生第一次走进文本的时候，对于其中的不少内容并不太了解，或印象并不太深，可是从大自然中再回到文本之后，往往会产生亲切、熟悉的感觉，也生发了继续阅读与体悟的兴趣。

清泉小学的阅读，在课内，也在课外；有文本之读，也有自然之读。而这种大阅读观下的写作也是不拘一格的，因文、因事、因人、因景而写，进而让学生爱上写作。

生活是写好作文的不竭源泉，不过如果学生不知如何用文字反映生活的话，也不可能写好作文。对于这一点，清泉小学是这样做的——

一天，教师带着学生在田地里除草，学生就像放飞的小鸟一样，兴奋不已，尽管干了很多活，却没有一点疲惫的感觉，直到要“收工”的时候，学生还叽叽喳喳地说个不停。

回到教室之后，教师不失时机地让学生描写除草的经过与感受，很快，一篇篇自然流畅、跳跃着喜悦之情的作文出炉了。教师顺势告诉学生，写作并不是件困难的事，只要有了生活，有了感受，将所见、所闻、所感真实地记录下来，就是好作文。所以，教师进一步表示，希望学生以后再有了生活与感受，即使学校没有布置写作任务，也可以即兴写下来。写得多了，才能熟能生巧。

有的教师还带领学生走出校园，到草地里去观察露珠，之后再到微机室去查阅露珠的成因。当让学生写关于露珠的作文时，学生也就有话可写、有情可抒了。

为了丰富学生的生活体验，有的教师还创设了“感悟一元钱价值”的生活体验活动。清泉小学紧挨着一个集市，赶集自然也就有了地利之便。有一天，教师让每个学生带1元钱，在10分钟内到集市上去买自己喜欢而又需要的东西。学生飞也似的赶到集市上，去挑选自认为合适的东西。随后，教师便布置学生写下赶集买东西的经历及心理变化。这时，学生不是愁无物可写，而是达到了不写不足以宣泄心中的感情的状态。写作不再是“要我写”，而是变成了“我要写”；写作也不再空洞无物，而是事真情溢了。

“问渠那得清如许，为有源头活水来。”有了阅读的积淀，有了生活的积累，有了感情的丰沛，写好作文也就水到渠成了，教好作文也会变得游刃有余。

四、柴里小学：科技创新结硕果

美国儿童心理学家路易斯·埃姆斯曾在20世纪80年代研究了竞争对儿童自我评价的影响，实验结果表明，来自竞赛结果的种种反馈信息，对学生的学习过程与效果呈现有显著影响。正因如此，当前我国中小学教育积极广泛地引入了各种形式与类别的学习竞赛。而全国青少年科技创新大赛即为这类竞赛的高级组织形式，充分发挥着增强学生学习动机、保持学生学习主动性和积极性的独特价值。

然而，在全国科技创新大赛中获得大奖，对于很多学校来说，是可遇而不可求的。地处农村的柴里小学，近年来却连创佳绩。我们在对其刮目相看的同时，也在探索其制胜之道及前因后果。

1.“为伊消得人憔悴”

捷克教育家夸美纽斯有言：“求知与求学的欲望应该采用一切可能的方式去在孩子们身上激发起来。”而鼓励与示范一直是儿童教育的基本要义。

在2010年7月的第25届全国青少年科技创新大赛举办之前，柴里小学的教师与学生对如此高层次的大赛还只是“徒有羡鱼情”。

每每看到参赛学生站在展台前介绍自己作品的时候，柴里小学负责科技创新工作的李心亭老师的心里就忍不住发痒。他对自己的学生说："你看那些获奖的小学生多么自豪，明年我们也参加比赛吧！"结果，他的学生一个个把头摇得像拨浪鼓一样："看看还可以，我们可不参加！"可以感受到，彼时学生的自我评价及其效能感处于极不理想的状态。

美国教育心理学家卡文顿早在20世纪末即提出自我价值理论，他认为，自我接受的需要是人的第一需要，自我接受的前提即肯定自我价值。

诚如李心亭老师自己所笃信的，任何学生都蕴藏着巨大的潜能，只要将他们的自信心激发出来，就有可能创造奇迹，但这需要契机。于是他想，不妨先从自家做起。

2011年3月，他们一家三口，每人准备了一件作品，参加了在莱芜市举行的第26届山东省青少年科技创新大赛，并获得了两个二等奖，一个三等奖。

尽管未得头筹，却满载经验而归。回到学校之后，在学校领导的支持下，李心亭老师购买了电钻、电磨、小型切割机等工具，又托人借来了电气焊工具。

这么多新奇好玩的工具摆在面前，学生开始跃跃欲试了，只是苦于不会操作。李心亭老师考虑到了这一年龄阶段儿童的思维特点与学习能力，于是决定先做示范，然后鼓励学生自己动手操作，只有遇到难度非常大的操作环节，他才给予指导和帮助。果然，学生以极大的热情投入其中，每当他们成功制作出一个部件的时候，都会高兴得跳起来。苏霍姆林斯基曾说，让学生体验到一种自己在亲身参与掌握知识的情感，乃是唤起少年特有的对知识的兴趣的重要条件。

不仅如此，在辅导学生进行手工制作的过程中，学生的那种热情与激情也洋溢与激荡着李心亭老师。他们携同共进，鼓足干劲，准备冲击第27届山东省青少年科技创新大赛。

那个寒假，李心亭老师家里简直变成了一个小型加工厂。更有意思的是，一家三口已经形成了一个习惯，只要走路时发现地上有小螺丝之类的东西，就会弯腰捡起来并带回家，放在专门的工具盒里。久而久之，盒子里盛满了各种各样的小零部件。有时候，急需哪个零件，就可随手取来，而且往往恰到好处。为此，全家人还给这个盒子起了一个很贴切的名字——百宝盒。而学生在家里也忙得不亦乐乎，学生遇到问题就问家长，家长不会了就到网上寻找答案，网络搜索成了全家人的教师，还有不少平时少见的零部件，只能通过网购快递到家，而一些连网上也找不到的小零件，就必须找人加工。

那些日子，李心亭老师像着了魔一样，为了解决一个难题，往往深夜才入睡。有时一觉醒来，灵感乍现，马上起床记录下来，然后立即上网查找验证。早晨起来去买早点，往返的路上还在想着解决问题的方案。好多次买完早点，接过找回来的零钱，却没拿早点，转身就走。真可谓“为伊消得人憔悴”!

2. “三结合”的活动范式

利用课余时间在家里如痴如醉地进行科技攻关，让李心亭老师品尝到了进行这项活动的酸甜苦辣，也为培养学生进行科技创造积累了丰富的经验。他逐渐形成了独具特色且颇见成效的“三结合”的活动范式。

(1) 扩充知识视野与培养动手能力相结合

传统的学习论观点认为，知识与能力是两个维度，事实上，新学习理论认为，知识作为一种行动，考虑的是我们自己和我们所生活的世界之间的联系。因而，知识、经验与活动是一个连续的统一体。知识就是求知，是一个探索的过程。从这个意义上来理解，扩充知识视野与培养学生动手能力显现出必然的内在联系。一般来说，知识视野的延展程度与学生行为表现能力的表达程度具有同一性。

农村学生的科技知识视野相对比较狭窄，而想要在科技创新方面与全国一流学校的学生相抗衡，不打开其视野是绝对不行的。为此，李心亭老师指导学生阅读科技报刊与书籍，组织学生观看科技知识竞赛的录像等，让农村学生也可以了解全国甚至全世界范围内的科技创新前沿知识与相应的动态新闻，帮助他们打开了创新求索的思维。再通过指导学生动手搞小发明、小创造、小制作等，提高学生的动手能力，培养其创造能力与创新精神。可以说，已有的知识如果不与个体的行动联系起来的话，这种知识对于个体来说就没有任何意义。

（2）点与面相结合

通过启发、示范、选题、构思、设计、制作、完善等流程，李心亭老师对全校学生进行科技发明创造方面的指导与训练，让学生乐于参与、学会制作，并享受着创造所带来的快乐，从而使学生的科技素养得到培养和提高。同时，由于学生的天赋与爱好不一，李心亭老师将他们组成不同的科技兴趣小组，还针对那些在科技创新方面表现出特殊兴趣和较高创新能力的学生，进行原创小发明、小论文以及科技竞赛的专门辅导，让他们在群体中“出乎其类，拔乎其萃”，这种小组合作的学习方式无形中成为志趣相投的同学间交往对话的最有效形式。苏联教育心理学家维果茨基曾说，儿童的发展源于交往。也正因此，学生逐渐成为各项大赛中的“中流砥柱”，为自己和学校争得了荣誉。

（3）校内与校外相结合

除了在课堂上有意识地培养学生的科技创新品质外，李心亭还将这种意识拓展到课外。他积极组织学生参加科技知识竞赛以及各种各样的科技活动，组织高年级学生搞社会调查、撰写调查报告等。例如，在小课题“玉米秸秆的处理”和社区服务活动项目“为留守儿童撑起一片蓝天”的实施过程中，他组织并带领学生走访养殖户、家长，发放调查问卷、走进社区发放环保建议书，还把收集来的数据进行汇总、提炼，然后为学生提出建议与意见。虽然有时为完成一项社会调查，他要加班加点查阅资料、制定活动方案，有时还要利用双休日带领学生走到街头和社区中发放调查问卷。但是，令人欣慰与欢喜的是，学生在日常学习与生活中的科技创新可谓无处不在，学生的科技创新兴趣提高了，科技创新的意识与智慧萌发了。

科技创新需要像李心亭这样的教师率先垂范，随着学生科技创新的热情日渐高涨，形成规范化专业特长教学团队、构建合作型科技创新教研体的规程亟需展开。为此，学校把具有科技特长的教师集中起来，组成了一个科技创新团队，涉及科学、美术、语文、信息技术、综合实践等学科。团队成员同心协力、不辞辛苦地对学生的科技创新进行指导，并结出了丰硕的成果。

这几年来，学校分别获得滕州市第二、第三届中小学生实践与创新大赛优秀组织奖，枣庄市科技创新优秀组织奖。在枣庄市第二、第三届中小学生“小哥白尼杯”实践与科技创新大赛中，便携式投影仪等8件创新作品分获一、二等奖；在全省青少年科技创新大赛中，多功能白板、夜间行车专用眼镜均获二等奖。

2012年8月，由这个团队辅导的学生李颂的作品手电筒显微镜在全国第27届青少年科技创新大赛中，以第一名的成绩荣获中国科协主席奖，它是以国家科协主席的名义颁发的一个特殊的奖项。李颂同学不但为学校争得了荣誉，也为整个山东争了光。

五、西岗镇中心幼儿园：让孩子玩得更有意义

我们在谈论幸福指数的时候，是否关注了幼儿园的孩子是不是幸福？这里所指的幸福的含义，除了指玩得快乐之外，还包括生命成长所具有的更加丰富的意义。我在走访西岗镇中心幼儿园时发现，那里的孩子真是幸福满满。

1. 主题活动丰富而有意义

主题活动是幼儿园的主要活动形式，它是与分科活动相对而言的课程组织形式。我国儿童教育家陈鹤琴说过，幼儿对世界的感知是整个的，所以我们的教育也应该是整体的。相较于成人所熟稔的学科知识体系划分，综合性的主题活动往往更符合幼儿认知发展的特点，也更贴合幼儿经验与体验生活世界的整体性要求，所以能够提供给幼儿在其能力范围内更多的表达机会与更充分的想象空间。基于此，针对如何让孩子喜欢这种活动，又让活动具有一定的意义，西岗镇中心幼儿园探索出了一条针对的路径。

每逢端午节来临，幼儿园便会在走廊上悬挂自制的各式各样的彩粽、龙舟模型；在班级门口插上艾草，挂出粽子；在班内主题展示墙上展示孩子收集的有关端午节习俗的实物或图片；利用一日活动中的过渡环节为孩子播放有关端午节来源的动画和龙舟比赛的视频等。当这些新的物象初次展现在孩子眼前的时候，他们观看以及探问的兴趣也随之而来。

德国教育家福禄贝尔提出了“游戏是幼儿学习的基本方式”这一经典

论断，瑞士儿童心理学家皮亚杰提出了认知发展阶段性理论，日内瓦新皮亚杰学派不赞成只研究认知发展，而要求把儿童心理发展当作一个整体来研究。基于以上几种理论，人们已经普遍接受了“认识是从动作开始的”这一论点，动作在儿童的智力、认识甚至情绪表达、自我意识与人格发展中都起着无可替代的重要作用。基于此，西岗镇中心幼儿园积极地以一种开放的姿态将主题活动和区域活动有机结合，根据需要把主题活动的内容提前投放到区域活动中或把主题活动中没有完成的任务延伸到区域活动中，让这两种活动内容互相融合。如在中班开展的“我在马路边”主题活动中，教师为孩子分配多种任务，包括在建构区请孩子搭建各种各样的小汽车模型，在计算区给各种小汽车进行分类，在语言区展出各式各样的汽车图片，在美工区开展“绘画各种小汽车”“设计未来的小汽车”活动，在科学区进行“小汽车为什么跑得快”“小汽车有哪些功能”的探索。

同一项主题活动，如果连续在不同区域活动中展开，不但可以不断地吸引孩子的注意力，也可以让他们的想象力在这些活动中展现得淋漓尽致。孩子有自己的世界，尽管有些想象未必合乎大人的逻辑，却往往异常瑰丽，且有其合理之处。

2. 编织工艺成为园本课程

园本课程之“本”是对课程性质的限定，意即从幼儿园的实际情况出发而构建的课程，指向的是适宜幼儿园本土化发展的课程。园本课程的开发绝不是任性而为，也不是单纯发展特色，更绝非教材开发，而是要考虑当地文化、民俗风情、社会资源、本园条件、师资情况与幼儿需要等要素。

西岗镇地处农村，老百姓种植了很多玉米。幼儿园就地取材，对“玉米皮的制作”进行研究，并把玉米皮贴画引入课堂，从而构建了独具特色的编织园本课程。

贴画制作在起始阶段并不容易，因为玉米皮很脆、易碎，不管是用来贴画还是编织，制作出的作品都不太好。但幼儿园的决策者迎难而上，一次又一次地组织教师想办法、做实验，终于发现可以利用煮、晒、熨等方法，使玉米皮湿而不卷、燥而不裂，解决了玉米皮贴画的防腐、着色、粘贴、护膜、装裱等难题。由此制作出来的玉米皮贴画，也具有层次分明、立体感强、颜色艳丽、永不褪色的特点。

这次的成功给了幼儿园的教师以极大的鼓舞，并促使他们继续对诸如草编、藤编、柳条编、绳编等编织工艺进行开发和研究。晨间和午餐后，教师组织孩子利用毛线、纸条、彩带等练习简单的结、捻、搓、拧、串、盘等多种编织技法；自主活动、间歇休息时，让孩子欣赏家长、孩子和教师收集或合作制成的作品。在这个基础上，幼儿园又开展了“编织挂饰”“彩色花瓶”“稻草编织时装”等创意制作活动。

在离园时，教师会让家长参与班级组织的编织活动。看到孩子能熟练掌握一门编织技能，家长们非常高兴，都争先恐后地为孩子准备材料，也给幼儿园提供了许多好的建议和新的资源。

由于发自内心的喜欢，在编织活动中，孩子找到了乐此不疲的感觉，这在无形中延长了他们注意力集中的时间，经过一段时间后，教师发现，不少孩子的有意注意时间在延长。而注意力品质的提高，对于孩子们未来的学习无疑有着奠基作用。

真正完成一件优质的编织艺术品，并非“得来全不费工夫”，有时，也会失败，不过，这样也有助于锤炼孩子不怕失败的品质。而且，制作艺术品是一个“细”活，稍不小心，就有可能前功尽弃，久而久之，也提高了孩子的耐力，养成了他们细心的习惯。

透过西岗镇中心幼儿园的园本课程建设与发展历程，我们能深刻感受到，园本课程是幼儿园经过长期努力所追求和达成的结果，是幼儿园的课程理念转化为课程实践的过程，是幼儿园的现实资源转化为对幼儿的发展产生实际影响的因素，其构建与开发的过程是漫长而艰辛的。然而为了那些纯真、可爱的孩子，幼儿教育工作者始终不懈追求，坚定着改革的立场和信念。

力借东风竞百舸，众志成城扬劲帆

——南宁市兴宁区教育坚持不懈的创新探索

几年来，地处广西壮族自治区南宁市老城区的兴宁区，由于积极推进“MS-EEPO有效教育”而持续不断地为异军突起做着积淀。兴宁教育人以顽强的意志和坚韧不拔的精神，默默地攀登着那座期盼已久的优质教育高峰。通过数日的交流，我恍若看到希望的亮光就在他们的前方。

坚韧求索的领导班子

2008年7月，南宁市兴宁区教育部门的两位负责人“一拍即合”，他们都有着相同的教育情怀，都希望能用百折不挠的精神，凭着不断超越的生命渴望，演绎出教育的精彩，实现人生的教育理想。可是，在对各所学校进行调研后发现，理想与现实毕竟存在着差距，不要说学生升学考试成绩低下，就是校长与教师的工作状态与精神面貌也不理想。如何让这个老城区的教育更好更快地发展起来，成了教育部门领导需要思考的一个大问题。

一、启动项目，推进教育改革

为了追求而突围，为了超越而提速。2009年，时任兴宁区教研室主任的党雪妮说，云南省孟照彬教授推进的“MS-EEPO有效教育”颇具战略思维与创新精神，希望教育部门领导予以关注。从善如流的区教育部门负责人很快率队前往昆明，没想到，正在全国推进“MS-EEPO有效教育”会议上忙得不可开交的孟教授，只能在会议间隙的几分钟里与他们做一个短暂的交流。

尽管时间很短，却让区教育部门的两位负责人感到，孟教授是一位很有教育思想与情怀的教育家，如果能够得到他的指导，兴宁区的教育肯定能迎来一个崭新的春天。

不久，听说孟教授在玉林市玉州区为该区的校长和教师做推进“MS-EEPO有效教育”的培训，兴宁区教育部门的两位负责人便第一时间赶到玉州，与孟教授进行了长时间的交谈。孟教授开拓进取的精神及敏锐的教育洞察力让他们感到，改变兴宁区教师职业倦怠、学生上课情绪不高等一系列问题的方法突然间清晰地出现在面前。于是，他们当场决定，与孟教授签订在兴宁区推进“MS-EEPO有效教育”的协议。

一旦迈开了脚步，便勇往直前。2010年2月28日，兴宁区推进“MS-EEPO有效教育”项目正式启动。

成功没有捷径，却可以创新。2010年10月，自治区政府部门将广西基础教育学校教学改革试点项目列入广西教育“双十”工程项目并正式启动。兴宁区经自治区教育部门批准，成为首批12个项目试点地区之一。兴宁区又确定了10所学校作为自治区级实验学校，有200多名教师成为实验教师，在自治区教育部门的组织领导下开展项目活动。

经过两年多的“MS-EEPO有效教育”项目实验，兴宁区的教育改革取得了阶段性成果。试点实验教师对有效教育的基本理论和操作体系有了基本的了解，课堂变得生动活泼起来，学生从被动变为主动，学习方式有了较大改变。省级专家和地方咨询专家训练营的教师的进步更加明显，他们逐渐成为引领城区教育改革的中坚力量。

为了进一步将“MS-EEPO有效教育”工作引向深入，兴宁区教育部门于2012年3月30日印发了《兴宁区2012年“MS-EEPO有效教育”实施方案》的通知，要求在确保10所自治区实验学校达到自治区“MS-EEPO有效教育”项目办实验要求的基础上，要打造成型首批兴宁区“MS-EEPO有效教育”示范学校4所（小学3所，中学1所），三年内分批打造，滚动推进城区所有实验学校。

此外，兴宁区教育部门还要求实验教师会运用平台互动方式、要素组合方式上课，并使之常态化；要会用经典性评价、项目性评价、单要素评价等评价方式评课，进一步提升教研活动效果。

同时，兴宁区教育部门对如何更加有效地对地方咨询专家训练营成员进行培训，如何成立指导团队以及如何对实验学校进行分组指导，学校如何做好校本培训、外出参观考察、检测评估与评优评先等一系列活动等都做出了明确的规定。

项目自启动以来，孟教授亲自担任主讲，在兴宁区共举行了五期“MS-EEPO 有效教育”集中培训活动，累计参加培训达 1000 多人次。培训主要通过讲座、案例分享、情境互换、现场展示课等方式进行。

这一条路伴随着不息的步履和信念。陆先武作为分管教学的区教育局领导，每次培训时都全程参与，认真听课，及时掌握项目进展，解决其中存在的问题，并适时调整项目实施策略，确保改革顺利进行。区教育部门领导身先士卒，在兴宁区校长论坛上亲自执教学习方式训练课，为全城区实验教师带了个好头。在这种示范的影响下，各实验学校校长及教研员纷纷参加“MS-EEPO 有效教育”研究课、示范课，给教师以极大的鼓舞，有力地推动了全区“MS-EEPO 有效教育”项目的改革进程。三塘中学的邓炳强校长说：“论教学，我比不过优秀教师，然而区教育部门选定了我校作为‘MS-EEPO 有效教育’实施学校，身为校长的我要做好表率，亲自做课，带领全体教师投入这场改革中，全面推行实验教学。”

有耕耘就有收获，在兴宁区推进“MS-EEPO 有效教育”项目改革的过程中，许多校长、教研员与教师，不但从中尝到了甜头，也获得了一展风采的机遇。

2011 年 11 月 28 日，在玉州区举办的全国有效教育广西改革试点经验成果展示汇报现场会上，兴宁区的代表做了精彩的汇报展示，并得到与会领导、专家的一致好评。一位参加现场展示的教师即兴写下一首打油诗描述当时的情景：“全国教改展示会，兴宁教师展风采，教研活动显身手，现场上课真功夫。局长教师成明星，全场聚焦在兴宁。精彩表现人人夸，乐坏领导和专家。”

这无疑给兴宁区教育部门领导及各位教师以很大的鼓舞，自治区教育部门的相关领导也开始关注兴宁这个后起之秀。

在改革过程中，不只有成功与喜悦，也有失败与痛苦，没有置身其中的人很难体会。可是，不管遭遇多大的困难，兴宁区的教育都没有停止前行的脚步。

我认为，兴宁区之所以在教育改革中愈挫愈坚，至少出于以下四个原因——

一是区领导的重视与关注。自 2010 年开始至今，对于推进“MS-EEPO 有效教育”一直有不同的声音，但兴宁区两任领导都对这一项目给予了大力支持，他们明确表示要优先发展教育，给人，给钱，给政策。兴宁区相关负责人说，“MS-EEPO 有效教育”不只强调要关注学优生，更要帮助学困生，关注教师水平的提升，整体提升全区教育教学的质量与水平。而且，他们不但说在嘴上，而且自始至终在经费等方面给予了有力的支持。

二是区教育部门领导班子的团结与坚定。当遭遇困难的时候，区教育部门主要负责人与领导班子成员非但没有退缩，反而更加坚定不移地将“MS-EEPO 有效教育”向前推进。教育部门领导与大家同心同德、携手并进，形成了一支坚强有力的领导班子队伍，为进一步的深化改革奠定了基础。

三是自治区教育部门的关心与支持。自治区教育部门不仅将兴宁区选为首批推进“MS-EEPO 有效教育”项目的地区，而且下拨经费与设备，提高兴宁区省级专家培养对象的比例。自治区教育部门领导对兴宁区的改革高度关注，2012 年 6 月 4 日，自治区教育部门领导率领多位负责人深入兴宁进行调研指导，为他们加油鼓劲。可以说，没有自治区教育部门领导的关心与支持，就没有兴宁区今天的教育发展。

四是教研室的示范引领作用。教研室的成员不但努力积极地学习理论知识，还不怕苦、不怕累地组织培训，到学校里既讲又做，引领、指导一批有志于改革的教师不断发展。区教育部门领导认为，活动是促进实验研究得以成功的一个有效方法，教研室则是带领全区校长与教师的具体实施者。教研室负责人陈强说，为了加强教研力量，区教育部门还从省级专家中选出各校的优秀教师充实到教研室之中，使教研室成了一个真正的专家团队。根据区教育部门的统一部署，教研室认真积极地选派教师参加训练营培训，并深入到每月由学校承办的“MS-EEPO有效教育”展示活动中进行现场指导，引领了全区校长与教师对“MS-EEPO有效教育”的研究与推进。

区教育部门领导感慨地说，愈是遇到困难、挫折的时候，愈能显示出立志改革者的精神风范，因为他们期待兴宁教育能够振兴，即使再苦再累，甚至受到非议也无怨无悔。每念及此，一种温馨感与自豪感便会在他们的心中流淌。孔子言：“道不同，不相为谋。”反之，与志同道合的人一起做对教育有益的事情，不仅是一种境界，更是一种幸福。

二、深化项目，打造教育品牌

开弓没有回头箭。2015年，兴宁区教育系统下发了《推进MS-EEPO创造教育工作方案（2015—2018年）》和《关于创建兴宁区MS-EEPO有效教育示范学校的指导意见》，重点将南宁市第三十九中学、中兴小学、澳华小学、燕子岭小学、昆仑初级中学五所学校打造成为基础教育改革示范校，旨在通过运用“MS-EEPO有效教育”项目的先进理念与技术，扬兴宁校园文化特色，创兴宁教育品牌，树立教育改革典型，充分发挥示范校的榜样引领作用。

为了继续将改革引向深入，兴宁区建立了新型人事管理与教育改革先进激励机制，推行“双向选择，择优录取”的用人制度。通过公开选拔、竞聘上岗的方式，提拔有活力、有能力，想干事、愿干事的具有教育改革实践经验的专家及骨干教师担任示范校的学校领导和实验教师。同时，还定期评选教育改革名校长和名师，并给予一定的表彰和奖励。而且，将积极参加“MS-EEPO有效教育”实践作为评选的基本条件之一，其中，名校长必须是MS-EEPO新型管理方式实施的优秀者，名师主要评选那些积极参加教育改革实践并且成绩卓著，在全区教育改革工作中起示范带头作用的教师。这不仅打造出兴宁区的一些品牌学校，还打造出一批名校长与名师。一些校长与教师，甚至是农村的校长与教师，也渐渐崭露头角，而且展现出愈加优秀的发展趋势。

以身作则的教研团队

在推进“MS-EEPO有效教育”过程中，教研室既是指导者，也是实践者，称其为这个项目的核心部门绝对不为过。他们在全区的教育改革中，无疑是一道引人瞩目的风景线。

一、党雪妮：“执迷不悟”，不知归路

说到兴宁区推进“MS-EEPO有效教育”的过程，不能不提到党雪妮。特别是在引进这个项目之初，她起到了很大的作用。同时，出于对这个项目的“热爱”，她成了为数不多的教育家团队的培养人选之一。

她不止一次地对我说，兴宁是她生命发生转折的一个点，正是在那里，她开始了追随“MS-EEPO有效教育”的行程，而且从此“执迷不悟”，不知归路。

兴宁是她的成长之地，同时，她本人也让兴宁感到骄傲。

我在好几个场合见过她主持会议的情景，她的语言很美，又不失自然从容。更重要的是，她对“MS-EEPO有效教育”操作流程的把握几乎达到了“从心所欲，不逾矩”的境界。

在学习“MS-EEPO有效教育”的众多专家、教师中，能写出著作的人绝对是凤毛麟角，而党雪妮就是其中的一个。她却对我说，不希望我写她出过书这件事。她认为，尽管当时是真下功夫去做这件事情的，而且很有意义与价值，只不过，那已经成了尘封的“故事”。以后她还想出一两本这方面的书，那会是一个超越，也会成为她生命中的一段精神之旅。

有天晚上，她陪我到南宁广场散步。她指着旁边的一个餐馆，用抒情的语气对我说：“三年前的那天晚上，就在这个小餐馆里，我请孟照彬教授吃了一顿便饭。他兴致极高地谈起他的理论构建，让我感到他是一个真正了不起的人。现在，他比当时忙多了，再请他吃饭，恐怕也没有时间了。”

不过，党雪妮说，自从自己辞去教研室主任一职后，她有了更多追随

孟教授足迹的机会，也有了比一般教师多得多的学习机会，这是何其美好的事情！

每次见她，我总觉得她太投入，太专注，也太忙碌；可是，又觉得她很轻松，很自然。她因学习而年轻，因学习而快乐，因学习而绽放出生命的光华。

二、朱习冰：生命的历练与升华

2011年8月至2012年8月，党雪妮被派到香港参加“内地与香港教师交流及协作”活动，随后，局领导决定，由朱习冰主持教研室工作。对于尚未成为“MS-EEPO有效教育”专家的她来说，这无疑是一个挑战。不过，她知道这是领导对自己的信任，而且她对这个项目早已心生向往。

对于朱习冰来说，这一年是极其忙碌的一年，也是收获颇丰的一年。在推进“MS-EEPO有效教育”的过程中，她既是策划者，也是学习者。对于表现突出者，她不但给予鼓励，也设法为其提供展示的平台。例如，对于“异军突起”的罗海峰老师，朱习冰对她委以重任，让她负责训练营的培训工作，并尽量安排她少做行政工作，以便一心一意研究“MS-EEPO有效教育”，每逢自治区教育部门组织培训与交流活动，朱习冰都推荐她去。《尚书·秦誓》说：“人之有技，若己有之；人之彦圣，其心好之。”我想，这当是朱习冰所推崇的吧。

2012年，朱习冰的教研工作更加繁忙，虽然紧张却并没有使她忙乱。她说，她比平时多干了很多工作，也收获了很多。这一年，让她的生命经历了一次大的历练，也得到了一次大的升华。

2015年8月，兴宁区推进“MS-EEPO有效教育”进入了一个新的阶段，对此，朱习冰依然淡定、从容。不过，她有了新的思考与新的行动：积极参加“MS-EEPO有效教育”的培训，并将所学运用到平时的工作之中。在局务会上汇报本部门工作与在各种研讨会上发言时，她已经能够熟练地使用气泡图等方法了。在2015年9月的南宁市教学工作会议上，她和顾瑾老师、李华老师做了兴宁区示范性教研组建设经验介绍，用一种灵动的思路演绎了教学思想，赢得了全场掌声。

三、张庆新：工作之苦变成幸福人生

兴宁区基础教育负责人张庆新在推进“MS-EEPO 有效教育”期间，绝大部分时间都是在教研室工作。每逢孟教授有培训，从开始到结束，他几乎一直处于高度紧张状态。

有一次在南宁培训，孟教授要求学员整理出推进改革的成果材料。宾馆离张庆新的家并不远，可张庆新但没有时间回家休息，晚上还要挑灯夜战。他的妻子不信，难道会忙到这种程度？于是，她决定前去探个虚实。当她悄悄来到宾馆的时候，一下子惊呆了——自己的丈夫和一批参加培训的学员，个个都在埋头忙碌着，对她的到来竟然一无所知。她感慨万千，不过，她也由此明白了自己的丈夫之所以会成为省级专家培养对象的原因了。

张庆新很珍惜“省级专家培养对象”这个称号。他说，如果你学得不认真，没取到“真经”，走进学校时，不但没有办法指导教师，连发言权都没有。虽然在学习过程中吃了不少苦，但是，比起收获来，这些苦真的不值一提。

正是因为取到了“真经”，并有了以苦为乐的精神，教育部门才决定提升他为基础教育股的股长。他感到身上的担子很重，同时，他也有信心在新的岗位上力所能及地为推进“MS-EEPO 有效教育”做出更大的贡献。

四、黄秋玲：在大型活动主持中崭露头角

2011 年，黄秋玲的生命中接二连三地出现惊喜。2 月，她调入兴宁区教研室的时候，对于“MS-EEPO 有效教育”还所知甚少。8 月，她参加了咨询专家训练营之后，由于在苦练中努力学习，不但学会了这个项目的操作流程，而且开始到学校为其他教师培训了。11 月底，兴宁区要在南宁市举办教育改革成果展示活动。由于活动临时调整，活动前一天晚上 11 时，她突然接到要求她明天在活动中做主持人的通知。尽管她也曾在学校主持过一些活动，但对于主持如此大规模的活动还是心怀忐忑。活动开始之前，她不断地给自己打气、鼓劲；上场之后，虽然略微紧张，但是她依

然思路清晰、言语流畅。活动刚一结束，偌大的礼堂里便响起了热烈的掌声。那一刻，激动的热泪在她的眼眶里打转，幸福的暖流也涌遍了她的全身。

如今，黄秋玲已经是教研室的副主任了。她谦虚地说自己并不聪明，因为有了“MS-EEPO 有效教育”这个发展平台，有了教研室这个和谐进取的团队，才有了今天的她。

五、顾瑾：胆子逐渐大了起来

顾瑾是在 2012 年时被聘任到教研室工作的，听说她以前是一位比较内向的教师。与她交谈之后我却发现她非常淡定，讲起话来哲思慧语，有板有眼，不快不慢，恰到妙处。当我问她何以变化得如此之快时，她爽朗地笑了：“是‘MS-EEPO 有效教育’改变了我。”

其实，这其中还有一点她并没有谈到，那就是她的执着与努力。与她同时参加培训的教师，像她这样的“黑马”并不多见。

她说，曾经有一个契机，给予她很多的自信。

那是在兴宁区大礼堂举办的针对兴宁区与防城港市教师进行的培训活动中，其中有一个环节是由兴宁区的一位教师现场执教一堂公开课，恰巧那位教师因故不能接课。作为教育改革专家的罗海峰正好与顾瑾坐在一起，随即对她说道：“明天的公开课，你来上。”

虽然毫无准备，但又不容推托。晚上她赶快备课，第二天上午匆匆踏上“战场”。

顾瑾上的是一堂习作课，选择的是平台互动课型，并融合了哲学思维课型，整个流程清晰完整，学生的参与度很高。孟教授与各位教研员都对她给予了很高的评价，这对她是一个很大的鼓励。

此后不久，顾瑾来到教研室工作，又成了省级专家培养对象，常与教研室的同事到其他县区参加交流和培训活动。尤其是在广西第二批实验区启动之后，她还被邀请到沂城为当地的教师培训，并上示范课。

在这一过程中，顾瑾的胆子逐渐大了起来，即兴发挥的能力也越来越强。

2015 年年初，顾瑾与兴宁区教育部门领导和教研室负责人组成了一个团队，对全区校级领导进行培训。她说，以前见了校长，自己总是羞于开口打招呼，有时甚至会绕道而行，更别说给他们上课了。现在不同了，当学习与掌握了“MS-EEPO 有效教育”的一些理论与流程，且在其他县区进行过无数次培训之后，她有了成竹在胸的自信，有了出口成章的才能。

经过这些培训以及自身所取得的一些成果，顾瑾发现，某一个点上的“术”，是需要无数个点上的“术”做支撑的，而且要有理论做后盾，所以，必须不断地学习，积少成多，由“术”入“道”，这样才能出类拔萃，走在人前。

六、黄雄姿：学生成为上课的“老师”

教研室里有位教研员叫黄雄姿，以前在学校教学的时候，尽管她要外出参加一场又一场孟教授的培训活动，却一点也没有影响到她的教学进度，而且她所带学生的考试成绩也每每在整个年级中位居首位。

因为学生在她的指导下，已经会用“MS-EEPO 有效教育”模式上课了。所以，外出培训的时候，她就将上课的任务分配给学生，由学生来做“老师”。学生自己备课、组织教学，竟然乐此不疲。开始的时候，黄雄姿还有点不放心，还让其他教师帮自己代课。当其他教师来上课的时候，学生却有些抗拒，即使班主任前来调解都无济于事。黄雄姿回来后问学生为什么将教师赶了出去，他们没有正面回答，而是对她说：“不要担心，我们自己绝对可以上好课的。”其实，班主任当时也不放心，还曾悄悄地走到教室外面“考查”，结果发现学生不但把课堂组织得井井有条，而且课堂气氛特别活跃。班主任慨然叹道：“没想到，学生竟然这么自觉。”

被聘到教研室工作后，事务性的工作多了，课堂教学的时间少了。不过，由于积累了丰富的教学经验，又学了那么多“MS-EEPO 有效教育”的理念与操作流程，黄雄姿有了理论和实践融为一体的经验。在课堂上观课听课的时候，她会及时地发展问题，并为授课教师现场点拨，而授课教师会在这种点拨中马上顿悟，从而迅速地提高教学的质量。

2015 年，在兴宁区进行命题培训的时候，主办方专门请来南宁市教科所的教科研人员，由他们从宏观上讲述要求，黄雄姿负责现场操作。在讲中做，在做中学，教师都积极主动地参与进来，原本四五天才能完成的命题任务，只用两天时间便高质量地完成了。

黄雄姿说，“MS-EEPO 有效教育”让她品尝到了学习的乐趣，懂得了如何做到高效教学和研究，更重要的是，让她对自己充满了自信。

七、李华：“做”给教师看

作为省级专家培养对象，教研员李华并非坐在办公室里搞研究，而是走到课堂中去。这并不仅是因为他喜欢课堂，而是他要指导教师更好地上课。所以，观课听课的时候，他特别关注的是课堂上是以教师讲授为主，还是以学生的主动学习为主，以及能不能运用“MS-EEPO 有效教育”的操作流程进行教学。有时，他还要亲自上课，“做”给教师看。在他看来，教师教学当然需要学科的功底与文化底蕴，但如果不去关注学生在课堂上的开放思维和智力表现，即使教师讲得天花乱坠，这堂课也不是真正意义上的好课。因为，课堂改革的最终目的是让学生成为学习的主人，并善于学习，乐于学习，享受学习带来的心灵愉悦。

总之，在与以上几位教研员交流的时候，他们不约而同地说，兴宁区教研队伍是一个积极向上、敢于创新、勇于别出心裁的团队，他们只是其中的代表。事实上，没有团队的支撑，任何个人也不可能得到更好的发展。

风采各异的五所示范学校

2015 年是兴宁区推进“MS-EEPO 有效教育”的一个重大节点，实验学校从原来的多个缩减到五个。兴宁区教育部门领导意在组建一支“精锐部队”，取得决定性胜利之后，再利用星星之火，去点亮更多的学校。

我对这五所学校的走访可谓收获颇丰，只是受篇幅限制，只好从不同视角撷取几个侧面，略做叙说。

一、南宁市第三十九中学：薄弱学校迎来金色曙光

南宁市第三十九中学原是由企业创办的一所学校，陈强到这所学校听课调研的时候发现，尽管教师在讲台上讲得天花乱坠，可真正听课的学生多则二十来人，少则四五人，有的甚至在课上睡觉，学生升学考试的成绩也就可想而知了。每年招来新生后，很多有门路、成绩好的学生，不到毕业时间就转学走了。于是，这所学校成了一所典型的薄弱学校。

1. 调整领导班子

陈强是“MS-EEPO 有效教育”项目的教育家团队培养人选，他颇富教育情怀，于是，区教育局决定，由他兼任这所学校的校长。

临危受命的他，在跟随孟教授学习“MS-EEPO 有效教育”的过程中，深知管理队伍建设之于学校发展的关键性作用。于是，他向教育部门领导汇报，恳请调整学校领导班子，希望能调来既懂“MS-EEPO 有效教育”又能坚定不移地进行改革的教师，组成新的学校领导班子。

上级答应了陈强的请求，并请他推荐新的班子人选。于是，他将既是教学能手，又是省级专家培养对象的雷玉梅与周初宁调来，分管教学与德育工作。

与此同时，还面向全区招考教师，主要条件是必须热衷于“MS-EEPO 有效教育”，并已在这方面取得了突出成果。有的农村教师经过大浪淘沙，过关斩将，进入这所学校，也成为改革的骨干力量。很快，一支由校长、副校长、中层干部及骨干教师组成的改革团队形成了。

最难改变的是人的观念，不过，只要大胆改革、一往无前，困难终能得以解决。

2. 全员进行培训

2015 年 8 月 23 日至 25 日，孟教授对全区的骨干教师进行封闭式培训。陈强认为，这是孟教授总结多年来的经验、教训，并结合兴宁区教育实际所做的一次极有成效的培训。

这对于第三十九中的改革，犹如下了一场及时雨。培训后，不少教师的心结被打开了，也学习到了可用之于课堂教学、班级管理等方面的理念

与操作流程。

孟教授说，没有学习方式的变革，就没有教学方式的变革，要想更好地推进“MS-EEPO有效教育”，这是至关重要的一条。因为学生学习方式的变革，必然带来教师教学方式的变革。

从学生进校的第一天起，学校就开始对他们进行学习方式的训练，时间为每周星期五下午的第七、第八节课的课间。据雷玉梅副校长讲，对学生学习方式的训练，一般在七周之内完成，如果教师比较熟练，三周即可完成。她认为，不管专家们对此应用得多么得心应手，如果一般教师只是观望，甚至望而生畏，改革就无法在更大范围内铺开，所以，必须进行全员培训。有的教师开始做不好不要紧，只要做了，就会由不会到会，由不熟练到熟练，任何人都要经历这个过程。

3. 教师的改革意识逐渐增强

真正推进改革的时候，有部分教师仍会心怀抵触。

周初宁副校长认为，这是非常正常的事。以前他刚接触“MS-EEPO有效教育”的时候，也有些怀疑，以为它与以前有些教育教学改革一样，只不过像刮来一阵风而已，不长时间就会风流云散。

所幸，他是一位喜欢创新的人，也喜欢用实践来验证真伪。当时，他教两个班同一知识点，用传统教学方法教重点班，检测结果发现只有50%的学生学会了；第二天，他又到普通班上同样的课，用“MS-EEPO有效教育”流程教学，只讲了15分钟，检测结果发现竟然有75%的学生已经掌握了。

这件事改变了他对这一改革的看法，从此就积极投身其中。

不过，如果这种方法不与学科教学融合在一起，照样收不到良好的效果，相反，当二者融合在一起的时候，就会产生特别好的效果。陈强决定，要用学科团队的方式来推进改革，以班主任为团队队长，另有一位学校领导加入，成为团队中的一员。

此外，通过赛课来促进教师参与改革，也在绩效工资、外出学习等方面向参与改革的教师倾斜。

一段时间后，教师的改革意识逐渐增强，自觉加入探索的阵营，学生上课的积极性和学习兴趣也逐渐提高了。

4. 家长看到了改革的希望

改革不只关系到学校内部，还与家长有着密切的关系，他们的支持与反对，在某种程度上决定着改革的成败。为此，学校召开了家长会议，陈强亲自上“MS-EEPO 有效教育”示范课，同时，通过四人或六人一组的小组合作的形式，让家长进行讨论。家长彼此交流体会，包括学生成长感悟及如何提高学习成绩等，讨论得热火朝天，散会时间到了，大家还有些意犹未尽。

家长看到了改革的希望，从此对学校产生了信任，后来流失的学生大大减少了。

现在，全校已经进行到平台互动方式训练阶段，不同教师的教学质量与呈现出来的效果也大不相同。但雷玉梅说，这个改革项目一直在推进，而且未来的发展会越来越好。

陈强也认为，这还只是初见成效，随着改革的深入，学校必然会发生更大的变化。他坚信，再过三年左右的时间，第三十九中的改革一定会结出丰硕的成果。

二、澳华小学：学生能动性得到提高

澳华小学是一所以生态化教育著称的名校，在推进“MS-EEPO 有效教育”的过程中，其生态性的特点更加突出。人们常说，玩是孩子的天性，其实，学也是孩子的天性，

主动积极地学习是孩子的天性，它与生态化教育有着相合之处，而“MS-EEPO 有效教育”的核心理念之一，就是让学生成为能动学习的主人，为学生未来的成长奠定基础。

1. 建立激励机制

教育教学改革需要有效机制的保障。在推进“MS-EEPO 有效教育”的过程中，澳华小学便建立了相应的激励机制。

改革之初，有的教师表现得并不积极，甚至还有抵触情绪。这时，学校并没有采取强硬措施，而是利用激励机制进行调控。

据陈莹副校长讲，学校发布了向“MS-EEPO有效教育”倾斜的相应政策。比如，参加这一改革的骨干教师，有机会到内蒙古、云南、贵州等地参观学习，在优秀教师、优秀班主任、优秀教育工作者评选的时候都会有相应的加分，并与绩效工资挂钩等，这一制度大大提高了教师参加教育教学改革的积极性。令人欣慰的是，原本对改革有不满情绪的教师，在改革中渐渐尝到了甜头，喜欢上了“MS-EEPO有效教育”，有的甚至成了改革的骨干分子。

分管教学的谢海啸副校长说，刚开始，有的教师上平台互动课时感到有些困难，甚至产生了畏难情绪，但学校领导一直鼓励他们：万事开头难，通过努力探索和刻苦学习，就会出现“柳暗花明又一村”的景象。

2. 平台互动课让课堂活跃起来

数学教研组组长农金娥说，开始尝试上平台互动课的时候感觉特别困难，有时候好像往前走了一步，不长时间就又退回到了原地。后来，他们突然发现，是对学生的学习方式没有训练好，学生的学习习惯没有养成。当有针对性地解决了这些问题后，平台互动课上起来并不算难，甚至出现了学生思维发展创新能力提升的好局面。目前，学生已经爱上了平台互动课，学习的积极性与日俱增。

教导主任葛雪英开始接触平台互动课的时候，也有些不知如何下手。但是，通过培训，尤其是对学生进行学习方式的训练之后，效果很快呈现出来了。尤其是中高年级，学生熟练掌握使用方法之后，课堂一下子活跃起来了。

周秋梅教师也用平台互动课上课，通过一段时间训练后，学生不但发言时声音变洪亮了，思路也逐渐变得有条理了，过去安静的课堂一去不返，而是变得生机盎然。

3. 学生成为班会的主持人

高年级语文备课组组长梁少朋不但在课堂上采用“MS-EEPO有效教育”操作流程，还将这一流程迁移到每周一次的班会上，轮流由各组代表来主持班会。学生分工明确、合作有效，还会反思、点评与总结，梁老师则只当“观众”，欣赏学生的才华。这周班会刚开完，学生就开始期待下一周的班会了。

于是，梁少朋老师开始推广这种经验，结果，整个高年级组的班会全部改由学生主持，都取得了很好的效果。

黄槐贤校长认为，学生本就具有极大的管理潜能，只不过有时候班主任不相信他们具有这种能力。“MS-EEPO 有效教育”极大地开发了学生的潜能，让学生在拥有管理能力的同时，也享受到了自我管理的乐趣。

三、燕子岭小学：年轻教师“冒”出来

燕子岭小学地处于兴宁城区的边缘，是一所薄弱学校。该校的刘莉校长说，之所以选择“MS-EEPO 有效教育”，就是想要摆脱薄弱，走向优质。尽管抵达理想的目标还有相当长的一段路程要走，她却看到了希望在前方。因为真正的优质，不在于校舍的优劣，而在于教师水平的高下。目前，已经有几位年轻教师开始“冒尖”，他们从 2016 年 12 月来到学校，不到一年时间里，在课堂教学上已经有了不凡的表现。

比如，王珣老师通过单元组这个平台，打开了学生思维的大门。之前总是无话可说、无话可写的学生，一下子有了说不完的话、写不尽的文字。以前学生上课回答问题时声音总是很小，而且不是左扭右扭地站不正，就是低着头不看同学也不看老师。现在，学生回答问题声音大了，有自信了，即使站在全班同学面前也能抬头挺胸地讲话了，口语表达能力也有了明显提高。

姚宇敏老师学习“MS-EEPO 有效教育”之后，其备课方式发生了翻天覆地的改变。她的教案不再是充斥着大量文字而重点又不突出的复杂文案，而有了一个从整体到部分的过程。首先确定课型方式，由课型方式再决定教学步骤与策略，然后在备课中依据教材特点和学生情况制订明确的目标和框架，主要是学生如何去学而不是教师如何去教。不管是图文结构型教案还是板块型教案，都设计得简洁明了，一目了然。

当然，刘莉校长心中还有更大的期待，那就是希望学校涌现出更多投身教学改革又能出效果的教师。为此，学校制订出整个学期的培训计划，每两周对教师进行一次集训，不只由校长、副校长主持培训，有时候，也

让年轻教师主持，而且培训的内容不只是理论性的，还需要落实到一个又一个教学细节之中。比如，如何让学生更好地倾听，怎样才能更好地动静转换等。有时还要现场操作，让教师从“做”中学会上好优质课。

四、昆仑初级中学：统一认识，知难而进

昆仑初级中学地处农村，是距离兴宁城区最远的一所学校。长期以来，传统的讲授式教学方法在教师的脑子里已经根深蒂固。对于推进“MS-EEPO有效教育”，大多数教师不理解、不认可，甚至出现了“你推行你的时尚，我走我的老路”的抵触情绪。

该校的覃山校长认为，思想认识问题不解决，改革就不可能进行下去，而领导班子成员的思想认识问题不解决，教师的思想认识问题更无法解决。为此，2015年6月，他大刀阔斧地对中层干部班子进行了调整，让一些年轻又愿意改革的教师走上中层领导岗位，从而形成一个思想认识一致、积极向上的领导团队。

一所农村薄弱学校要想旧貌换新颜，唯一的出路就是改革。可是，一旦要让教师否定很多年来已经习惯的教学模式，推进“MS-EEPO有效教育”的时候，不少教师又开始畏首畏尾起来，认为自己不是学不会，就是学不好。

此时，是知难而进，还是知难而退，覃山校长选择了前者。2015年9月刚一开学，他就给教师上了一堂培训课，然后由最基本的学习方式开始进行训练，而且分工到班，在班主任带领下，让几个教师形成一个团队。

三个月过去了，他们不但按计划完成了任务，而且，有些年轻教师竟然喜欢上了“MS-EEPO有效教育”，因为有的课堂开始活跃起来。

但覃山校长并不自满，他说攻坚战刚刚打响，薄弱学校想变成优质学校还有相当长的一段路要走。不过，他充满了信心，也坚信他们的领导班子成员及教师，会越来越有信心，也会取得预期的目标。

五、中兴小学：小课连排

中兴小学校长赵桃艳、副校长李朝溧与我交流时说，学校教师的平均

年龄只有 29 岁。他们年轻，富有朝气，喜欢创新，敢于尝试，这在推进“MS-EEPO 有效教育”的过程中就少了思想障碍。

在教学实践中，他们发现，“MS-EEPO 有效教育”提到的“五基”中的约定存在班级差异、学科差异，有“约”而难“定”。于是，学校科研领导团队决定打破常规，让不同学科的教师尝试用“小课连排”的方式推进学习方式训练。所谓“小课连排”即“连排课”，即把学习方式训练这一大目标，分解成若干个小目标，分别由不同学科的教师去分级达成，然后通过各个小目标的环环相扣，最后一步一步地实现整个班级学生都能熟练掌握全套学习方式的“五基”这一大目标。这样排课不但有利于资源整合，还可以预防形式单一，从而有效地提高学生听课、训练的效率。

为了让“小课连排”真正“接地气”，学校先后开展了多次“如何以小课连排的课时形态推进学习方式训练”的系列主题研讨活动，不仅让教师通过自学、观课的方式理解学习方式训练常态课和学习方式连排课的基本定义，而且在每次课例展示之前，都提前向全体教师提出观课要点，让教师观课时能有的放矢。这样一来，不仅解答了教师对“小课连排”这一课时形态的疑惑，又进一步加深了教师对“MS-EEPO 有效教育”中学习方式的理解，更让教师认准了自己的路，增强了继续推进教育教学改革的信心。

十年磨一剑

——玉林市玉州区推进“MS-EEPO有效教育”之经过

广西壮族自治区玉林市玉州区教育，现在已经成了教育改革的一个符号与象征，成了中国教育界令人惊叹的传奇。于是，人们不断叩问玉州何以能够创造出如此的奇迹。

可以说，玉州从2004年开始推进“MS-EEPO有效教育”以来，也曾经历人们难以想象的波折，可是，他们从来没有放弃过对教育改革的追索。这种“上下而求索”的执着精神与知难而进的韧性品质，给世人留下了一个启示：只要有“十年磨一剑”的胆识与智慧，教育改革就一定能抵达理想的彼岸。

教育培训掀起改革波澜

玉州区所在的玉林市是全国首批38个课程改革实验区之一，但什么是真正意义上的课程改革，又如何进行系统的课程改革呢？起初玉州人对此并不十分明晰。为此，他们在全国一个又一个改革成功单位进行考察学习，听了一个又一个专家的学术报告，尽管“衣带渐宽终不悔”，却还是糊里糊涂，没能取来“真经”。

2003年12月，区教育局副局长陈健诗与同事在昆明考察时，听了孟照彬教授的学术报告与现场作课之后，他们顿觉豁然开朗，真有“众里寻他千百度，蓦然回首，那人却在，灯火阑珊处”之感。

他们一致感到，孟教授首创的“MS-EEPO有效教育”所倡导的“三型联动”（互动、主动、能动）课堂评价标准与课程改革倡导的“自主、合作、探究”的理念有着貌异神合之妙。更重要的是，“MS-EEPO 有效教育”不但有一个符合国家教育发展方向，以培养世界一流水平人才为核心的理论框架，还有一整套在中小学课堂和大学课堂里经过 10 多年尝试而调整的操作规程。

何不把“MS-EEPO 有效教育”引进玉州，让玉州教育真正驶向一个新的纪元？

他们面对面地与孟教授进行了交流，其教育情怀与学者风范让陈健诗等人有一种相见恨晚的感觉。于是，陈健诗激动地给龚国献局长打电话，希望能将“MS-EEPO 有效教育”引进玉州。回到玉州后，考察组又向龚国献局长做了详细汇报。龚国献局长随即召开了局领导扩大会议，决定将“MS-EEPO 有效教育”引进玉州。

2004 年 3 月，孟教授应邀来到玉州，举行首期培训。可容纳 600 人左右的会堂里，听讲人数不断增加，以至“超载”达到了 1000 多人，就连过道也挤得水泄不通。听课者见识到了一个“另类”的专家，开讲座、做报告不需要任何文稿，却能侃侃而谈，一串串难以把握的术语、一句句朴实真挚却又高屋建瓴的语句，让人感受到一种须仰视的学者风范，但他又可以当场给中小学生上课，这不是纯理论型学者能做的事。而且，不论是文科的课，还是理科的课，他一来上课，学生就能够有条不紊地“活”起来、“动”起来、学起来，他的讲座不禁让人瞠目结舌：他到底是理论专家，还是中小学一线教师？

整个会场时而鸦雀无声，时而掌声如潮。沉睡的课堂之钟，被孟教授撞击出思维扩张的改革之音。

培训刚一结束，教育局就召开领导班子会议，根本无须商量是否要引进“MS-EEPO 有效教育”，他们需要商量的是如何引进。于是，他们与孟教授签订引进协议，并以红头文件的形式下发到各个学校。

接着，关于“MS-EEPO 有效教育”的校长培训班、骨干教师培训班等相继举办，“孟照彬”这个原本陌生的名字，在玉州教育大地上回响起来。

在“水土不服”中突围

“MS-EEPO有效教育”是一个宏大的系统，既包括思想体系和理论体系，也包括操作体系。孟教授看似信手拈来，其实都是有其深厚的理论造诣的。一般教师要想探其要妙，绝非一日之功可以达成，而孟教授潜心研究20多年的操作系统，不只停留在“器”的层面，更有着深邃意蕴的“道”之义。一般教师要想不假思索地将其“拿来”用之于自己的课堂，那么出现顾此失彼甚至不知所措的尴尬局面就在所难免了。

为此，教育局组织骨干教师，于2004年3月、10月和2005年4月、5月，就课型方式与评价方式分别进行了长达30天的培训，其中200名实验教师接受面授，其他500名实验教师则分散到同一培训点的各教室，通过多媒体进行同步聆听、观摩。

培训后，一些骨干教师的课堂教学开始发生变化，学生的学习热情开始高涨起来。

不过，多数教师习惯了传统的“一言堂”的教学方式，当让学生回归到他们本应扮演的角色——课堂学习的主人的时候，教师就乱了手脚，有的甚至抱怨起来——

“孟教授的理论是行得通的，但我的课堂要么显得松散，学生难以控制，要么死气沉沉，学生毫无活力。”

“我尝试把主动权交给学生，让他们进行合作探究学习，可只是表面上热热闹闹，其实没有真正激活他们内在的情感和思维，到头来还是一种‘伪学习’。”

“这种方式我尝试了，但在使用这些课型后，用40分钟根本没办法完成教学任务，只好拖堂或用课外时间再补。”

……

于是，有些教师知难而退，又回到了原有的教学模式中。

难道“MS-EEPO有效教育”真的在玉州“水土不服”？

教育局领导与教研员在一起研究后发现，那些看似不重要的学生的学习方式才是关键，却一直被他们忽视了。诚如孟教授所言：“没有学生学习方式的变革，就没有教师教学方式的变革。”当学生熟练地掌握了学习方式之后，课堂教学改革就会呈现出一种“万类霜天竞自由”的景象。

2007 年以来，玉州区把培训的重点放在学习方式的训练上，且把学习方式与学科教学相结合，学习方式与课型方式共同推进。2008 年还注入了学生思维训练的内容。

参加实验的教师这才认识到，学习方式并不是小儿科，而是“MS-EEPO 有效教育”中最关键的一环，是课堂教学改革的必要前提。至此，大家才明白：“东风”可以“借”，但先后顺序绝对不能错位。这个问题解决之后，课堂教学很快就发生了变化，更多的教师看到了希望，“MS-EEPO 有效教育”的推进也出现了转机。

有效课堂彰显生命能量

乡村学校的学生辍学率高，这是个“老大难”问题，教育局领导与各学校教师几乎想尽了办法，但学生流失的现象依然愈演愈烈。

在大家为这个问题焦头烂额的时候，“MS-EEPO 有效教育”却显示出了神奇的力量。大凡进行这个实验的学校，学生都慢慢地喜欢上了课堂，甚至有些转到城里就读的学生也开始“回流”。因为在课堂上他们不再感到痛苦不堪，而是快乐无比。

孔子说：“知之者不如好之者，好之者不如乐之者。”此真可谓至理名言。当课堂上的学习不只是停留于求知与修身层面，而是升华为审美追求的时候，学生就有了乐此不疲的学习热情。以往“欲说还休”的农村学生，如今在课堂上说起话来头头是道，变得自信起来。即使回到家里，见了父老乡亲，也都变得落落大方、彬彬有礼了。变化的不只有学生，还有这些学生的家长与乡邻。可见，《学记》开篇所言的“化民成俗”的道理，在推进“MS-EEPO 有效教育”的乡村已初现成效。

教育局副局长李德庆对我说，即使是那些起初反对“MS-EEPO 有效教育”的教师，最后也多从中受益。他去听过这些教师的课，尽管他们口头上反对，可心里也已经有些认可了，在教学中也用上了其中的一些操作方式。相信不用太久，他们也会心悦诚服的。

李德庆坦言，在推进“MS-EEPO 有效教育”的过程中，教师确实付出了比以往多得多的努力，可是，他们打心里高兴，因为他们看到学生快乐起来了，自己也逐渐发展起来了。累中有乐，苦中有甜，他们不但成了“MS-EEPO 有效教育”的积极践行者，有的还成了这方面的专家。

李德庆很激动地对我讲了这样一个情节：一天，上级有关领导到某学校了解“MS-EEPO 有效教育”的推进情况，各位教师都想说说自己的感受。让领导们意想不到的是，这些以前见了领导就躲的乡村教师，此时个个谈起来口若悬河，以至忘了时间，忘了吃饭，从上午 9 点一直谈到下午 2 点多还没停止。

以前，玉州的教师在广西参加课堂教学大赛总是落在后面，不要说实力不足，就是从心理上也往往不战自败。这在玉州教师的心里留下了一个很难消解的结，可推进“MS-EEPO 有效教育”之后，这个“结”已变身为一个又一个奇迹。教师外出参加全区甚至全国的观摩课大赛时，大都能获得比较高的奖项，有的还取得了第一名的好成绩。李德庆认为，玉州教师参赛获奖不是个案，不是偶然，而是常态与必然。

在与李德庆交流的时候，他已经在办理退休手续。可是，他没有离开“MS-EEPO 有效教育”阵营，他还会时不时地走进课堂听课。一些学校知道他对此有深刻的思索和丰富的经验，特邀他为教师评课，或开设讲座。这让他感到生命不但有了新的意义，还让他感到自己仍然植根于这个团体之中，仍然属于这个改革的时代。

有效教育大展示按下“快进键”

谈起推进“MS-EEPO 有效教育”的经历，玉州区教育局办公室主任周英治说，这首先需要胆识，没有冒险精神，这个项目就不可能落地玉州。况且，其间他们也确实经历过来自不同层面的阻力，这个项目甚至几近夭折。可是，玉州教育人就是不信邪，有一股天不怕地不怕的精神。因为他们看准了这个项目有利于玉州教育的发展，即使被批评，也要一往无前。

周英治认为，仅有胆识还是不够的，玉州教育人还很有智慧。刚开始改革的时候，他们干得相当艰难，但他们心中抱着一个信念就永不言弃。如果反对的声音大了，他们就自己先行尝试，默默地改进；如果有人从中阻挠，就转换到另外一种角度，绕开障碍。直到一些教师与学生开始喜欢上了“MS-EEPO有效教育”，成绩呈现出来的时候，才应时而动，开始举办“MS-EEPO有效教育”研讨展示活动。

一、2009年：玉州教育改革首次在全区亮相

玉州教育人扎扎实实而又默默无闻地推进“MS-EEPO有效教育”将近7年的时候，已经成果累累，社会声誉日隆。教育局领导顺势而动，直接赶到南宁，向教育厅基础教育处汇报改革情况，并谈了在玉州举办“MS-EEPO有效教育”展示会的必要性，得到了领导的有力支持。

2009年12月18日，地处南方的玉州依旧温暖如春，而广大教育改革者的心里更透着一种春天般的温暖，因为就在这一天，玉州区举办的“MS-EEPO有效教育”展示会拉开了帷幕。

广西教育厅基础教育处处长的覃艳娟如期赶到玉州参加会议，开幕式刚一结束，她就迫不及待地说：“我要到课堂上听课！”当她看到农村教师用标准形态的平台互动方式，用一种哲学的方式上课时，当她看到学生个个思维开放，思如泉涌，掌握了学习主动权的时候，她情不自禁地流下了激动的泪水。这是她多少年来的期望，而今天，这种期望变成了现实，怎能不激动？

广西基础教育学校教学改革试点项目自治区专家指导组组长韦昌勇不但被师生感动着，也为覃艳娟处长的教育情怀感动着。他说，正当覃艳娟处长兴味盎然地听课的时候，突然接到教育厅的一个电话，要她赶回南宁参加一个紧急会议，当天下午，她恋恋不舍地离开玉州。可让韦昌勇怎么也没有想到，晚上7点半，他接到覃艳娟处长的电话：“我现在上了大巴，在往玉州赶，请安排人到车站接我，我不认识路。我肚子也饿了，给我准

备一碗粥就行了。”

第二天，看完展示课后，覃艳娟处长提出要到学校看一看常态课。她先后去了七所学校，在几所农村学校，她发现了不经雕琢的课堂竟然那么真实而热烈。她不止一次地说：“我终于看到素质教育的希望了！”

回到教育厅，覃艳娟处长马上向分管基础教育的白志繁副厅长做了汇报。

不久，白志繁副厅长就带领厅内有关处室的处长们、各市教育局分管领导和教科所的所长们，专门来到玉州进行调研，随后，又邀请一批专家和教授来到玉州。他们不但听了城里学校的课，也听了农村学校的课，还听了教师集体备课情况的汇报。这位曾经做过民办教师且对教育有着深厚感情的领导竟也潸然泪下，他说，以前在美国等发达国家看到的课堂景观，居然能在玉州的农村学校里出现。“这就是我理想中的教育！”他说，“不是说农村孩子本来就甘愿逃离学校，而是我们的课堂对他们没有吸引力，甚至对他们是一种折磨。现在，玉州的孩子在课堂上充满自信、神采飞扬，怎么还会逃离学校呢？”

回到教育厅，白志繁副厅长很动情地向高枫厅长汇报了玉州之行的所见、所闻、所感。高枫厅长随后赶到玉州，不但和玉州区教育局及教研室的人员交谈，还走进学校，与教师座谈。

接下来的两三个月里，广西教育厅召开了三次党组会议，决定扩大“MS-EEPO 有效教育”的改革试点范围。

2010 年 9 月，《广西壮族自治区中长期教育改革和发展规划纲要(2010—2020 年)》公布，确定了 12 个以“MS-EEPO 有效教育”改革为内容的基础教育学校教学改革试点。

2010 年 10 月，试点项目启动时，教育厅成立了自治区级项目管理办公室和自治区级专家指导组，专门推进“MS-EEPO 有效教育”。

玉州的星星之火，终于在更大的范围里“燃烧”起来了。

二、2011 年：向全国展示改革成果

2011 年，玉州把“MS-EEPO 有效教育”改革又一次推向了高潮。

到了此时，“MS-EEPO有效教育”已经在除广西之外的其他10多个省、市先后得以推进，初步形成了一个横贯东西、合纵南北的改革大阵营。在改革的腹地玉州，举办“MS-EEPO有效教育”大展示，不但展示了玉州教育的改革成果，也为全国提供了学习的典范，让教育改革的火焰烧得更加旺盛。

本次会议是广西基础教育学校教学改革试点项目的年度总结汇报会，也是项目合作方中育有效教育研究所对该项目年度进展情况的检查会，同时，该项目作为自治区在2010年全区教育工作大会上确定的“双十”工程之一，受到了自治区领导的高度关注。2011年11月8日至9日，自治区政府副主席李康带队到项目实施取得显著成效的玉州区进行调研，对项目进展予以了充分肯定，后经教育厅与中育有效教育研究所商定，将会议确定为“全国有效教育广西改革试点经验成果展示汇报现场会”。颇具战略眼光的教育厅决定主办这次规模更大、影响更远的现场会。

2011年11月28日，玉州教育人迎来了一个盛大的“节日”。来自北京、天津、上海的教育教学专家，来自湖南、贵州、辽宁、云南、山东、陕西、澳门等地的观摩团队，以及自治区内各市（县、区）教育局局长，试点项目市（县、区）的观摩、展示汇报团队等约600人，齐聚玉林市第三中学。

中国教育学会会长顾明远、广西教育厅副厅长白志繁出席会议并做了讲话。

会上，白志繁副厅长代表教育厅向玉州区教育局授予“广西基础教育学校教学改革试点项目研修基地”匾额。现场会主要采用实验学校师生共同展示新型课堂活动、与会人员从旁观摩交流的方式进行。由钦州学院与港口区中小学教师联队首先登场，展示新教师基本功的课堂教学“五项基础”“五个防范”的操作要领。接着三江县和凭祥市高中教师联队对第一个团队进行分析和教案修订，同时进行说课展示。然后，兴宁区团队开始展示规范的新型学习方式和方法……

展示会还特邀天津特级教师邢坚上了一堂观摩课，随后玉州区地方咨询培训专家团队以大范围互动合作方式分析观摩课，并用多种表达呈现方式展示评课意见，同时就地取材，利用邢坚老师上课的素材，现场展示即时备课、即时上课的方法，把名师上课的内容再推向一个新的高度。最后，玉州区团队还用教学活动、图文结合的方式展示了他们今后的努力方向。

如果说主会场的展示是精彩纷呈的话，那么分会场的展示“布置”就是“景点”。与会代表分成10个小组赴玉州区10所项目学校，进行实地考察或调研活动。在这些城区或乡村课堂上，与会代表看到的是“清水出芙蓉”的“美景”。即使是农村的教师，也能从容自信地运用“MS-EEPO有效教育”的操作方式，学生则个个精神饱满，充满自信，说起话来透出特有的灵性。

与会代表们发现，教师只消组织学生运用比较简单的“动静转换”这一种方法，就可以将课堂效率提高10%以上，如果灵活使用多种方法，可在此基础上再提高20%。课上的问题课上解决，学生学习的效率高了，课业的负担少了，课堂学习自然变得快乐了。

直到今天，顾明远先生还能回忆起当时课堂教学中师生互动、生生互动的情景。他激动地说：“经过多年的实验实践，终于找到了‘MS-EEPO有效教育’体系作为系统改革区域教育结构的突破口，并运用行政手段推广这种新的教育范式。”

为有源头活水来

玉州多年来坚持不懈地行走在推进“MS-EEPO有效教育”的路上，克服了一个又一个困难，取得了一项又一项成果，现在，玉州教育已经昂首走向全国，令同行敬佩不已。那么，为什么有些改革搞得如火如荼的时候，却往往会半途而废？为什么有的改革行走多年却每况愈下？玉州这个地域偏远、经济欠发达的地区，何以能始终高歌猛进、勇往直前？

我在数次玉州之行，与各方教育人士交流之后，才探明了这“活水”的“源头”所在。

一、“MS-EEPO 有效教育”本身所具有的生命能量

“MS-EEPO 有效教育”是一个科学的系统，其创始人孟照彬教授曾研读过近千本古今中外教育经典，且持续不断地从中汲取精华，又几十年如一日地在教育一线进行实践，才创立出这个独具特色的教育理论。他一次又一次地将这个系统用于不同地区的教育实践，被证明其具有巨大的教育能量之后，才首先在玉州推广，然后又蔓延到全国十几个省（自治区）、市。不管在哪里，实验都取得了理想的效果。尤其是在玉州，实验时间长，孟教授的关注度高，他直接对玉州校长、教师培训得也多。玉州作为他的第一片“实验田”，进一步丰富了他的理论体系与实践经验。所以，他与玉州有着化解不开的感情，甚至对很多校长、教师的名字与性格，都了如指掌。玉州，也因为孟教授的特殊关爱，成为全国教育教学改革的先行者。

二、上级领导持续不断的关注与支持

推进教育改革，不但需要有一个好的理论体系与操作系统，还需要方方面面给予支撑。玉州在推进“MS-EEPO 有效教育”中就得到了上级领导的特殊关心与大力支持。

1. 自治区领导关注与支持改革

据玉州区组织部部长李刚介绍，自治区政府的分管领导就是一个具有教育情怀且关注教育教学改革的人，她常亲自到玉州调研与听课，为玉州的教育改革深感欣慰。她说：“今天的硕果充分说明，无论是小学还是中学，无论是城市还是农村，无论是学生的成长、教师素质的提高，还是学校的管理发展，大家都觉得这项改革非常有意义。我们的教育要真正做到为每一个孩子的终身发展负责，因此积极稳妥地推进改革，是教育最重要的一项工作。”而在 2014 年春节期间召开的教育工作会议上，这位领导在谈到教育改革时，抑制不住内心的激动，对玉州推进“MS-EEPO 有效教育”所取得的成绩再次给予肯定与鼓励，并号召全区更加积极有效地推进“MS-EEPO 有效教育”。

2. 教育厅领导拥有教育情怀

自2009年在玉州展示了“MS-EEPO有效教育”的初步成果开始，各位教育厅领导都坚定不移地支持这个改革项目。他们不但有敏锐的目光、浓厚的教育情怀、博大的教育胸襟，还亲自到玉州进行考察，并很快形成全区推进“MS-EEPO有效教育”的文件，成立了相应的组织，投入了大量专项资金，为参加这个实验的校长与教师搭建了广阔的平台。

3. 区委、区政府全力支持改革

玉州区委、区政府认为，玉州教育是全市乃至整个广西的一个品牌。他们持续不断地打造这个品牌，宣传这个品牌，并以这个品牌而自豪。

玉州区宣传部部长李永耀对我说，进行教育改革是区委、区政府坚定不移的立场，一旦认定了，不管有多大的困难，他们都会坚定不移地走下去。连续四届党委政府，没有一届领导不重视教育改革，没有一个领导不支持推进“MS-EEPO有效教育”。这让教育系统大力推进这个项目有了底气，也有了不成功决不罢休的韧劲。

为了支持玉州教育，区委书记亲自拍板：只要教研室需要调人，区委、区政府一路“绿灯”，编制不足增加编制，经费不够投入资金。从2007年到现在，教研室以公开招聘、现场竞课的方式招入20多位教研员。同时，每年由区政府拨款50万元，专门用于这个项目。而且，大力支持由教研室牵头的骨干教师培训工作——“毓秀班”的建设，以便及时发现人才、培养人才，对于其中的佼佼者，每年奖励2000元。玉州经济并不算发达，可是，在支持教育改革方面却显示了其“发达”之势。

换人不换事业的教育局局长

玉州区的四任教育局局长都钟情于教育改革事业，这当是“MS-EEPO有效教育”在玉州得以生根、发芽、开花与结果的又一个重要原因。用教研室主任陈健萍的话说，他们没有考虑个人的私利与名声，而是有一个共同的心愿，那就是为了让玉州的学生能接受更好的教育，为了让玉州的教师获得更好的发展。

第一任教育局局长是龚国献局长，2001 年课程改革之风刚刚吹起的时候，他就派教研室及相关校长与教师到全国其他地方“取经”。从昆明考察回来确定推进“MS-EEPO 有效教育”的时候，他即将退休，却仍然一点都没有犹豫。可以说，这个项目落户玉州，他是功不可没的。

龚国献局长退休之后，杜成斌局长走马上任，一上任他就听取了从海南学习归来的陈建诗副局长等人关于引进“MS-EEPO 有效教育”的汇报，杜成斌局长马上表态说，既然有利于玉州教育的发展，就要大胆去干，并随即与孟教授签订了推进“MS-EEPO 有效教育”的协议。

于是，孟教授的“MS-EEPO 有效教育”，就开始风行于玉州这片教育大地上。

在杜成斌局长任职的 2004 年至 2006 年间，教育改革持续推进，玉州的课堂教学也发生了前所未有的变化。

2006 年之后，李志就任教育局局长，在他任局长的初期，因为某种原因，“MS-EEPO 有效教育”的推进遇到一些问题，可是，教育局的大多数领导都认为，如果玉州教育没有这个项目，非但不会有如此大的发展，还会停滞不前甚至倒退。他们不但有坚定推进改革的信心，还向李志局长陈述了要充分搞下去的理由。

年轻有为的李志局长听后很受感动，他说：“我们不但要做，而且一定要做好；不但要让课堂发生变化，还要在学校开展‘MS-EEPO 有效教育’文化建设。”

2011 年，莫东妮接任教育局局长，她说，此前作为教育系统以外的人，自己对“MS-EEPO 有效教育”了解得不多，可她从前任局长、各位校长与教师那里，很快感知到了“MS-EEPO 有效教育”的生命力量。这位温文尔雅的女局长，有着与前几任局长同样的雄心壮志，她决定将“MS-EEPO 有效教育”向着更深入、更广泛的层面推广展示开来，使之在当地与广西全区乃至全国产生广泛的影响。

“换人不能换事业!”这是她就任局长之初说的一句话，也成了她的承诺。另外，不搞事业就换人！于是，一些推进“MS-EEPO 有效教育”不力的校长被撤掉，换成了积极探索和勇于改革的有心人。

莫东妮局长认为，传统意义上那种僵化的课堂教学，让很多学生没有了快乐的童年与少年，也错过了接受优质教育的时机。“MS-EEPO 有效教育”不但会让学生在课堂上快乐起来，还会为他们插上腾飞的翅膀，烙上幸福的底色。

推进“MS-EEPO 有效教育”的初衷，考虑更多的是让教师更快地成长、让学生更好地成长，意想不到的是，竟然还有很多意外的收获——

2004 年至今，全区的中小学教育质量持续提升，中考成绩统计的各项指标逐年提高。2013 年，改革项目启动的第三年，按在校生统计，玉州区全学科的总分平均分居全市首位，各门学科的平均分、及格率、优秀率共 27 项指标，玉州区有 22 项占全市首位。2014 年，项目启动的第四年，中考报考率达 98.41%，按在校生统计，全学科的总分平均分、及格率和优秀率 3 项居玉林市之冠；各门学科的平均分、及格率、优秀率共 27 项指标，玉州区有 25 项占全市首位。

玉林区教育局领导高兴地说，建设社会主义新农村，如果没有文化的升值，没有品质的提升，几乎是不可能的，而“MS-EEPO 有效教育”的全面实施，则让这种建设看到了希望。

创建属于自己学校的特色

——黑河市爱辉区“一校一品牌”览胜

黑龙江省黑河市爱辉区地处祖国边陲，是黑河市政府所在地，与俄罗斯隔江相望，是一个经济欠发达的地区。然而，它的教育一点也不落后，非但如此，这一地区校校都在创建特色，锻造品牌，形成了百舸争流的喜人景象。

爱辉区委、区政府的历届领导都非常重视教育，特别是这届领导，无论是在政策支持、教育投入还是人文关怀方面都是空前的。他们不但把优先发展教育的政策真正落到实处，而且，对教育的投入也在逐年递增。区委书记徐飞、主管教育的副区长徐峪多次带领校长们到教育发达地区去学习他们的先进经验和做法，还对本区的教育现状做了详细分析，并明确了今后教育发展的方向。张建国区长每个学期都要到各所学校调研，帮助学校解决实际问题。这在全省乃至全国也不多见，这是爱辉教育人的福气。那么，提升全区教育的质量，就成了区委、区政府和老百姓心中的一个期盼。

毋庸讳言，如果把爱辉区基础教育放在全国的教育格局中做一番比较，它还是比较薄弱的。如何尽快实现教育的突围，成了教育局领导需要思考的一个大问题。

自从2008年邵奎芳开始担任教育局局长后，她就带着校长们到全国教育改革的典型学校去学习。她发现，有些改革典型学校原本也非常薄弱，当地的经济也比较落后，之所以能够异军突起，迅速走在全国教育改革的前列，其中一个重要的原因就是他们不畏困难，矢志改革，最终形成了自己的教育教学特色。

这令邵奎芳局长及各位校长振奋不已！

每个人都有自己的个性与特长，学校亦然。根据学校发展实际，创建各自的特色，是一个很好的选择，于是，“一校一品牌”的工程由此拉开了帷幕。

这几年来，在区教育局的领导下，每所学校都在特色创建与品牌锻造上走出了一条属于自己的路子。

这几年来，教育局的领导用热血与智慧、汗水与拼搏、引领与探索，让各所学校一改旧容，化蛹为蝶，实现了跨越式发展。终于，爱辉区教育在特色创建与品牌锻造上走出了一条金光大道。

黑河市实验小学：国学教育

目前，对中国优秀传统文化的学习有持续升温的趋势，这无疑是一件好事。而黑河市实验小学在2013年开始就以国学教育为办学特色，并提出了“传承传统文化，培育儒雅少年”的口号。

一、国学教育应运而生

2013年夏天，实验小学的孙艳红校长在国家教育行政学院学习时，上的是正好国学班。自此，她一下子爱上了国学，这自然与她本人对国学的感情有关，更重要的是，她发现，在小学开设国学教育，对于提高小学生的语文水平，以及培育其真善美的情操，都可以起到事半功倍的作用。回到黑河后，她旋即召开学校领导班子成员会议，传达自己在北京学习的感受，请大家商讨关于构建学校特色文化的问题。大家的讨论十分热烈，对开展国学教育的认识不谋而合。

于是，实验小学的国学教育应运而生。说干就干，全校46个班全部开设国学课，每天早晨与中午各安排10分钟的国学诵读时间，每周安排一课时的国学课程。

二、经典文化滋养学生心灵

刚开始的时候，教师对于国学教育的认识还不是十分深刻，他们认为，对那么深奥的知识，小学生很难喜欢，即便是学，也多是“食不知味”。

事实却超出教师的预期。学生背诵国学经典，不但快，而且个个兴趣盎然、乐此不疲。在学生那里，尤其是低年级学生那里，没有什么难易之别。大人背起来觉得“难于上青天”的经典文章，学生很快就能背下来，且可以乐在其中。对于之前作为六年级国学教材的《大学》《中庸》，四年级学生竟然很快背诵了下来，非但没有形成心理负担，反而帮助他们爱上了国学经典。

除此之外，学生的语文水平也有了比较快的提升，就连学生的气质也有了不同程度的改变。因为国学经典中不但闪烁着智慧的光华，也流淌着思想的要义。而在学生诵读的过程中，这种智慧与思想也就“润物细无声”地走进了学生的心田。

的确！学生有着巨大的发展潜能，如果从小就让他们大量诵读国学经典，就等于为他们种下了一颗参天大树的种子；如果让他们从小学习一些三流、四流作品甚至垃圾文化，以后就有可能长成一片荒原。每个孩子都只有一个童年，我们既要让孩子的童年快乐、幸福，也要为他们能长成参天大树播下种子。

三、读好书，写好字，作好文

由诵读经典开始，黑河市实验小学又对学生提出了读好书、写好字、作好文的要求。为什么要读好书呢？因为读书有一个定律，那就是“取法乎上，得乎其中；取法乎中，得乎其下”。一个人如果阅读世界级大师的作品，虽然很难达到大师的水平，可是有可能达到中层水平；如果阅读中层的书，则只能在下层徘徊。所以，读好书，才能让学生更好更快地成长。写好字也很重要，古人言“文如其人”，其实，字也如其人。写好字的过程，是一个修身养性的过程，也是一个提高注意力的过程。久而久之，孩子心中会少些浮躁，多些宁静。至于如何作好文，除了大量诵读好书之外，就要多练。写好作文没有捷径可走，唯有多读、多练。那种只关注技法而不注重读写的写作指导，只是舍本逐末，终难抵达下笔成文的高境界。

四、经典诵读让教学游刃有余

在学生诵读国学经典的时候，教师也对国学经典产生了浓厚的兴趣，有的还与学生一起背诵起来。奇迹也在这些教师的身上呈现出来，他们语文教学的水平有了提高，以至拥有了淡泊的心怀。其实，这只是一个开端，持续数年之后，这些教师会“更上一层楼”。综观当今中国一流的名师，大多是大量诵读经典文化者。正是在这种长期的诵读中，他们形成了属于自己的优质语文体系，拥有了“腹有诗书气自华”的生命特质，再去教学的时候，就变得游刃有余了。我们所希求的名师，也许就会在这种长期的经典诵读中一个个横空出世，为学校的发展抹上一笔亮色。

孙艳红校长对我说：“没想到国学教育刚刚起步就有了这么多的收获，这让我们在惊喜的同时，也对自己提出了一个更高的要求，那就是一定要更好地研究国学教育，构建好自己的国学教育课程，锻造出自己的国学教育名师，从而让实验小学的国学教育品牌更见光彩。”

黑河市第六小学：童话教育

《中庸》开篇即言：“天命之谓性，率性之谓道，修道之谓教。”意思是说，人的自然禀赋叫作“性”，顺着本性行事叫作“道”，按照“道”的原则进行教育叫作“教”。

童心童趣是孩子的自然禀赋，童话中无处不荡漾着童心童趣，教师如能有效地引导孩子阅读童话，就可以打通孩子本然的天性之“道”。同时，每个孩子又都有不同的个性，因材施教，即“率性”才能促进其个性发展。基于这种思考，黑河市第六小学确定了“回归天性，发展个性，构建精彩校园”的办学理念。

童话是用儿童语言来歌颂真善美、鞭挞假恶丑的一种文体，让学生大量地阅读童话，就等于对他们进行真善美的教育。儿童的心灵世界犹如一张白纸，染赤则成赤，染黑则为黑，诚所谓“蓬生麻中，不扶而直；白沙在涅，与之俱黑”，其实，这就是一种“修道”。为此，黑河市第六小学的刘北虹校长和学校领导班子提出了“学会尊重，发掘灵性，完善人格，促进成长”的童话教育理念。

刘北虹校长认为，一个人的童年是不是快乐，他是不是富有个性、是不是崇尚真善美，对其一生的发展起着至关重要的作用。从这个意义上说，让学生阅读童话，就是为其一生的成长奠基。童话中有栩栩如生的人物形象，也有形态各异的动物、植物，以及天马行空的幻想。在学生的眼里，那是一个与他们的生命相维系着的超乎寻常的美的世界，所以，在阅读童话的过程中，他们很快就能融入其中，他们随着故事情节的发展与主人公的命运而产生情绪波动。一股书香，犹如一阵春风，催开梅花的芬芳，引领春天提前来到，从而使学生体验审美的奥妙，并在无形中直接享受真善美的点化。

如果说阅读文本形态的童话可以让学生陶醉其中的话，那么，创设相应的童话场景，开展与之相关的童趣活动，则能让学生体验到童话的另一番如梦如幻的美妙。

一、构建童话教育的环境课程

环境文化是学校文化的重要元素之一，对此的构建不但要有品位，还要与学校的整体文化建设相和谐。第六小学的办学特色是童话教育，因此，他们竭尽全力地用儿童的眼光与童话的背景来设计学校的环境文化，使走廊文化与墙壁文化有了童趣流彩之美。每个楼层都有一个主题，每个主题都是童话教育的一个子系统。一楼是“童话长廊”，既有优美的经典童话，又有学生创作的童话，他们徜徉其中，个个乐而忘返。二楼的主题是“关心别人，帮助别人”，这是优秀童话中经常体现出来的思想。当今的学生多是独生子女，关注与关心自己超过关注与关心他人，主动帮助他人者凤毛麟角。通过这种墙壁文化的耳濡目染，让他们逐渐懂得关心与帮助他人，使他们懂得这既是一种美德，也会让自己更好地成长起来。因为，只有关心与帮助他人，才能得到他人的关心与帮助，也才能形成和谐的班级环境与学校环境。

走进教室，墙壁上几乎全是童话文化，却又各具特色。每个班级的门口，都有一个属于本班级的展示平台，上面的班训、班风等不但有积极向上的内容，还烙印着童话文化的色彩，让人感到那么可亲与可爱。童心活了，童趣醒了，童语有了……于是，美好的童年就在欢声笑语中活跃起来了。

二、开发童话阅读校本课程

课程是最能彰显学校特色的重要载体，作为具有儿童教育特色的第六小学，他们开发了“童话故事里的童年”校本课程，每周为其安排一课时。课上，教师不但与学生共同阅读文质优美的童话，还总结出多种阅读与写作的方法，形成了童话教学的模式。2009 年，学校在专家的引领下，又开发了“童话随笔习作训练”课型，这一课型受到了随笔化作文发起人成浩老师的高度认可。

刘北虹校长认为，在童话教育课程中，让学生在“听中学、看中学、想中学、议中学、演中学”，符合学生学习的天性，使童话教育和各学科教育有了本质上的互通。学校每个月都组织读童话、讲童话、演童话、编童话的系列活动，让学生走进了一个更加丰富多彩的童话世界里。于是，学生的大脑里积淀下了童话的思维与语言系统，加上孩子都有着丰富的想象力，所以，自己创作童话也就水到渠成了。于是，“人人都爱说，生生都会写”的童话随笔习作教学氛围自然就形成了。

三、举办主题童话节

每年的六月是第六小学的童话节，活动时间整整持续一个月。每到此时，学生的热情都空前高涨，而且显示出了他们独特的创造力。他们在教师的指导下，自己设计主题、口号、节徽、吉祥物等，就连家长也欢天喜地地与孩子一起享受节日的欢乐。童话节的内容与形式每年都不同，且逐渐形成了“十个一”系列活动：“为童话节设计一个活动口号”“评选自己喜欢的童话人物”“听一个童话故事”“看一部童话片或动画片”“讲述一个童话故事”“画一幅童话想象画”“学唱一首童话歌曲”“编写一个童话故事”“制作一个童话饰物”“演一个课本剧或童话剧”一个个喜闻乐见的活动，让学生兴趣盎然。

学校还将童话节中的某一天作为童话狂欢日。到了这一天，学生身着各式服装，头戴动物头饰，伴着童话音乐，走进各自喜欢的“童话放映厅”和“童话小剧社”，开始一天的开心快乐的童话游园狂欢。同时，学校还邀请黑龙江对岸的俄罗斯小朋友共度童话节。童心将两个国家的孩子联系在一起，终生难忘的节日让这些孩子忘掉了国界、地界、语界。童话节共举办过十届，童话教育也有了十年的跋涉、十年的穿越、十年的心灵放飞。这些终将化作学生美好的回忆，塑造学生优秀的品质，为学生的未来种下一颗幸福的种子。

黑河市第三小学：写字教育

现代信息技术在给教育教学带来诸多便利的同时，也让一些学校的写字教育渐渐地被淡化。有人觉得，打字既快又好，何乐而不为?

与之相对的是，黑河市第三小学的办学特色却正是写字教育，还确立了“方方正正写字，堂堂正正做人”的校训。在他们看来，写字教育与信息技术教育并不矛盾，绝对不能“舍鱼而取熊掌”，而应是二者兼得。

该校的杨慧荣校长认为，有着数千年文明史的中国人与方块字形的汉字有着化解不开的联系。正是这种神奇的文字，才让中国文化数千年来延续不衰，越来越彰显出巨大的魅力。

一般而言，小学生的有意注意力并不是太强，而且，当今电视、网络等媒体的冲击更让学生的心灵喧嚣起来。而写字需要静心，也需要坚持，长久地写下去，就能在无意中增强学生的注意力，让他们的心灵归于宁静。写字还会提高学生的学习效率，锻造他们良好的学习品质。同时，在写字教育熏陶下的学生，从小心灵就有所安顿，长大成人后就有可能“明志”“致远”。

一、写字教育的墙壁文化

第三小学为写字教育创设了相应的墙壁文化，不但让写字教育随处可见，还把学生自己写的字张贴在学校门外的墙上，特意让家长看到自己孩子的长处，让学生找到力争上游的自信。

我国汉字经过了6000多年的演变，经历了甲骨文、金文、小篆、隶书、楷书、行书、草书的演变过程。每一个汉字中都蕴藏着朝代更替、文化进化的痕迹。作为一名中国学生，不能不对其有所了解。

第三小学一楼展板展示的是汉字发展史，通过列举汉字中几种主要字体的字例，附以字源和浅释，让学生形象地感受到汉字发展演变的历史进程，并体味这些汉字背后蕴藏着的悠久与丰富的中国文化。

二楼展板展示的是汉字世界。汉字源于图画，以象形为本，这种独体造字法属于最原始的造字方法，即用线条或笔画，把要表达物体的外形特征具体地勾画出来，如日、月、马、鱼等，然后才有了指事、会意、形声字。这四种造字法对于人们理解文字，以至参悟中国文化都大有裨益。学生在观看的时候，就会不知不觉地走进博大精深的汉字世界中，去感受中国汉字的奥秘与神奇。

三、四楼展板展示的是书画世界，主要是学校教师、市书法家协会成员和省内外名家的书画作品。它让学生感到，这些美轮美奂的作品就出自当代人之手。如果好好学习，有一天，自己也可以完成这样的作品。有了向往与敬仰，学生就会自然地走进书画的世界。

东侧楼梯缓台依次悬挂着学校的“一训三风”，西侧楼梯缓台分别镌刻着韩愈的《师说》、荀子的《劝学》以及国学经典名篇《大学》节选内容。学校要求学生在每日的晨读中去背诵、理解，经典文化就这样走进了学生每日的生活中，走入学生的心间。

二、写字教育的课堂文化

如今，第三小学的写字教育已经被纳入课表，每周安排一节课。为了提高师资水平，学校特邀请市书法家协会成员对教师进行硬笔、软笔书法培训，同时开展多渠道、多形式的写字常规活动，有效地提升教师的写字水平。在课堂教学中，学校要求教师坚持一个“少”字，一个“好”字。这样，就不至于像《学记》所说的那样“或失之于多”，从而让学生学起来不那么困难，且从学写之初就不但写得规范，也能初步感受书写之美。

在几年的教学实践中，教师还逐渐摸索出一套适合本校学生的写字课堂教学模式，即“归类集群，识写结合”教学模式。其基本流程为“创设情境，归类集群—归类指导，揣摩结构—综合拓展，内化提升”。这不仅让教师的教学有了操作系统，而且大大地提高了教学效率。

2012年3月，第三小学以三、四年级为试点，开始了“软笔书法进课堂”的尝试。为了解决毛笔练习中的墨汁使用所带来的不便，学校引入了水写纸，从水写描红入手，使学生练字的过程更加便捷。

为了激发学生写字的热情，学校还开展了“师生同练一刻钟”的活动，即每天下午课前15分钟，师生一起练字。每天坚持下来之后，师生的写字水平获得了比较快的提高。更重要的是，师生开始形成了写字习惯，开始爱上了写字。

三、写字教育的展示文化

学生写字的热情与日俱增，优秀的作品不断涌现。为了进一步激发他们写字的热情，学校在各班教室外设立了“写字文化墙”，美其名曰“临池学书”，主要张贴学生的书法作品，每周一换。学生的作品被展示出来后，就如同胸前戴上了一朵大红花，增强了他们的自信心与自豪感，并转化成更大的写字热情。

随同我前去采访的教师进修学校校长李晓明认为，任何人有了成绩后，都渴望有一个展示的平台，孩子尤其如此，而第三小学的展示，不是急功近利的，而是着眼未来的。因为，长期的激励会在学生心里积淀成一种积极的思维，进而形成一种认真写字的品质。有了这种品质，不但可以写好字，还会获得积极的延伸——学好其他学科的内容，以至于学好做人。

四、写字教育的明德文化

写字不但可以明智，还可以明德。认认真真写字的过程，也是认认真真做人的过程。

第三小学将写字与做人有机地结合起来，收到了良好的效果。对低年级学生，要求其通过端正书写姿势和规范笔顺、基本笔画，培养学生“从点滴做起，认真规范做事”的好习惯；对中年级学生则通过学写独体字和合体字，让他们学会观察字的结构，培养其正直、谦让、包容、自信、团结等优秀品质；对高年级学生通过书法欣赏，让其感受博大精深的民族文化，陶冶其审美的情操。

杨慧荣校长欣喜地说，通过写字教育，学生的行为习惯与学习习惯变得越来越好，实现了书写水平与道德品质的共同成长。第三小学曾在中俄教育交流暨黑河市爱辉区办学特色展示会上，向来自全国各地的专家、学者共200多人展示了学校的写字特色，与会人员不但对学生的书法作品给予了充分的肯定，还对学生在比赛中所表现出来的良好素养给予了高度赞扬。在全国教学模式展示活动、爱辉区校本课程展示活动中，关燕飞、邹艳茹、王智芳、张广慧等教师以学校的“归类集群，识写结合”写字教学模式参加比赛并获奖，与会人员对这些教师所呈现出来的高雅气质给予了极高的评价。

2011年，学校被省教育厅授予“黑龙江中小学写字实验教学工作先进单位”称号。这不仅是对写字教学的一种肯定，更是对写字教育的一种认可。写字，不只在教与学上，更在“明明德”的教育中。

黑河市第五小学：中俄教育交流

黑河市与俄罗斯的阿穆尔州布拉戈维申斯克市，分别坐落于黑龙江的南北两岸，两市的教育交流有着得天独厚的地利之便。早在2004年9月，黑河市第五小学便与布拉戈维申斯克市第十四学校结成了中俄友好学校，近年来，二者的教育与文化交流又迈向了一个新的台阶。

一、在特定语境中学习语言

儿童时代是儿童一生中学习语言的最佳阶段，无处不在的语言环境则是学好语言的充分必要条件。为此，两所学校分别在全校开设了俄语训练课和汉语训练课，并互赠教材，互派师生交流。课堂上，两所学校的学生“一帮一”地学习，课下则一起玩耍、交流。学生就在这样的语境中，无意识而又比较有效地学习了对方国家的语言。

在第五小学参观考察时，有时候是由小学生用俄语为我介绍的。我在高中曾经学过两年俄语，尽管现在多已忘记，却仍然可以感到学生已经具备了一定的俄语水平。据这些学生讲，他们与俄国小朋友学习与生活在一起的时候，俄语不但学得快，而且记得牢。

好奇是学生学习语言的一个重要动力源，在异国小朋友中间，学生自然会有好奇感，也会情不自禁地生成学习外语的内在需求。所以，这时候的学习，不但学得快，而且学得快乐。

该校的马书彬校长说：“我们要抓住小学生学习语言的敏感期，通过彼此交流，让我们的学生尽快学好俄语。”

马书彬校长还在思考着：布拉戈维申斯克市第十四学校已经开设了“孔子学堂”，《论语》《道德经》等中国传统文化经典已成为俄罗斯学生学习的内容，那么，第五小学也要开始将俄罗斯的经典文学作品引进来，让自己的学生在语言交流中领略异国那壮美的文学画卷。

二、在交流活动中缔结友谊

第五小学以篮球为切入点，设置了“快乐篮球”校本课程，编撰了《“快乐篮球”学生读本》，“人人一个篮球，个个以球为艺”，成为第五小学的一个特色。我在学校里观看学生篮球技能表演的时候就感到，那绝非一日之功，虽不能说学生的打球水平很高，但至少学生已经玩在其中、乐在其中了。

在两所学校交流的时候，第十四学校也开设了篮球技能训练课。在每年一度的中俄两校师生快乐篮球比赛中，学生的呼喊声、欢笑声一直此起彼伏。这样的活动，不但提高了学生的球技，更增进了彼此的感情与友谊。

历届学生的毕业联欢会上，精彩节目都是一个接着一个。俄罗斯的学生随着中国的民族音乐敲起腰鼓，耍起扇子，扭起秧歌，唱起《茉莉花》，韵味悠长地背诵古诗《山村》《春晓》等，还挥毫书写书法作品，甚至连我国传统的武术和剪纸也成了他们的拿手好戏。那些学生高举毕业证书时，他们难以压抑住内心的喜悦与激动，情不自禁地表演起精彩的俄罗斯民间歌舞。第五小学的学生乐其所乐，掌声不断，也兴奋了起来。联欢会上不只有表演的狂欢与兴奋，还有演出之后留存于两国孩子之间的那份美好与幸福。

两校间通过"校长互访，教师互访"的方式交流办学思想，研讨教学方法，彼此都从对方那里学到了有益的东西。据精通俄语的教育局副局长王海波讲，俄罗斯的中小学生下午只上活动课，目的是让学生感受学校的快乐，培养其创新与实践的能力。第五小学由此受到启发，也增加了一些受学生喜欢的活动项目，让学校成为学生的乐园。除了"人手一篮球"之外，他们还制订了"人口一竖笛"的活动计划。竖笛成本低，又易学习，而且人人都口吹竖笛的时候，无异于一次全校的音乐盛会。

两所学校连续多年开展着形式多样的活动，比如，"六一"儿童节互访活动、消防知识国际交流竞赛活动、家乡风情文艺书画展示会、英语数学学科奥林匹克竞赛、纪念反法西斯战争胜利六十周年活动、运动场上同场竞技等。此外，在"中国俄罗斯年""俄罗斯中国年""中国俄语年""俄罗斯汉语年"活动中，双方政府官员和学生在以"纪念中俄儿童'六一'互访二十周年""纪念俄罗斯反法西斯胜利六十周年"为主题的长卷上签名留言；双方开展了"黑龙江流域野生鱼种类"和"中俄礼仪大调查"小课题研究，增强了学生的实践研究能力。

两所学校还开展了"走进中俄家庭"活动，共建立了25对友好小伙伴和友好家庭，两国孩子同吃、同住、同学习、同游玩，友好相处，互帮互助。他们了解了对方国度的礼仪文化、饮食文化、服饰文化、风土人情和生活习俗。"一对一"中，两颗交流的心彼此共鸣，相互吸引，亲密无间。中国孩子从俄罗斯孩子的身上懂得了应该提高自理能力、养成文明行为；俄罗斯孩子则从中国孩子身上学会了彼此理解、相互尊敬和孝敬父母。

马书彬校长说，这样的交流不仅加深了彼此的感情，也拓展了学生的视野，而小时候有没有宽阔的视野，往往对其终生都产生着影响。这样的活动，不只让双方孩子对异国文化风情有了更多的了解，也对对方国家孩子的思维方式、民族性格有了一定的认知，有些好的品质还会或多或少地影响着学生，并在其未来的生命征程中产生积极的影响。

黑河市第二小学：读写生慧教育

黑河市第二小学的特色是读写生慧教育。对各科目的学习固然重要，但如果没有大量的读与大量的写，学生就很难生成智慧。因为，好的书中包含着作家的智慧，读得多了，这些智慧就会融入学生的心里。如果说读书是一种智慧的吸收过程，写作则是学生生成智慧并输出智慧的过程。因为写作不只是生活的再现，还有学生对生活的再认识和对生命智慧的感悟。读得多，写得好，也就成了智慧。

一、创设阅读氛围

第二小学开发了主题读书课，目的是让教师在课堂上有更多时间带领学生去阅读。主题读书课主要分为三种课型：读书方法指导课、读书交流课、自主读书课。每个学期有两节读书方法指导课，每个月有一次读书交流课、几十节自主读书课。上课不在平时的教室里，而在阅览室里，目的是让教师的教与学生的学沉浸在一种书香的氛围中。

除外，第二小学还开设了自由阅读课。自由阅读课也叫快乐晨读，上午上课之前，校园里充满了朗朗书声。对于小学生来说，关键在于培养其读书的兴趣，养成其读书的习惯，而集体大声诵读恰好创设了这样一种环境。

每天的快乐晨读时间，不同年级学生研读的主题也不一样。低年级是体验快乐童话，中年级是走进科幻世界，高年级是感受经典名著。学生可以根据年段主题自由选择校本课程中的内容。

该校的郑海燕校长说，这些措施保证了学生每天不少于半个小时的阅读时间。天天如此，月月如此，年年如此，学生的阅读量就大了，也就有了丰富的文化储备，不但会让他们写起作文来更加从容，也对学习其他学科的内容起到了促进作用。更重要的是，培养他们在小时候就与书结下不解之缘，而小时候养成的读书习惯，往往能使人受益终身。一个一生都喜欢读书的人，也就有了一定的文化品位，不管是工作中，还是做其他事时，都会因为这种文化品位而生成一种生命的能量。

学校还开展了“四个一”活动，即每天背一句经典，每周背一首古诗，每月开展一次读书交流会，每年举办一次大型的读书节。读书节上的内容丰富多彩，如名著欣赏、演讲比赛、汇报演出、与作家对话等。活动中，还会评出书香少年、班级读书明星、书香家庭等并进行表彰。这项活动已经连续举办了五届，深受学生与家长的喜爱。

据副校长宁茹艳讲，学校还建立了相应的读书机制，出台了一系列规章制度，如课外阅读开发方案、教师阶梯发展方案、小学生多元发展方案等。

同时，学校还让学生建立了自己的阅读成长方案，记录了自己的阅读收获。

二、激发写作热情

郑海燕校长认为，阅读是手段，读写是关键。在大量阅读的基础上，才能写得出，写得顺，写得好。

在他们看来，写作需要技巧，更需要心灵的自然流淌。写作是作者真诚内心的呈现，“我手写我心”，写起来才能水到渠成，为此，语文教师牵头，带领学生成立了小笔尖文学社。教师只给予指导，整个过程学生全程参与，自己组织。“兴趣是最好的教师”，学生对写作产生了浓厚的兴趣，也就有了大量可写之物。有了大量的写的功底，也就变得熟能生巧。从此，写作非但不是什么困难的事情，还成了学生倾诉心声的自然之径。每个学期，都会有 500 多篇学生的习作问世，而且篇篇写得童趣横生。

这学期，已经开发了六本随笔化写作教材，其中的一些内容就是本校学生的习作。学生再读这些习作的时候，对此就有了一种特殊的亲近感，也会暗自努力写作，希望自己的习作也能成为教材之中的一部分。

西峰山学校："一对一"教育

2014年12月22日上午，我乘车近2个小时来到地处黑河西北山区的农村小学西峰山学校。路上听司机说，如果大雪封山的话，进出这里就困难了。这是西峰山乡2000多人的唯一的一所学校，校内有一座集办公、教学与食宿于一体的大楼，除家住乡镇的几个学生之外，其他学生全部吃住在学校。该校的教学设施绝对一流，电子白板等现代化教学设备一应俱全。学校不但通过了省级标准化学校验收，还成了黑龙江省标准化学校建设的先进校。

一、"一对一"教育成为必然选择

优异如此，谁又能想到，这所学校只有6个班，40名学生，20位教师，如果加上附设的幼儿园，共有25位教师，而幼儿园大、中、小班共有十几个孩子，平均一位教师带两名学生。

相对于学生人数来说，这里有充足的师资，每个学生都享有"研究生"的待遇，每个教师都是学生的"导师"。他们不但是学生学习上的"导师"，也是其思想与生活上的"导师"。教学在课堂上，也在课外；教育在学校内，也在学校外。学生就像教师自己的孩子一样，他们形影不离。于是，"一对一"教学就成了这所学校的特色。教师有时间、有条件、有精力研究每一个学生的需求，更有把握对他们实施有的放矢的针对性教育。

这支教师队伍有着特别强的责任感。他们说，这些学生全是农村百姓的子女，而且有将近一半是离异家庭的孩子。家长把希望寄托在孩子身上，又将孩子成长的希望寄托在教师身上。教师必须全心全意地爱学生，认认真真地教育他们，只有让他们成人、成才，才能不辜负老百姓的期望。

"一对一"的对话教学，似乎让人隐约听见了辉煌的千年回声，恰如孔子当年的教学，很多时候就是"一对一"教学。这种方式，不但可以让教学真正实现因材施教，还可以及时地解决问题，融洽师生关系。

面对教与学的宁静、神圣，不由得让我慨然——在中国教育的长河中，此处的教育人，为后人留下了一种怎样的不离不弃的信念和执着？

二、真正的教育与百姓心心相映

西峰山学校坐落在距城区几百千米的山区。我问教师是不是很向往城里生活，他们微笑着说："城里有城里的优势，山区有山区的好处。学生就像我们自己的孩子，我们爱他们，他们也爱我们，相对来说我们更喜欢这里。"简单的话语，道出真诚的心声。这种化教为爱、化育为亲的真情不正是在长期的"一对一"教育中产生的吗？

20位教师中，除了2位家住学校附近回家住宿外，其余的全部和学生一起住在学校。教师与学生时刻相伴，学习、娱乐、生活在一起。单亲家庭的孩子缺少父母之爱，教师就成了他们的父母。有的孩子心理上或多或少有一定的阴影，想办法让他们拥有阳光的心态，就成了每一个教师教育的要义之一。况且，各个孩子的情况又各有不同，即使是非单亲家庭，情况也是千差万别。进行"一对一"的教育，才会有针对性、及时性的效果。有付出才有收获，如今，学校成了孩子的第二个家，教师成了他们的"再生父母"。老百姓看在眼里，满意在心里，学校成了老百姓敬仰的文化圣地，而孩子回到家后，也为社会主义新农村建设增添了文化的力量。

访谈间，我有幸遇到一位学生家长，问起孩子的情况，她略带羞涩地说："孩子在学校里我一百个放心，真不知道托了谁的福。"

邵奎芳局长说得好："农村的进步，关键要有文化的进步。而一个乡镇如果没有了学校，也就少了文化；而有了学校，也就有了文化。自古以来，学校就是'化民成俗'之地。通过孩子们的文化，让家长也文而化之。"

邵奎芳局长的话让我茅塞顿开：为什么会在这么偏僻的地方，为了40个孩子，投入这么多的资金，建造这么好的校舍，原来，这是区委、区政府一项惠及百姓的民生工程啊！

邵奎芳局长欣慰地说："办教育，就要考虑老百姓的需求。在偏远的山村，由于农民进城打工，或家长渴求孩子接受优质教育而让其进城就读，乡村的学生越来越少。现在乡村学校办好了，学生不再流失，甚至出现了‘回流’现象。”

真正的教育，就要办在老百姓的心坎上！

三、校长与教师爱上了这所学校

在采访该校的肖宝福校长的时候，他的脸上充满了自豪，也洋溢着幸福。他说，在这所学校工作了23年，他留恋这片热土，也留恋这所学校，他与师生亲密无间。他说：“教师对教育工作都很热情，很有责任心，大家相互帮助，相互学习，相互之间传递的都是正能量，所以，我们每天的心情都很舒畅，高高兴兴的。当地老百姓认可这所学校，他们将孩子送到这里，不再进城择校，相信我们有能力将孩子教育好。生活在这样的环境里，想不高兴都不可能。”

但有一个问题：会不会由于处于偏远之地，信息比较闭塞呢？

一位年轻教师说：“一点也不闭塞。我们这里和城里一样可以上网，可以了解全国以至世界范围内的信息。”而且，对于区里的外出学习、大型活动等，他们与城里教师享有同等的待遇，所以，他们非但不自卑，反而很自信，非但不消极，反而很积极。

当时正值银装素裹的冬天，尽管气温很低，我却感到一阵阵温暖。没有大城市的喧嚣与污染，有的只是宁静与清新。学校周边，漫山遍野都生长着高低不同的树木，与碧蓝的天空构成了一幅绝美的画卷。不远处有一条河，现已冰封，如果是夏天，清得透亮的水绵延而流，携一根鱼竿，垂钓水中，很快就会有活鱼上钩，不久便有一顿鲜美可口的佳肴，这简直就是世外桃源！我与肖宝福校长约定，明年，我将再访西峰山学校，到山林深处的农家去采访学生的父母，与他们共叙学校教育与家庭教育的话题。

新生鄂伦春民族乡学校：双语教学

新生鄂伦春民族乡学校与西峰山学校有着同样的集教学、办公室与食宿于一体的大楼，同样漂亮的校园，同样优质的教育教学设施，以及同样的“一对一”教育。

新生鄂伦春民族乡住着鄂伦春族人，他们只有不到200人。这个民族只有语言，没有文字，进行鄂伦春语言教学成了突出、独特、继承、发扬光大民族文化，返璞归真，滋润孩子的方式。

一、鄂伦春语言教学走进课堂

访谈期间，为我们做讲解的是鄂伦春族的孟英武老师，她带着这个民族的原始的纯真，向我讲述学校所开展的民族文化教育，以及进行双语教学的情况。这其中自然也有困难，因为绝大多数鄂伦春族人是与汉族结为夫妻而生儿育女的，孩子从呱呱坠地到长大成人，家庭中用的多是汉语。而年轻的鄂伦春族人在一起的时候，也很少用本族语言交流。孩子没有了鄂伦春族的语言环境，说这种语言的人也就越来越少。而这门少数民族语言源远流长，自有其丰富性与独特性，可以说，鄂伦春语言已经成为当今的文化遗产。学校教育应成为保存与传承这一语言的道场，因此，这所学校的教师不但进行汉语教学，也担任着鄂伦春语教学的任务，双语教学成了这所学校的特色。

学校把学习鄂伦春族语言纳入课程教学之中，每个班级一个星期有两课时，外加两节20分钟的鄂伦春语早读，一学期举行一次鄂伦春族语言语音比赛，每年一次聘请鄂伦春族人到学校为学生传授“原始乡音”的“真经”。

二、对鄂伦春族实行优惠政策

区教育局的王占民副局长说，这里的鄂伦春族人是从原始社会一步跨入社会主义社会的，到现在还有原始部落的痕迹。这种民族文化成为中国乃至整个世界文化的一种稀有的精神资产，学校虽小，却肩负着挖掘与延续这一民族文化的神圣职责。

区教育局高度重视学校里的民族文化建设。他们会组织这里的教师到齐齐哈尔市梅里斯区等地“取经”。学校在延续过去文化底蕴的基础上，形成了很有个性的民族文化。比如，民族体育舞蹈、歌舞、射箭、“狩猎”等。在城里是绝对看不到这种充满生命活力的豪放粗犷的场景的。

该校的张淑英校长对我说，国家给予鄂伦春族人很优厚的民族政策。他们可以生两个孩子，学生上学全部免费，有择校的权利，中考加50分，即使考不上，至少也会录取前一至二名。以前，只要考上中专以上学校的学生，就全部分配或安排工作。现在上学的学生越来越多，但对于本科毕业的学生，国家仍然统一分配工作。

她感慨不已地对我说，学校不但有语文、数学等学科教师，即便是音乐、体育、美术等课程，也有专职教师，而且都是正式编制教师。教师的工资、进修和各种待遇与城里教师的完全一样。

学校的活动丰富多彩，每到各种节日时，教师和学生一起演出、比赛、参加运动会……学生和教师一起带着这片土地的气息，愉快地“焊接”着古今中外的文化。

张淑英校长说，她习惯了这里的生活，尽管在黑河城里有一个家，可是，她喜欢这里的山山水水，尤其爱上了这所学校，爱上了这里的教师与学生。她说，他们不是自己的家人，却胜似家人。她与教师一起研究教育教学理论，也和学生一起在校园甚至山野里进行各种活动，恩情、亲情、师生情早已融化在她的心里。

张淑英校长用灿烂的笑语，勾画出她和教师在自然中享受着小视野和大境界的妙趣。她说：“不但当校长的天天快乐，教师也天天快乐。师资队伍稳定，大家工作积极主动，教育教学效果让人满意。这正是教师在‘大无’中找到‘大有’，在‘大无’中让生命绽放光彩的美丽。”

幸福乡中学：生本教育

幸福乡中学原系农村学校，生源一直不好，学生流失情况比较严重，这导致教师情绪低下，教育质量每况愈下。

为此，学校校长与教师也努力地到全国一些教育教学改革做得好的学校去“取经”，结果却并不理想。

如何改变现状，实现学校的突围？这成了学校领导班子思考的一个主要问题。

在上下求索而“为伊消得人憔悴”的时候，“蓦然回首”，他们发现了“生本教育”。他们在学习生本教育的理论，并加以实践后发现，从根本上讲，教育教学质量出现问题，不是生源问题，而是教师能不能以生为本的问题。抓住了这个“本”，就会以生命为本、以生长为本、以生动为本，创设学生好学、乐学的教育情境。

一、生本教育，让学生成为课堂的主人

变革课堂，当是必行之事。课堂不能再是教师的“一言堂”，而应变成学生广泛参与的“群言堂”，变成师生共同演绎生命的智慧场。

学校经过几次会议、几次讨论后，就产生了前置性学习与小组合作学习的流程。

据陪同我采访的市教育专家吴守垣讲，幸福乡中学的前置性学习与一般人们所说的预习不是同一个概念。它倡导在教师的引导下以学生自学为主，学生自己学会了的，教师就没必要在课上讲授；即使有不会的问题，若小组之间通过讨论可以解决，教师也不必再讲。学生自我学习的能力远远超出教师的想象，在小组合作中，人人都有发言机会，更多学生也有了在全班展示的机会，原来死气沉沉的课堂一下子有了生机。

采访时，一位语文教师用了两句非常形象的歌词来形容生本教育前后迥然不同的两种状态——

第一句是“我的眼里只有你”。实施生本教育之前，教师所看到的“你”只是学生的分数；现在，更多关注的则是学生的生命状态，尤其是学困生上课时是不是主动学习了、变得积极了，思绪是不是“沸腾”了。

第二句是“有一种爱叫作放手”。生本教育以前，教师对学生总是不放心，不放手，以为没有教师教，学生不可能学会；实施生本教育之后，教师腾出了更多时间放手让学生去学习，去探索，结果学生情绪激扬，创造了一个又一个奇迹。

看来，不是学生不会学，不乐学，而是教师没有弹奏起隐藏在学生内心的那会学乐学、灵动隽永的琴键，让学生原有的生命潜能无法发挥出来。更可怕的是，久而久之，还在学生的心里埋下了一颗消极学习的种子，以至于在其将来的学习生涯中，也就不再主动学习了。而放手让学生学习之后，同样埋下了一颗种子，只不过这颗种子是自信、积极、向上、随意、自由、跳跃的种子，并随着其生命的成长，夯实了根基，最终会长成参天大树。

四年的生本教育，不但让幸福乡中学的课堂发生了翻天覆地的变化，也让学校的各项工作成绩不断攀升。原来学校的中考成绩一直在全区末位徘徊不前，现在竟然名列前茅，甚至有两次取得了全区第一名的好成绩。

该校的肖艳华校长说，改革之初，他们并没有期待能取得如此优异的成绩，只想着如何让课堂活起来，把学生的生命激扬起来，所以，有人说，幸福乡中学是无心插柳柳成荫。其实，看似无心却有心，这个有心就是关注了以生为本，本立而道生，必然就会取得好的成绩。

二、生本教育，增加教师幸福指数

生本教育不但让课堂活跃了起来，而且增加了教师的幸福指数。而处于幸福状态中的教师，其教育教学水平自然而然也就提升了。

一位地理老师谈起实施生本教育之前的教育，自认为是种痛苦——她教得痛苦，学生学得也痛苦，一个班里30多个学生，中考时只有1个学生考试及格。可是，实施生本教育之后，不到一年时间，学生百分之百的优秀，这简直是一个奇迹！在她看来，这种奇迹却是水到渠成的，更重要的是，她改变了学生，学生也改变了她。从以往的非专业到今天的专业，从以往的“混日子”到今天的每天都可以听到自己成长拔节的声响，改变的何止是教学状态，还有生命状态，还有未来的前程。

以生为本并不是不再对学科进行深入研究，学科学习同样也存在一个“本”的问题。我在采访几位语文教师的时候，发现他们都有一个共同的感受，那就是他们明白了推进阅读是语文教学之本，也体悟到了叶圣陶先生所说的“语文教材无非是一个例子”的真正要义，他们不再在某篇课文上翻来覆去地讲，而是进行课内海量阅读和课下延伸阅读。从此，学生爱上了语文，爱上了阅读，爱上了写作，当然，也爱上了教师。有一位女老师说：“现在孩子们叫我天使，叫我妈妈，一会儿亲我，一会儿涌到我的身边。”她笑称自己是在与孩子们“谈恋爱”，她还说，这种感觉太美妙了，太幸福了！

教师的幸福自然会影响学生的幸福，学生的幸福也自然会影响教师的幸福。当师生都感受到幸福的时候，所谓的以生命为本，不就成为现实了吗？

三、生本教育，彰显独特的魅力

实践证明，生本教育不只会在课堂上独领风骚，在德育等诸多领域都显现出其独特的魅力。以前，教师常慨叹于为何魏书生老师当班主任就能如此驾轻就熟，且幸福不已。其实，只要做到以学生为本，做起班主任工作来自然会轻松自如又深感幸福。以前，教师不相信学生，认为他们只是受教育者，是被管理者。实施生本教育之后则不一样了，学生也可以是教育者，甚至是管理者，他们可以管理自己，也可以管理他人。现在，学校里的很多事务，甚至重大的决策，学生也会参与其中，这种角色的转变，不但让学生有了主人公的意识，还有了责任感。

肖艳华校长告诉我，在探索生本教育的道路上，尽管已经取得了一定的成绩，他们却并不满足，而会继续从深层次上探寻生本教育的内涵，从而让生本教育在学校这方园地里结出更加丰硕的果实。

黑河市第五中学：五环节课堂教学

曾经，黑河市第五中学是一所全市公认的薄弱高中，考入重点大学的学生寥寥无几，有时候甚至没有。初中成绩好的学生不报考第五中学，即使成绩一般的学生，也对第五中学“敬而远之”。

造成这种尴尬局面的原因非止一端，其中自有外部原因，而学校领导班子考虑更多的是从学校内部寻找原因，并实现教育的突围。

一种艺体生特长培养的模式，让他们找到了突围的路，且很快初见成效。如今，第五中学考入全国艺体高校的学生已占全市的绝大多数，赢得了全社会的掌声和赞誉声。

不过，许多学生并没有艺体的天赋，怎么办？这就要求学校必须关注全体学生的成长，只有全体学生都有所发展，学校才有立足之地，也才称得上真正意义上的素质教育。

如何让学校站稳脚跟，打造出自己的形象？如何让教师在课堂上形成自己的品牌？如何让学生更好地成长、成才？学校的领导班子与全体教师又开始了艰难的探索。

一、坚定不移地走课堂教学改革之路

2009 年，学校领导班子成员经研究决定，要坚定不移地走教育教学改革之路！“它山之石，可以攻玉。”到由弱变强的典型学校寻找“灵丹妙药”，就成了第五中学必行的第一步。学校领导班子带着相关教师，前往天津、山东、江苏等教育教学改革地区“取经”学习。

这一学，他们振奋不已！有的学校各方面的条件在改革前还不如第五中学，现在竟然已经成为全国的典型！显然，是改革的活力让学校腾飞起来！

第五中学的韩寿平校长激动万分，他斩钉截铁地对领导班子说：“不管遇到多大的困难，我们也要大刀阔斧地进行教育教学改革！”

路就在前方，要想真改革，就必须在教育教学改革上动“大手术”！打破理念上的桎梏，当是推进改革的首要之举。

以前，许多人都认为，第五中学学生基础太差，不可能“赶鸭子上架”。生源不好是众人皆知的事实，可是，教师是不是因材施教了？学生主动学习的积极性是不是发动起来了？……一连串的问题，在韩寿平校长的脑海里出现。他相信，如果充分相信学生，让他们成为课堂学习的主人，就一定会创造出奇迹。

那就让愿意改革的教师率先在自己班里实验，让事实“站出来”说话。谁知，教师个个愿意率先尝试。

实验已经过去了一年时间，学生的成绩有了明显提高，更重要的是课堂活跃起来了，连原来那些学困生，也有了学习的热情，还有了获得成功的信心。

二、构建五环节课堂教学模式

课堂是教与学的主阵地，也是改革的主战场，那么，研究、总结适合于学校的教学模式，就成了学校领导班子及各位教师要面对的攻坚战。

通过研究、探索，学习目标引领下的五环节课堂教学模式诞生了。

第一个环节：确定一个目标。

以前的课堂教学中，每节课的教学目标太多，学生学得非常茫然，导致一个目标也完不成。于是，学校要求教师减少目标数量，有的一堂课只确立一个教学目标，教师就盯着这一个目标开展教学，这样几乎所有学生就都掌握了。20 世纪 80 年代，我在采访华东师范大学第一附属中学的陆继椿老师时，他就提出过一个著名的教学观点，即“一课一得”。尽管一课一得看似有些慢，但如果每课都有一得，一个学期下来或一个学年下来，学生不就“得”得多了吗？尤其是对于薄弱学校的学生，就更应当采取“一课一得”法。

第二个环节：预习自学。

教师通过导学案设置预习的相应问题，让学生根据问题自学。这样，在上课之前学生就明晰了课上要学的核心内容，通过自学如果能学会更好，学不会的知识再拿到课堂上解决。

第三个环节：小组合作学习。

这一环节主要是小组共同研究学生预习中常遇到的一些问题。有些问题，小组内通过“兵教兵”与共同研讨即可解决，如果小组内解决不了，再将问题展示给全班，由全班学生共同解决，全班学生解决不了的问题，教师才“出面”加以解决，答疑释惑，这样，自然就培养了学生自我解决问题的能力与习惯。不过，教师的讲，就不再是烦琐之说，而是简要的答案了。于是，人们所期待的学生“有志于学矣”的状态也就实现了。

第四个环节：当堂达标检测。

评价的即时性可以更好地提高和强化学生记忆的质量，进而巩固其所学的内容。

第五个环节：反馈提升。

无论是口头提问，还是书面作业，把信息当堂反馈给学生，既可以了解大多数学生学习的效果，还可以对学有余力的学生提出更高的要求。

五环节课堂教学模式虽然有从其他学校学习的“影子”，但更多的是第五中学自己探索出来的成果，它更符合本校教与学的实际，也能更有效地提高学生学习的积极性与主动性。

至2011年，实验已经推进两年，五环节课堂教学模式已经成熟。学校决定，从高一新生入校开始就全面推行五环节课堂教学模式。三年之后，全校无一例外地全部开始使用五环节课堂教学模式。

韩寿平校长说，目前，五环节课堂教学模式走进了每位教师的课堂，也让大家收获了成功的喜悦。而一些素养高的教师，在熟练掌握这一模式的同时，也生成了适宜于其教学个性的变式，从而让课堂绽放出更加奇异的光彩。

三、课堂教学改革“五步走”

有了好的课堂教学模式，并不等于所有教师都认可它，也不等于全校教师都会积极主动地去实践它。

那么，如何改革呢？学校决定分为五个步骤推进。

第一步，推进生本研讨课。

各个学科由组长主持，推出愿意讲又有一定实践经验的教师开课。开始的时候，上课的教师还有些紧张，课上的师生互动等方面还会出现这样那样的问题。可是，通过一段时间的研讨后，教师的综合素质提升了，学生学习的积极性也逐渐高涨起来。

第二步，推门听无准备课。

这一步即学校领导或相关教师不打任何招呼，直接走进某位教师的课堂听课。重点是观察其是否按照五环节课堂教学模式上课、小组合作学习的情况如何等。听课后再与这位教师进行交流，扬长避短，指出其教学环节的不足，提出今后教学改进的方向。

第三步，上好示范课。

从大范围的听课中选取推进五环节课堂教学模式效果较好的教师在全校上示范课，让大家看到什么是真正的改革课。

第四步，说讲评展示。

以前，教师备课、讲课是各自为战，现在则需充分发挥合作团队的力量。在学科组中，某位教师讲课后，要在学科组内讨论，还要由另外一位教师评课，从而提升教师整体的课堂教学水平。

第五步，团队展示。

课堂展示不再是某个学科某一位教师的展示，而是整个团队的展示。这样，在课堂改革与研究的时候，就不只是某一个或某几个教师“单打独斗”了，而是聚集一个集体、一个团队的力量共同作战。人多不但力量大，还会生成更多的智慧，会形成凝聚力，从而让所有教师都获得发展。

正如韩寿平校长所说：“改革的路上有没有困难？回答是肯定的，但并不能因为有困难就不推进改革。学生只会经历一个高中阶段，如果不在高中培养他们主动探索、自主学习、独立面对困难的本事，其一生的发展都会受到负面的影响。”

四、学生的变化与收获从课堂向课外延伸

在推进五环节课堂教学模式时，还有另外一个意外的收获，那就是教师的生本意识增强了。

第五中学的语文教师韩慧琳说，刚开始推进五环节课堂教学模式的时候，很多学生不愿意说话，也不敢说，即使让他们跟着教师所说的重复一遍都有些困难。通过一段时间五环节课堂教学模式的“打磨”后，学生慢慢地会说了，敢说了，也说得好了。对于比较简单的课文，学生会主动对教师说：“这篇课文您不用讲了，我们自己学习就行了。”结果，期末考试时学生不但取得了优异的学习成绩，也收获了自信心。

在采访副校长张涛的时候，他说，五环节课堂教学模式从最开始的两

个班的实验，如今已经推广到全校；从教师原来的不愿意改革甚至有抵触情绪，到现在能主动积极参与其中。教师的教学理念变了，对学生也更加信任了。

不只在课堂教学上有了收获，在德育与学生活动等方面，教师也开始更多地关注学生的需求，只要学生自己能做的，就鼓励他们大胆地去尝试，而且取得了很好的效果。比如，每年的野营拉练，主要是由学生来组织的，在活动中，学生彼此团结协作，突出了小组的作用。在拉练路上，学生所表现出来的良好素养受到了老百姓的一致好评。

每年一度的艺术节要持续一个月之久。学生的美术作品被挂在走廊的墙壁上，琳琅满目，很有艺术性。每个班都有自己编排的音乐节目，开始的时候，只在各班所排节目中选取十几个在全校演出，现在完全不同了，学生情绪特别高涨，有的不让上还闹情绪。后来，学校决定，只要是在班内排的节目，全部在全校演出。整整一个下午，四五十个节目，虽不能说是个个精彩，却也各有其妙。学生在尽情地展示自己才艺的过程中，无形中也提升了自信心。

以前，教师总是抱怨学生的学习成绩差、行为习惯差，认为不管如何教育，他们也不可能成为优秀的学生。现在的学生大不相同了，个个都变得阳光了，即使过去有不良习惯的学生，现在也养成了文明的习惯。

这次采访只是一个“序言”

我在黑河市爱辉区只停留了两天时间，采访了以上所写的9所学校，耳闻目睹的大都已经形成了以上的文字。不过，据区教育局基础教育股股长彭晓玲讲，爱辉区共有20多所学校，每所学校都很有特色，所以，她希望我能够再访爱辉。

爱辉教育确实给我留下了很深的印象，我也为没能领略更多学校的风采而感到遗憾。彭晓玲股长的期盼，恰恰也是我的心愿。

其实，在我初到爱辉的时候，邵奎芳局长就埋下了一个“伏笔”，她说我此次的爱辉之行，只是一个“序言”。采访完之后，才知道邵奎芳局长当时的深意所在：他们用努力与智慧改变着学校和孩子们的命运，捍卫着教育的尊严。

临别之前，我已经向邵奎芳局长承诺，将来有一天，我将再访爱辉，到其他学校去采访与学习，并希望能将更多学校的特色展现出来，让更多的读者了解。

星星之火终成燎原之势

——广西推进“MS-EEPO有效教育”大扫描

在广西壮族自治区玉林市玉州区首推“MS-EEPO有效教育”之初，许多人并没有想到这一星星之火可以形成燎原之势。今天的玉州，不仅成了全国教育教学改革的典型，其探索之路与成功之果还在持续不断地点燃着更多改革的圣火。广西，作为“MS-EEPO有效教育”的根据地与大本营，为教育改革开辟了一个崭新的局面。它在走过了从小到大、由弱到强的长征之路的同时，还扮演着当今中国教育改革先锋者的角色。这意味着，教育突破了传统教学模式中“满堂灌”的弊病，已经与时代融合，与发展打通，也证明了吸取精华、剔除糟粕的改革是振兴教育的最佳途径。

怀着好奇与敬仰，我用了一个多月的时间，走进了广西“MS-EEPO有效教育”实验区，并感受到了叩击心扉的最强音！

白志繁副厅长的改革构想

对于“MS-EEPO有效教育”在广西的有效推进，教育厅副厅长白志繁功不可没，为此，我首先对他进行了访谈。

坐在我面前的白志繁副厅长，温文尔雅，思维敏捷，气宇不凡，尤其是他的谦虚，让人情不自禁地想起《周易·序卦》中的一句话：“有大者不可以盈，故受之以谦。”

他说，自己是在教育厅长的领导下开展工作的，只是一个助手，做了一点力所能及的工作而已。

的确，他是厅长的一个助手，但同时，他又是一个积极工作与敢于承担责任的领导干部。

2010年，“MS-EEPO有效教育”由自治区教育厅启动试点，这在全国尚属首例，也是广西教育史上的重大事件。此前广西就有一些教育教学改革的方法与流派，有些教育教学研究人员与一线教师已在探索和实验中。这样引入“MS-EEPO有效教育”会不会影响“百花齐放”的改革局面？会不会不符合教育教学改革的内涵？作为分管基础教育的副厅长，白志繁是不是胆子太大了？有人私下里问他：“如果实验失败了，你能担起这个责任吗？”

白志繁副厅长并非不知道改革可能出现的风险，他深知推广“MS-EEPO有效教育”会出现困难与阻力。然而，眼睁睁地看着广西基础教育质量一直没有大的起色，教师的职业倦怠与学生的厌学情绪不时出现，他不可能不心急如焚，不可能不勇于改革，否则，就对不起全区的中小学师生，对不起全区的老百姓，更对不起自己内在的那颗充满教育情怀的心。

他强调，之所以选择“MS-EEPO有效教育”，并非是一时心血来潮。改革项目启动之前，他一共组织了两次针对该项目的调研与分析，调研后发现，它不但有理论的高度，而且有简单易学的操作流程。尤其是两次到玉州实地考察时，他看到学生学得快乐了，思维开放了，心灵自由了，他的心中突然敞亮了。即使是农村的小学生，也拥有了自信心、自豪感，以及对未来的希望。教师不但从传统教育观念中解脱出来，还让课堂变成了师生演绎生命的智慧碰撞场。他看到不少教师研究“MS-EEPO有效教育”的理论，成了地方甚至全省的专家，这是此前想都不敢想的事情，“MS-EEPO有效教育”让在经济欠发达的玉州，尤其是农村山区绽放出奇异的光芒。

玉州可以让课堂教学发生天翻地覆的变化，如果其他地方掌握了“MS-EEPO有效教育”的精髓，不也可以创造奇迹吗？

白志繁副厅长十分感慨地对我说，中小学是人一生中学习的黄金阶段，也是人生命成长的关键期。如果错失接受优质教育的时机，真的会如《学记》中所言：“时过然后学，则勤苦而难成。”既然看准“MS-EEPO有效教育”可以提升教育教学的水平，还犹豫与担忧什么？

2010年春天，就在广西教育厅厅长办公会上，白志繁副厅长掷地有声地提出在全区推进“MS-EEPO有效教育”的建议，并陈述了推进的理由。此前，教育厅厅长与其他厅领导对“MS-EEPO有效教育”改革项目早已听闻，有的还亲自赶到玉州调研过，对此也十分认同，于是，推进“MS-EEPO有效教育”的政策文件应运而生。

全区有12个市（县、区）自愿参加改革，随着改革的进一步深入，成果不断彰显，2013年，又有8个市（县、区）跻身其中。

白志繁副厅长高兴地说，目前还有一些地区跃跃欲试。改革既要快，又要稳，尽管下达了推进“MS-EEPO有效教育”的文件，可是，为防止“水土不服”，教育厅主张学校自愿参加，也允许自愿退出实验。任何改革，只有深入其中，尝到“甜头”，才能让观望者心动与行动起来。

可喜的是，捷报频传。目前，所有参加实验的地区都取得了初步的成果。从来没有登过省级课堂教学大赛奖堂的玉州中小学教师，在本区及全市都取得了首名的好成绩，有的还在全国大赛中获得了一等奖，这让玉州人振奋，也让推行“MS-EEPO有效教育”的有识之士受到了鼓舞。

白志繁副厅长说，这些比赛成果固然重要，而他更看重的是，原来的一大批墨守成规的农村教师如今也走到了改革的前沿。他们的精神面貌焕然一新，他们的课堂有了让大城市的名校也心向往之的精彩表现。尤其是从农村走出来的一大批专家，如今成了振兴自治区教育的曙光。

谈及此处，自豪感已经自然地显现在他的脸上，不过，他并不盲目乐观，在他看来，任何改革都不可能一帆风顺。玉州走到今天，也是经历了一波三折。没有一次又一次的顽强抗争与突围，就不可能有今天的玉州教育，即使取得了如此大成绩的玉州，也还有更远的征程、更艰巨的任务。越是到了摘取胜利果实的时候，越应当继续下决心去攀登新的高峰。

他说，那些后来参加“MS-EEPO有效教育”的地区，尽管有了玉州的经验可借鉴，但困难也不小。好在广西教育人有一种非常可贵的品质，那就是不怕苦，不怕失败，只要他们认准了前行的方向，就一定会坚定不移地走下去。

他又介绍说，从整体上来说，参加这项改革的高中学校比例相对小些，主要是担心改革会影响学生的高考成绩。其实，事实并非如此。来宾市等地的一些高中，甚至是高三年级的教师，也参与了 MS-EEPO 有效教育。2014 年 10 月中下旬，由广西教育厅、中育有效教育研究所 MS-EEPO 总部举办的高中有效教育平台互动课型展示活动在来宾市高中举办，这让人看到了高中改革的前景。高中教师水平比较高，如果掌握了“MS-EEPO 有效教育”操作流程，对教学的作用不言而喻。白志繁坚信，不出几年，广西就会有更多的高中加入到改革队伍中，甚至会出现后来者居上的奇观。

我们的交谈持续了三个小时，已将近中午，白志繁副厅长依然谈兴不减。在我恋恋不舍地与他握手道别的那一刻，他那亲和与温情下所流淌出来的教育良知与使命感，便定格在我的心里，让我有一种相见恨晚之感！

罗索处长言说下的“孟氏”教育体系

在与“MS-EEPO 有效教育”项目办教师交流的时候，他们为这个项目能挂靠教育厅基础教育处而深感欣慰。理由非常简单，这里有一位好处长——罗索，他不但支持推进“MS-EEPO 有效教育”项目，自己还是一个积极的学习者。他与所有参加培训的教师一样，到西安、大连等地接受培训，俨然一名小学生，端坐在学员席上，认真听讲，记录要点，沉醉于“补脑”的大课堂之中。

在人们对这样一位勤勉的处长心怀景仰的时候，他却平淡地说，作为处室的主管领导，不能只是一个行政推动者，还应当了解这个项目真正的内涵。教育管理者必须热爱教育、研究教育，唯其如此，才能成为一名称职的教育工作者。

尽管人们不止一次地对我描述罗索处长学习“MS-EEPO 有效教育”的情形，可在与他本人交流的时候，我还是有一点意外，因为他谈起这个项目的时候，不但思路清晰，而且有独特的见地。

他说，“MS-EEPO 有效教育”是一个科学而又创新性强的理论体系，因为它不是从哪本理论书上“拿来”的，也不是从哪个专家的报告中学来的，而是孟照彬教授站在超越时代的制高点上，结合中外教育理论，总结创立出来的一个独具特色的理论体系。其中有高度的理论思考，更有在“做”中提炼出来的操作标准与操作流程。它在参照西方发达国家以人为本的教育思想与承继中国古代教育智慧的基础上，形成了“孟氏”教育体系。因此，即使把它放到世界教育的天平上，依然会折射出黎明之光，有着不同寻常的意义。最有说服力的是一些实验区，尤其是玉州推进“MS-EEPO 有效教育”之后，学生的思维被打开了。其实，一个人从出生伊始，就有着神奇的想象力与创造潜能，只不过，在传统课堂上，有些教师却将学生的奇思妙想一点点地扼杀了。当“MS-EEPO 有效教育”走进中小学课堂之后，学生的天性被激活了。他们在习得知识的同时，已经展开了想象的翅膀，打开了思维的大门。罗索处长多次到农村实验区听课，每每被学生的精彩表现所感动。他发现，学生不再是课堂上的被动学习者，更不是教学之中的附属品，而成了积极探索的主人。

他认为，这种思维张力还具有更大的后续能量。他在玉州观摩哲学课型的课堂教学时发现，学生的思维纵横驰骋，不时让他拍案叫绝。他高兴地告诉我：教学一旦从某个思维向度展开后，立即会“一石激起千层浪”，从而产生几十个甚至数百个思维向度。这种以思维扩充为前提的教学，让学生的思维得以放飞。

他还认为，如果仅从学生学习知识的角度来说，他们自然可以学到课本上的一些知识，可是，创造性和想象力比知识更重要，即便掌握了再多的知识，如果没有思维的扩张，也不可能将知识转化为智慧，更不可能培养出智慧与思想并存的大师。而在实施“MS-EEPO 有效教育”的课堂上，他看到了教育振兴的希望之光。

如果说兴趣是最好的教师，良好的习惯则是跟随学生一生的法宝。“MS-EEPO 有效教育”让学生学会了展示与倾听、合作与共赢、约定与辩驳，这些不但可以为课堂注入活力，也会让学生养成良好的学习习惯，以至形成良好的为人处世的态度。叶圣陶先生说：“教育是什么？往简单方面说只需一句话，那就是养成良好的习惯。”斯言美哉！习惯，是情商的核心元素。

此外，“MS-EEPO 有效教育”的生命触角不只是在课堂上呈示出其神奇之处，它还向班级管理、教育评价、家校合作、学校管理、教育管理以至社区教育等方面延伸，并像课堂改革一样大放异彩。

午饭时间已过而尚未就餐的我，一点也没有饥饿的感觉，因为从罗索处长那里，我已经美美地享用了一份精神大餐。

破译“孟氏”密码的专家型管理者——韦昌勇

有人说，越深入学习“MS-EEPO 有效教育”，就越感到这是一个博大精深的教育体系。即使称得上省级专家的教师，在跟随孟教授学习了几年后，还是有“仰之弥高，钻之弥坚，瞻之在前，忽焉在后”的感觉。孟教授却说，这一体系的“密码”，只要一公布，就准能被一个人准确地解读，这个人叫韦昌勇，他是广西教育厅“MS-EEPO 有效教育”的技术负责人。

还在广西推进“MS-EEPO 有效教育”之前，韦昌勇就已与孟教授一起推进过联合国儿童基金会教育项目、中英西南基础教育项目，那时他们便成了真正的教改“论剑”的挚友。

孟教授的“MS-EEPO 有效教育”的产生，也绝非突如其来，当时他与韦昌勇经常交流的话题，有些就已经涉及今天“MS-EEPO 有效教育”的某些内容了。而当这一项目落户玉州时，韦昌勇就一直与孟教授风雨同舟地“战斗”在实验的最前沿。他不仅一次又一次地聆听孟教授的讲座，而且步入课堂实践之中，与教师共同研究具体的推进策略。直到今天，每逢培训，他依然很少缺席。

作为自治区教学改革项目办公室的具体管理者，韦昌勇自然要在各种场合对试点工作提出要求，并检查和了解工作进展。作为这个项目的专家指导组长，他也必须要随时把握“孟氏”体系的推进过程与发展脉络。我听过韦昌勇的三次即兴讲话，虽然每次只有半个小时左右的时间，可他总能站在一个很高的层面上，提纲挈领地将培训的内容予以高度概括，并思路清晰地提出今后的努力方向。

即使在与我交流时，韦昌勇也并没用过多的时间来述说，但是其谈话内容的质量之高令我十分欣喜。

在韦昌勇看来，“MS-EEPO 有效教育”并非某一种具体教学方法的呈现，而是志在全方位改造中国教育思想体系和话语平台，并围绕世界一流人才的培养进行系统化的教育整体结构的转型，课堂中的教学改革只不过是对当下教育体制整体性变革的一个突破口。

为什么将课堂教学改革作为“MS-EEPO 有效教育”改革的突破口？韦昌勇认为，学生学习的主阵地是课堂，但有些课堂不但没有成为学生的一方乐园，反而成为制约学生思维的一间“牢狱”。学生的生命状态与未来的发展是维系在一起的，课堂教学与学生的学习成绩、升学考试又是紧紧联系在一起的。而家长与社会对教育的考量，往往不是着眼于学生的整体素养以及未来的发展前景，他们关注的只是学习成绩与升学去向。

孟教授的高明之处就在于，他明白家长在想什么，社会在关注什么，学生的发展潜力在哪里。他的改革虽然被人认为具有颠覆性，但推广“MS-EEPO 有效教育”后，不但没有降低学生的学习成绩，还使其成绩呈逐渐上升的趋势。

“MS-EEPO 有效教育”依据课程标准，梳理总结出教材的关键项，不但让学生学有所得，还提高了他们的学习成绩。在学生活跃起来的时候，教师的引导作用也更加彰显出来。教师不但要写教案，还要写成用之于课堂之上的执行案，当然，教师不再仅以知识为前提进行备课，而是以开发学生思维为准绳进行备课。执行案让教师在教学之前与课堂之上胸有成竹，又让学生展开了飞翔的双翼。

韦昌勇认为，打开课堂改革的突破口后，就有一种豁然开朗的感觉。因为课堂教学的改革，必然会延伸到教学评价；由教学评价，必然要关注考试改革；由考试改革，必然要关注人才如何培养。而且，课堂改革的突破口被打开后，校长就不能只是行政型的领导了，他必须走进课堂，必须研究课堂，进而研究评价、考试、人才培养模式等问题，于是就有了相应的学校管理……系列改革也自然就浮出了水面，从而展示出教育改革对自然、对生命、对发展的需求，表现出广西教育人不甘落后的独有的教育情怀。

韦昌勇说，孟教授构建的“MS-EEPO 有效教育”改革体系是具有超越意义的一个完整的体系，既超越别人，也超越自己。超越不是为了显示自己多么伟大，而是为了让广西乃至全国更多的校长、教师走上改革之路，让全国更多的学生行进在素质教育的大路上。

韦昌勇认为，孟教授是一个有大教育情怀的人，也是一个有大志向的人，他要解决的是“钱学森之问”之类的大问题，研究的是中国的学生该如何走向世界的大问题。

如何让推进“MS-EEPO 有效教育”的学校越来越多，参加改革实验的教师与学生越来越多？这不是孟教授一个人能够完成的大业，所以，他想培养更多通晓“MS-EEPO 有效教育”思想且能熟练掌握其操作流程的专家。韦昌勇说，自治区教育厅目光远大，与孟教授的想法不谋而合，所以，广西才有了一期又一期的专家培训活动。现在，广西已培训出了 800 多名地方专家，200 多名省级专家，还有 40 多人进入了教育家团队行列，也就是说，有更多的专家已经从教育教学一线诞生。韦昌勇强调，在这个教育改革项目中培养出来的专家，必须既能开设专题讲座，又能上示范课、观摩课，同时还能够组织参与式的教学反思活动。比如，对 2013 年新加入的 8 个地区教师的培训，就由这些“出师”的专家担当。当他们责无旁贷地走向培训讲坛与“讲做”现场时，均出色地完成了任务。

韦昌勇说，非常幸运的是，广西成了撬动全国“MS-EEPO 有效教育”改革的一个支点，从某种意义上说，广西已经成了推进这项改革的“火源”。它不但要为自己培养一大批专家，也要为全国教育的改革储备卓越人才。

韦昌勇坦言，广西并不富足，但广西人在教育改革的路上斗志满怀地挣来了“真金白银”。他们不但做好了储备人才的思想准备，也在建设高标准的适宜进行“MS-EEPO 有效教育”培训的场馆。我到玉林市第三中学参加过培训，那绝对是一个烙印着“MS-EEPO 有效教育”文化的现代化场馆，而新近建成的玉林市玉林区第八中学场馆，有着更大的容纳量。

2014 年 10 月中下旬，在防城港市举办的培训班上，韦昌勇向参加培训的400多名专家提出要求：团队队长要组织团队成员研究制订出一个千名专家大展示进度计划方案，并进行倒计时管理，计划方案于元旦前上交项目办。项目办根据汇总情况进行认真研究，再于2015年3月前集中培训一次，以向全国展示广西所培训出来的专家的水平。韦昌勇说，一想到这些，他就很激动，有一种时不我待的感觉，也有一种特别的幸福感。

韦昌勇之忙是一般人很难想象的，但是，他的心并不忙，更不乱，因为“MS-EEPO有效教育”给他注入了生命的力量，让他感到了生命的意义。

聚一批好人共谋一件大事的项目办

“MS-EEPO有效教育”与一般的项目不同，它周期长，涉及面广。这一项目的总指导只有孟照彬一位专家，而他与一般的专家不一样。其他专家做一场报告，布置一下相应的作业，临时组织人指导一下，最终结题便算了事。而“MS-EEPO有效教育”的内容是全新的，如果没有孟教授的解说与指导，即使是当今教育界顶级专家，也不知其要义。

孟教授家住昆明，办公室分设在北京与昆明两地，不可能长期在广西活动。要想推进这个项目的展开，必须有一个组织，有一群对该项目熟悉的人。于是，广西教育厅组建了教学改革项目办，由主要厅领导担任领导小组组长，分管副厅长任办公室主任，由基础教育处负责日常事务，安排最熟悉和最能解读“MS-EEPO有效教育”思想的人员负责具体的协调与管理工作，并从各大学与教研室抽调热心、好学、能干的人员负责具体事务。他们不仅要对项目进行日常的组织管理，还要指导和引领这一项目顺利推进。

项目办工作人员不但是“MS-EEPO有效教育”的管理者，也是学习者与指导者。他们要安排孟教授讲座的时间与地点，也要到培训现场协助孟教授从广西各地选拔地方专家与省级专家，并与所有学员一样在培训现场进行学习与实践。

据项目办的梁清秀讲，当参加“MS-EEPO有效教育”的人越来越多，尤其是后来8个地区加盟这一实验后，项目办工作人员便组织一线教师与教研人员共同组成了专家队伍，系统地对这些地区的教师进行培训。

梁秀清认为，任何项目的推进都离不开领导的支持。推进“MS-EEPO有效教育”的过程中，教育行政部门领导的态度起着重要的作用。项目办的人员要与各个地区的教育局领导甚至与其上级党委政府进行交流，表达推进这一项目的意义。即使是在已经推进这个项目的地区，也会因为教育行政领导的更换而出现意想不到的问题，此时，项目办的人员就要及时与新到任的领导交谈，说明继续推广这一项目的必要性。

梁秀清说，项目范围的扩大加大了收集整理各个实验区信息以及每个实验区教师信息的难度，为此，他们委托广西教育学院开发了项目管理信息系统并如期投入使用。目前，项目办的工作人员对操作“MS-EEPO有效教育”系统已经驾轻就熟，但对其深层的底蕴不是短期内就能知晓的。

项目办的党雪妮说，他们现在只是触摸到了“MS-EEPO有效教育”的冰山一角，对其中深邃的理论尚未真正了解，所以，项目办的工作人员并不满足于对操作流程的掌握，他们还要对这套有学理色彩与哲学架构的系统进行更加深入的探究。党雪妮说：“在未来的培训中，我们还将继续向孟教授学习，去领略那‘无限风光在险峰’的壮丽。”

项目办的陈娴是一位年轻而文静的女性，她谦虚地说自己只是一个负责财务的工作人员。可是，当聊了一会儿后我才知道，她已深深地爱上了“MS-EEPO有效教育”，并感到为此努力工作有一种乐此不疲的幸福感。

她说，仅为一次培训，项目办就会做很多工作。比如，要确定培训人员，要下通知，要与相关地区沟通等，任何一个环节都要考虑到。为此，他们常常周末都不休息，夜间加班加点，但是，一想到这是惠及全区教育发展的大业，他们就特别高兴。

陈娴老师谈起“MS-EEPO有效教育”时，讲得头头是道，原来她曾在玉州的一所中学任语文老师，是这一项目的积极践行者。她说：“作为项目办的工作人员，我们虽然分工不同，在学习与研究‘MS-EEPO有效教育’理论与如何实践方面却没有分工。大家的目标是一致的，那就是将这个项目做得更好，以便交出最优秀的成绩单。”

她还说，对后来新增加的8个县区的培训，项目办倾注了很大的心血。首席专家孟教授不在场，可他的“经”不能念“歪”了。还好2013年进行的两期培训效果都不错，2014年的第一期培训也收到了理想的效果。他们还专门组建了一个精干的专家团队，不仅信息共享，而且优势互补。

与罗海峰老师交流时，我发现她对于自己在项目办的工作表现出极大的热情。罗海峰老师说，自己原本是一名小学教师，后来当上了初中教师，接着又当上了小学校长。在学校的教育教学实践中，她就是“MS-EEPO有效教育”的积极实践者。不过，那只是在小学、初中的课堂上。自从到了项目办，作为专家，她不能只给小学教师培训，还要给高中教师培训，有时还会有大学教授来听课。而只有中师毕业文凭的罗海峰一点也不怯场，她不但课上得好，还能应付自如地回答教师提出的问题。她对我说，这是以前想都不敢想的事情，究其原因，一方面是她极其熟练地掌握了这套操作流程，另一方面，她在这个项目推进中一直在学习，即使是某些高中的学科知识，她也进行了认真的研究。她说，不学习就不能胜任当下的工作，更对不起众多教师与学生的信任。

何止高中学段，对于跨学科的培训，项目办的教师也完全可以应付。因为他们有一个精诚合作的团队，团队中有各方面的人才，这个教师不行，那个教师可以上去。其实，孟教授早就谈过团队作战的重要性，只是开始的时候并没有引起大家的注意。罗海峰老师在包头展示时，就因为团队合作不力而尝到了失败的苦头。好在罗海峰老师很善于从挫折中总结教训，在此后的任何展示活动中，她都会充分调动团队成员的积极性，真正发挥出团队的作用。比如，在13个省市专家培训的现场，作为第三团联队队长的罗海峰，认真吸纳了大学教授、一线教师与教研员的不同意见，然后综合各方意见，形成一种声音，集合全体力量，最后取得了良好的效果。

目前，项目办所有教师都有了相互依托、相互融合、相互促进的团队意识，而且学会了如何发挥团队的作用。他们在一起的时候，有一种患难与共、共图大业的感觉，再大的困难，到了他们这个团队，都会迎刃而解。

《周易》有言："二人同心，其利断金；同心之言，其臭如兰。"在走访项目办的时候，我已经嗅到那股"兰花"的芳香了。

这种芳香不仅是合作之芳香，其中的每一个个体也有独特的芳香。

比如陈苏梅老师，慢慢品读才能感受她的芳香。

她原是百色市教育科学研究所副所长，2012 年被调到项目办工作。作为特级教师，她有着丰富的教学教研经验，可是，初到项目办工作时，依然有一种力不从心的感觉。因为这是一项全新的工作，不但工作紧张，而且必须要学好"MS-EEPO 有效教育"操作流程，并对其理论有很深的了解。以前做教研员时，她只需要说，不需要做，现在不但要会说，更要会做。即将退休的她，一切还都得从头开始，一切都那么新鲜，一切又都那么艰难。可是，一种巨大的诱惑在吸引着她，那就是"MS-EEPO 有效教育"全新的系统。

2013 年，她要考地方执行专家，领导给予了特殊关照，告诉她可以不参加考试，她却说，如果不参加考试，就不可能成为真正的专家，也就不能有效地指导各地的培训工作。于是，她开始认真学习，常常到半夜还"学而不厌"，结果，她以优异的成绩通过了文字考试和口头考试。

这给陈苏梅老师一个积极的心理暗示：只要努力，再难的关也能渡过。后来，她又通过了省级专家考核。现在，她已经成为教育团队中的骨干分子。在数千人的专家队伍中，她是年龄最大的一位教师，也是学习最刻苦、成绩最显著的一位专业人才。

我在几个培训基地见到陈苏梅老师的时候，总感到她一刻不停地在忙，也一刻不停地在学。她负责专家队伍建设，专家出不来，项目就不可能向前推进，真是任重而道远啊！

有人劝陈苏梅老师不要这么辛苦，她却说，不学习，心里就不踏实。因为现在她所做的一切，已不是她一个人的事情，它关系到全区的专家培训，关系到推进这个项目的大问题。尽管她知道自己只是一颗螺丝钉，那她也要把这颗螺丝钉用到关键的地方。

陈苏梅老师是一个人才，有单位拟用高薪酬诱其"上钩"，她却没有去。在她看来，如果一个人只为钱活着，那就毫无意义，只有为了事业与工作而奋斗，才能点燃生命的亮色。

工作时，她孤身一人居住在南宁一间狭小而简陋的宿舍里。每回一次百色的家坐火车就要好几个小时。

苦吗?

也许在一般人看来，真的很苦。陈苏梅老师却说，所谓的苦，不是由外在条件决定的，而是由自己的心绪决定的。自己来项目办工作两年来，大家和谐相处，令人心情愉悦，厅里领导对自己也特别关心。白志繁副厅长曾深情地对项目办的教师们说："为了推进'MS-EEPO 有效教育'，你们受累了，我代表教育厅谢谢你们!"虽然只有一句话，却暖在每个人的心里。人除了物质需求外，更需要的是精神动力，由精神动力而结出的成果，从陈苏梅老师身上可见一斑。

2014 年 8 月，项目办又新调来党雪妮与黄献良两人，时间虽不长，却已经显示出两个人的品格与才华。现在项目办已经有 6 人，大家工作在一起，奔波于广西各地，忙碌于工作之中。聚一批好人，共谋一件大事，真是人生中一大快事!

教育局局长的教育情怀与改革行动

在采访广西推进"MS-EEPO 有效教育"的一些市、县、区的教育局局长、副局长的时候，我一次又一次被感动着，他们对教育教学改革的积极追求与情怀，雷厉风行而又扎扎实实的教育行动，让很多学校发生了巨大的变化。下面所记，虽然只是其中的某些片段，却可以让读者窥斑见豹，领略其内在品质所显示出来的生命亮光。

一、玉州区十年磨砺迎来一片辉煌

在推进"MS-EEPO 有效教育"的过程中，玉州区不但在广西独领风骚，在全国也独树一帜。有人说，玉州创造了中国教育的奇迹。我怀着好奇，怀着期待，走进了玉州。

1. 无声的投票形成的决定

玉州是率先推进“MS-EEPO 有效教育”项目的一个区，这既有巧合，也有必然。玉州是 2001 年全国首批课程改革实验区，他们听过专家报告，到过外地学习考察，自己也进行过改革尝试，却依然不得入门。有专家说，要将课堂还给学生。然而，还给学生后，课堂确实活了，可同时也乱了；再收回来，结果课堂又死了。有没有一个专家，既掌握课程改革理论，又能创造出适合实际操作的样板？有志于教育改革的玉州人陷入了彷徨之中。

2003 年秋季的一天，教研室的几位领导在海南偶遇孟照彬教授，并聆听了他的报告，他们当时就有了热血沸腾的感觉，恍若突然打开一扇天窗，看到了教育改革的那片蔚蓝的天空。

他们兴奋不已地回到玉州，立即向教育局领导班子做了汇报，教育局随即做出决定，马上前往孟教授的居住地昆明，恳请他来玉州指导教育教学的改革工作。

孟教授欣然应允，很快便赶到玉州。

第一天，讲课是在可以容纳 1000 多人的大礼堂里进行的，听者多达 800 多人；第二天，900 多人；第三天，1000 多人；到第四天和第五天，礼堂已经爆满，就连过道上也挤满了人。

在顺潮流而动的玉州人看来，这绝对是一个奇迹！

以往请来的专家，都是只讲不上课，孟教授却不但讲理论，还亲自给学生上课，不仅如此，而且讲文科的课，又讲理科的课，学生学得热情高涨，课堂却又井然有序。

激动！佩服！景仰！

五天的培训刚一结束，一直在会场听课的教育局领导便召开会议，决定立即引进“MS-EEPO 有效教育”。无须投票，教师听课时的感觉已经做出了无声的决定！用教育局领导的话来说，从来的培训都是第一天人最多，越到后来人就越少，从来没见过越培训，到场的人越多的情况。如果再不引进“MS-EEPO 有效教育”，便是违背人意了！

2. 学习方式的变革激活课堂教学

推进教育改革需要一些行之有效的教学方法。此前，玉州及其所在市也在实践探索中总结出了自己的教学方法，而且被列为教育部可以推广的60种教学法之一。

可是，他们认为，孟教授的“MS-EEPO有效教育”更具理论高度，也系统梳理出了结构性的操作体系，所以，他们一致认为，推进“MS-EEPO有效教育”势在必行，且要加大力度。

孟教授有一句名言：“没有学习方式的变革，就没有教学方式的变革。”开始的时候，大家尽管也认可这种观点，却不够重视。直到2006年上半年，大家才将学生学习方式的变革放到了首要位置，并进行了系统的实践与研究。

课堂变了！学生变了！教师变了！

以往上课时学生无精打采，任凭教师说个没完，有的学生照样没有改变。有些学生实在忍受不了这种课堂的折磨，最后干脆不再上学，辍学率的连年攀升，竟成了学校教育中一个难解的结。现在大不相同了，学生从心里爱上了课堂，而且课堂也呈现出让人不可想象的精彩。小组讨论时，无比热烈；班级发言时，学生声音洪亮又言之成理，动静转换迅速又有序。这何止是学习？真是一种精神享受啊！

以前，教师上课都是教教材而不是用教材，“满堂灌”成为常态，至于学生懂与不懂，教师并不关心。不能说教师不认真，更不能说不辛苦，但教学效果不好是有目共睹的。现在则不然，教师写教案都是按照孟教授导引的科学流程来写的。用孟教授的话来说，备教案，并不是备知识，而是备思路；教学思路必须用有效的方式来表达，要让所有的人而不仅仅是本学科的人能看得懂；教案的整体思路是什么，关键的操作节点在哪儿，培养一流水平人才的思维训练如何体现，基本流程是否规范，等等，都要在专项设计的教案中表达得一清二楚。这样，上课的时候，教案不再可有可无，而是成了一个科学化的执行案，教学效率得到了大大的提高。

3. 专家型的教师与校长应运而生

2007年，“MS-EEPO有效教育”在玉州得到了更广泛的推广，且产生了很好的效应。

是否要在全玉州全面推进“MS-EEPO有效教育”呢？教育局领导经过调研发现，最好的方式是由点带面、由少到多、由浅入深地推进。不愿意参加者，不强求，给他们一个思考与观察的时间，“MS-EEPO有效教育”的大门一直是敞开着的。可想而知，随着改革的深入，由观望而投身于改革之中的教师越来越多。

可喜的是，玉州有一批教师从一开始就参加了这个项目，经过十年的磨砺，他们一个个都成长了起来，即使是农村的教师，参加全区甚至全国的课堂教学大赛时，也能顺利地过关斩将，取得佳绩。如果只是耳闻，不是亲眼看到，很难相信玉州农村教师竟然也能使用“MS-EEPO有效教育”操作系统，他们在课堂上开辟了一个让学生大展身手且大有收获的新天地！

我在玉州与50多位参加“MS-EEPO有效教育”实验的教师交流，他们不但能解读其中的内涵，而且个个都是操作方面的高手。谁说农村的教师没有水平？谁说他们与大城市教师的水平相差太远？即使是那些学历不高、经验不多的农村教师，只要掌握了先进的教育理念与操作方略，照样可以成为教育教学方面的专家。人的潜力何其大！看看他们所教的学生，开放的思维，流畅的语言，傲人的自信，谁敢说他们将来不能成为人才？

我在玉州见到过多位家长，他们对孩子在学校受到的教育极为满意。有一位家长为了让孩子能在开展“MS-EEPO有效教育”项目的实验学校上初中，还提前在学校周边买了房子。她希望孩子所上的高中也是推进这一项目的学校，那样，孩子的未来就有希望了。

在推进“MS-EEPO有效教育”的过程中，玉州还有另一个收获，那就是培养了一些专家型的校长。我与他们交流时发现，他们已经不是纯粹的行政型的领导了，而有了一定的理论与丰富的实践经验。他们一直站在改革的第一线，有些校长还亲自上示范课。他们认为，只有自己深入其中，才能成为教师的榜样。这些校长成了本校教师的引领者，同时，也成就了他们自己。

莫东妮局长十分自豪地对我说：“毫不夸张地说，我们已经培养出了数百名地方专家，几十名省级专家，以及十多名教育家团队成员。”让人振奋的是，玉州的专家队伍已经开始向更宽的层面拓展，不但对其他地区甚至外省承担培训任务，也走进了大学校园，为大学生和大学教授做起了培训，这让教师尤其是农村教师的心里升起巨大的自信心与自豪感。

4. 教育局局长挥之不去的情怀

玉州教育教学改革能走到今天，还有一个重要原因，那就是在长达十年的时间里，先后四任教育局局长都是“MS-EEPO 有效教育”的坚定支持者与领导者。他们的内心深处都有一个挥之不去的情怀，那就是一定要让这个经济欠发达地区的孩子，享受与城里一样的优质教育。他们没有大城市里的优质硬件设施，缩短城乡之间的差异不是一蹴而就的事情。那些高学历、高学识、高水平的教师，不可能从条件优厚的大城市来到穷困的玉州，甚至玉州一些优秀的教师也离“巢”飞向大城市。玉州教师与大城市教师的均衡，可以说是一个遥不可及的目标，可是，孩子只有一个童年期、一个少年期，他们的成长是等不得的。同是孩子，难道生在玉州就不能接受优质教育了吗？四任教育局局长，正是怀着这样一种近乎原始性的教育情怀，迎难而上，矢志不渝地推进“MS-EEPO 有效教育”。

莫东妮局长感慨万千地说：“作为一个教育局局长，肩上的担子重啊！一时之间，我们不可能为学校充实一大批高学历、高水平的教师，可是，我们完全有能力借助‘MS-EEPO 有效教育’这个项目，让我们的教师尽快成长起来，让我们的孩子拥有一个快乐的童年期与少年期，打开他们的思维，让他们享受学习所带来的愉悦。”

二、兴宁区教育局局长良知驱使下的突围

南宁市兴宁区是一个老城区，50％以上的学生系外来务工人员的子女，整体来说家长的家教意识不强，中小学升学考试成绩在全市久居末位，在老百姓那里中口碑不佳。近年推进“MS-EEPO 有效教育”之后，兴宁区中小学教育在社会上的声誉与日俱增。

1. 思索寻觅之后的决定

2008 年，年轻的李凌成为兴宁区教育局局长之后，决定重塑教育在老

百姓心中的形象。

李凌局长曾当过小学教师，后来到了政府机关，现又回归教育，当上了教育局局长。她很兴奋，因为她一直牵挂着教育，这里有她挥之不去的爱。可是，第一次召开的教育局全体大会，却给了她一个不小的打击。她发现，很多校长与教师不但精神状态不佳，而且一点自信都没有。即使是校长，也不去主动思考如何改革、如何发展，有的甚至连学校未来发展的总体规划都没有。必须改变校长与教师停滞不前的意识和精神不佳的状态！而从哪里入手，则成了她思考的首要问题。

想方设法提升学生的学习成绩，也许可以得到老百姓的认可，可是，如果不从根本上分析造成学生成绩差的原因，不努力全面提升学生的素质，根本不符合一个教育者的良知。如何能提高学生的学习成绩，让学校成为学生向往的乐园，成了李凌局长思考的另一大难题。

时任副局长的陆先武与李凌局长的想法不谋而合，他提出："我们可以不着重考虑提高学生成绩，而是让课堂活起来，让学生动起来，即进行大刀阔斧的改革。"

李凌局长不禁为之振奋，随即亲自带队，到北京、上海、云南等地学习，决心在课堂教学改革方面"大动干戈"。

时任教研室主任的党雪妮说，孟教授所推行的"MS-EEPO 有效教育"对于推进课堂教学改革极有助益。

李凌局长谦虚地对我说，尽管自己也当过小学教师，却有很长时间脱离了教育工作岗位。可她坚信这位特级教师所说的话。于是，她带队前往云南，参加"MS-EEPO 有效教育"交流会，这一交流，让她振奋不已，课堂上学生热火朝天的学习景象，比起传统意义上教师"一言堂"的课堂，简直是天壤之别，而后，她又带队到"MS-EEPO 有效教育"开展得特别好的玉州进行学习与考察。她发现，即使在农村学校的课堂上，学生也是那么的积极主动，大胆地发言，积极地交流，即使面对陌生人的提问，也能侃侃而谈，有理有据。

在经历了痛苦的思索与寻觅之后，"蓦然回首"，李凌局长发现，她所期待的课堂就在眼前。

2010 年 2 月，局领导班子研究决定引进 MS-EEPO 有效教育项目。

2. 课堂上师生充满自信

起初，大家对此也有不同的意见，为防止大范围失败，是否要先行试点，如果有了成果，再在全区推开呢？此时，李凌局长与陆先武副局长认为，兴宁区学生的学习成绩已经跌到谷底，课堂教学死气沉沉，即使改革中出现一些问题，也不会比现在更差，所以决定，不再试点，就在全区推开。只要哪个学校愿意参加，教育局就坚决支持；如果一时想不通，可以暂时不搞；如果看到改革有前景再愿参加，教育局则表示欢迎，并提供支持。

由于教育局的大力宣传，城乡接合部的学校大都参与了进来。

改革之初，农村教师并没有自信心，他们认为自己的教学水平不如城里教师，学生不如城里学生，可是，项目推进还不到一年，就有了意想不到的变化。

过去，农村的学生见了陌生人不敢说话，往往会低着头走过去，有时未语脸就先红了。现在，他们不但敢说话了，而且很有自信心，更重要的是，他们知道了如何学习，如何做人。如果让他们与城里孩子坐在一起交流，很难相信这些就是农村的孩子，有时甚至觉得他们比城里的孩子还阳光、自信。

市区那些教学成绩比较好的学校，开始时尚在观望，可第一批参加实验的学校经过三四个月后都有了突飞猛进的发展，这让那些原本“故步自封”的学校刮目相看，于是主动要求加入。

成绩出来了，影响也大了，一些教师的水平也提高了。其他地区的学校开始来“挖”这些教师，并许诺以优厚的条件。没想到，教师并不走，他们已经爱上了“MS-EEPO 有效教育”，更重要的是，没有这项改革，他们也走不到今天，他们决心要更好地为兴宁区教育服务。

周淑敏老师是农村学校的一位班主任，在这次改革中脱颖而出，被抽调到区教研室工作，她却说自己不能脱离课堂教学，她已经爱上了课堂，爱上了农村的孩子，爱上了这项改革。

当下教师的职业倦怠问题已成为教育发展中的一个痼疾，而在兴宁区的实验学校里，却让人看到了另外的一道风景：教师个个干劲十足、谈笑风生，他们感到工作有意义，且深为做教师而骄傲。

在与李凌局长沟通时，我很为她的教育情怀而感动。她说：“做教育，不但要有责任感，更要有良知。当一个领导看到学生厌学、教师厌教的时候，不可能不着急，不可能不想改革。为官一任，我们不能让这些孩子的童年与少年时光虚度，尤其不能让他们感到这个时段是没有意义甚至是痛苦的。”

均衡教育是人们的一种期待，如果农村的教师与学生不能与城里的师生站在同一个平台上，所谓的均衡是不可能实现的。李凌局长自信地说：“我们区的均衡教育不但完成了硬件指标，我们的教师与学生这个软件工程也已形成。人们孜孜以求的公平教育，在兴宁区已不再是什么神话。”

3. 领导的更迭并未让教育改革停下脚步

一些地方的改革，有的时候之所以会中道夭折，其中一个重要的原因就是领导特别是主要领导的更迭造成的。兴宁区的改革已经走到今天，会不会也会出现类似的问题呢？

2014 年 10 月 15 日上午，我见到李凌局长时获悉了一个最新消息，当天区党委政府决定，由陆先武就任教育局局长，而李凌本来可以到其他单位担任“一把手”，她却舍不得这项改革。她向领导请求留下来当一个书记，以便与陆先武一道将这项改革继续深化下去。领导同意她的讲求后，她有一种如释重负的感觉，因为此前她很担心，如果来一位新的书记，不愿意进行改革，不与陆先武同道谋事，此前的改革就有可能付之东流。

我为之感动的时候，也不由对她产生了敬意。

兴宁区教育局领导的思考并不止于此，他们决定建立一些相应的规章制度，并形成一个文件，希望不再因为人事的变换而中止这项改革，以期让任何一届新的领导就任后都支持这项改革。

在向李凌与陆先武了解情况的时候，我感到他们考虑的已经不只是自己的任期内教育如何发展的问题。他们说得好：“我们要让兴宁的孩子享受改革的硕果，让兴宁的教育始终持续地发展下去。”

三、在提升专业素质上“攻关”的港口区教育

防城港市港口区在20世纪八九十年代时经济形势并不好，是一个“老少边穷”地区。近几年来，此地的经济快速发展，人们生活水平日益提高，但是，教育并没有因为经济的发达而同时发展起来。因为，这里本来就是以农业为主的区域，教师的教育教学观念陈旧，课堂教学一直继承着传统的模式。如何让教育与经济发展并肩而行，何以让优先发展教育成为现实，当政者义无反顾地选择了改革。

钟东局长对我说，虽然自己是大学毕业，当过教师，做过教研员，可是，如今回想自己走过的路，最多只能算是一个应试的职业工作者。现在他当了局长后，不想让学生再接受应试教育，不然，就对不起学生，也有违教育局局长的职责。正因如此，在选择“MS-EEPO有效教育”时，他没有任何的犹豫。

1. 课程改革释放师生的天性

港口区的学生大都生活在农村，他们真诚、朴实，却因信息封闭，视野不开阔，缺少城里孩子的自信，以至有了想法，也不敢在公开场合表达出来。

至于教师，上课并不研究学生如何学习，只是一味地从头讲到尾。改变这些教师虽非一日之功，可也并非太难。钟东局长认为，既要改变教师的观念，也要教会他们“MS-EEPO有效教育”的操作流程，培训，也就成了必需的修炼。

他们把孟教授请来为教师做报告，并现场上课。教师看到了课堂教学的一种神奇的景象——教师不再是课堂的主宰，而成了一个“导演”，而且教师更多的不是以知识的传授为主，而开始从扩充思维的角度去开展教学，学生则成了演绎生命精彩的主角，越是这样，学生的能动性越强，于是，课堂上生成了思维开放与主动交流的火花。

学生在小组交流甚至超大组活动中那种积极且突出的表现，常常让人惊奇。这些农村的学生，除了保留着其固有的纯朴之外，即使见了外面来听课的城里教师，也敢于陈述自己的见解。一位从大城市里来的教师看到

这些学生的表现后感慨不已地说："我们的学生与这些孩子在一起的时候，也许会败在他们的手下。"

曾一度见了外人就扭扭捏捏的教师，现在也敞开了心怀，主动与人交流，谈教学思路，讲标准化平台与倒置性平台如何构建，让外来的教师听得目瞪口呆。这哪里是农村的教师？这分明是受过"点化"的见过大世面的名师啊！

学校的学困生越来越少，而且每一名学生都在不断地进步，中考上线率不断攀升，钟东局长说："这是我们改革的一个副产品，我们没有着意追求升学率，可升学率不求自升。"

2. 挥动"三大板斧"提升教师专业素质

在改革之路上不断收获硕果的时候，港口区教育人并没有陶醉于此。他们认为，要想将"MS-EEPO有效教育"这个项目搞得更好，教师专业素养及综合素质的提高必须紧紧跟上。这既是教育改革发展的必然路径，也是给予"MS-EEPO有效教育"的一个最好的回馈。

港口区教师的学历相对较低，专业水平也不高。如果只看当下课堂的活跃，而没有教师专业水平的持续发展，到了一定的节点上，这就会成为改革的阻力。

为此，他们挥动了提升教师专业素质的"三大板斧"。

（1）区委、区政府高度重视

钟东局长认为，尽管教师对现行小学与初中课本知识已经掌握，而要想抵达教学的高层境界，就必须提升专业素养。教师所教的课本知识并不复杂，但是，如果教师不站在一个更高的视野上，没有更丰富的知识支撑，就很难在课堂教学上实现飞跃。尤其是推进"MS-EEPO有效教育"的改革，学生已经形成一个巨大的知识库，其思维开放所形成的生命张力更是一种巨大的能量。如果教师没有相应的素养，就有可能在学生面前出现难以应付的情况。为此，教育局决定在教师学历培训上做文章，政府每年投入36万元，为全区读本科的教师"买单"。只要顺利毕业，全部由政府报销；如果无法毕业，自己交费一半。古人言："腹有诗书气自华。"有了较高文化素养的教师，在课堂上会更加自信，也会得到更多学生的信任。

(2) 菜单式培训

钟东局长说，他的爱人是医生，医生为了提高专业水平，特别重视在岗培训，他的爱人经常到大学培训进修，一去就是一年半年。教育亦然，要想提升教育教学水平，必须进行培训，否则，就会孤陋寡闻，落后于时代发展，成不了优秀的教师。

港口区距离钦州学院较近，在培训方面，理应“近水楼台先得月”，于是，教育局就与钦州学院合作，由教育局做培训方案，钦州学院为之服务。为了做到有的放矢，教育局组织专人逐一进行调查摸底，具体了解教师需要什么样的培训，就有针对性地让钦州学院的教授培训相应的内容。这种菜单式、全程式的培训，不但可以在假期中进行，工作时也可以进行。

钟东局长断定，三五年后，他们的教师都会在专业上得到提升，这样，再进行“MS-EEPO 有效教育”实验时，一定会超越现在的水平。

(3) 大学生与农村教师的互换

大学生与农村教师的互换是港口区教育与钦州学院共同研究出来的一大“绝招”，通过互换真正地实现了合作共赢。钦州学院也在推进“MS-EEPO 有效教育”，在港口区教师到钦州学院脱产学习的时候，学院里的优秀学生可以代替这些脱产学习的教师到农村任教。这既为大学生的实习提供了平台，又为农村教育注入了新鲜的血液。这种“大换血”，有效地促进了大学与中小学的对接，尤其为农村的学生提供了接触新事物的机会。

四、秀峰区的“三个推进”

秀峰区地处桂林市的中心地带，此地经济发达，是名副其实的强区，这里有一群很有思想的校长，也有一批业务精湛的教师。在这样的区域推进“MS-EEPO 有效教育”，比起经济欠发达的农村来说，有其困难之处，也有其独具的优势。

综观全国教育改革的典型，大多“出身”于经济欠发达的农村。因为走投无路，穷则思变，才敢放开胆子进行教学改革。但是，对于秀峰区这样的经济与教育强区来说，要想另辟蹊径，立志改革，没有大气魄是不可能的。

2009 年，秀峰区的一些校长与教师听过孟教授的报告后，虽心有所动，当时却没有形成一致的意见。

后来，区长、分管区长及教育局局长、副局长等一行人，又到玉州区进行现场考察。看到农村课堂教学改革产生如此大的变化，他们想秀峰区的改革如果也照此推展下去，肯定会有一个更加美好的前景，于是，研究决定启动“MS-EEPO 有效教育”改革项目。

我在孟教授培训专家的现场，不止一次地见过秀峰区教育局的桂华副局长。开始的时候，我并不知道她是教育局的领导，只是感觉她思维敏捷。她曾当过教师，做过教研室主任，对教学很有研究，且多有独到的见解。即使是在推进“MS-EEPO 有效教育”的过程中，她也往往从人们不太关注甚至习以为常的语境中，寻到她自己的思维触角，以及属于她的语系。谈及秀峰区的教育教学改革，她用“三个推进”做了言简意赅的概括。

1. 学科推进

秀峰区在推进“MS-EEPO 有效教育”的过程中，特别关注学习方式以及教学方式的变革，也注重学科研究的推进。不同的学科，有其共性，也有其个性。教育教学的改革者既要重视共性，也要重视个性；既要重“形”，也要重“实”。一个学科学养不高的教师，即使掌握了再好的教学方式，也很难在学科教学上有重大突破。比如，一个对语文教学最起码的知识点都不太懂，几乎没有读过几本名著的语文教师，即使学会了“MS-EEPO 有效教育”的操作流程，也不可能成为成绩突出的教师。桂华副局长认为，只有既有学科水平又掌握了这一项目操作流程的教师，才能深入进行改革。

2. 学校推进

教师及副校长参加“MS-EEPO 有效教育”项目固然重要，可是，如果校长对其不予关注或不知其中奥妙，改革也是不可能深入的。所以，教育局就做出硬性规定，每当项目培训时，校长必须参加，而且要坐第一排。教育局局长如果没有特殊工作，也和校长一样坐在第一排。只要没有重要工作，区长也会赶到会场参加培训。

这样就给教师发出了一个信号，从区政府到教育局再到校长，都是高度重视“MS-EEPO有效教育”项目培训的。校长在学校改革中，不应当是旁观者，而应当是第一责任人。当一个校长深入其中且有了一定研究时，这所学校的改革也就有了真正的保障。秀峰区有一所百年老校，校长的口碑极好，又有思想，每次参加培训都端坐在第一排，认真聆听培训，回到学校还与教师一道研究实施方案，不断地听课、评课，最后成了这方面的专家。

业务校长也很重要，他们是这一项目的执行者。据桂华副局长讲，为了在各个实验学校更加深入地研究与实验，教育局组织专人到各个实验学校进行了首期比赛。评委共有9人，都是由分管教学的副校长组成的，他们全部深入到班级听课，而且各有任务。这个过程，让这些副校长不但看到了每所学校的改革情况，还对这一改革有了更加深刻的认识。

3. 课题推进

“MS-EEPO有效教育”是一个系统，其中的每一个点都有其合理性，可是，如果落实到不同的学校，落实到具体的教师，往往又会各有不同。为此，教育局要求，既要学深、学透这一操作系统，同时，对于每一个点都要当作课题来研究。这样，才能因人而异，因环境而异，从而发现新问题，产生更大的效益。

桂华副局长很欣慰地对我说：“我们推进这项改革，政府给予了极大的支持，还划拨了专项经费，每年大校4万元，小校2万元，而且全部到位。更重要的是，党委和政府领导一直关注着秀峰区教育教学改革的进程，他们在精神上及政策上都给予了很大的支持。”

五、学习方式的变革让柳江县的教育看到希望

柳州市柳江县是推进“MS-EEPO有效教育”的后起之秀。当玉州等实验区推进这一实验项目的时候，他们虽然出关注着这一改革的进程，却没有立即加入进来。

教育局副局长韦师说，他们是 2012 年才加入这一项目的。

开始的时候，一些学校领导也有疑虑，因为此前曾经学习过其他一些课堂教学改革的经验，却全都半途而废，前功尽弃。这项改革会不会重蹈覆辙？他们组织校长与教师到开展这一实验的实验区去学习考察，直到亲眼看到那里的改革所带来的巨大变化，才消除了疑虑。以前他们认为，改革只有在小班额下才能进行，可是到了玉州后发现，他们也是大班额，课堂上学生却都十分活跃。于是，柳江县教育局下定决心用行政的力量强行推进这一改革。

不过，改革的道路并非一帆风顺。开始的时候，人们大都认为学生学习方式的变革只是“小儿科”，尤其是在中学没有引起足够的重视，颇走了一段弯路。好在，后来大家悟到孟教授所说的“没有学习方式的变革，就没有教学方式的变革”这个理论的重要性，于是开始重点对学生进行学习方式的训练。很快，改革看到了曙光，有了令人高兴的收获。

柳江县在培训教师的时候是以团队的方式进行的，这对于推动区域教育的文化建设起到了重大作用，也对这一项目的改革起到了推波助澜的作用。以前，他们对团队建设重视得不够，而团队文化一旦形成，就会积聚一种生命能量，让教育教学改革焕发出奇异的光彩。

韦师副局长说：“在推进这项改革的过程中，还会遇到这样那样的困难，不过我们决不放弃，即使失败了，也是探索道路上的一种收获。”

大学院系领导成为改革的先锋

广西教育厅领导在重视在职教师“MS-EEPO 有效教育”培训的同时，也在思考一个重要的问题——大学，尤其是师范类院校，是不是也应当推进“MS-EEPO 有效教育”？是不是应该像进行实验的中小学一样，让师范生认真学习“MS-EEPO 有效教育”理论，熟练掌握教育教学流程？当大学生真正领略到“MS-EEPO 有效教育”的奥妙，掌握了具体操作流程的时候，就打通了推进“MS-EEPO 有效教育”的通道，毕业之后再走进中小学课堂时，无须职前培训，便可成为合格甚至是相对优秀的教师了。

于是，广西又将“MS-EEPO 有效教育”项目推向了师范院校。当教育厅领导将改革的思路传达到师范类大学时，大学校长及各院系领导都给予了积极的回应。他们不但让师范生积极参加培训，自己也会亲临现场，像学生一样从头开始学习。

我在“MS-EEPO 有效教育”培训现场，以及相关师范院校里，先后与 10 多位学校及院系的领导交谈过，并为他们改革的热情而深深感动。

一、钦州学院：将学生培养成身体健康、头脑智慧的人

见到钦州学院的徐书业校长的时候，我觉得他是一位很有理论素养与教育情怀的领导。他认为，教育的本质是将学生培养成过一种健康生活、智慧生活与有意义生活的人。怎样才能抵达这种境界？那就是要让课堂成为学生乐学、会学、善学且又能够持续发展的地方。他在德国接受培训时发现，从小学到大学的教室里，每个学生都备有微卡，还有挂在墙上的大卡，这些设备是专为学生准备的，而实施“MS-EEPO 有效教育”改革的课堂中，不仅也有这些设备，还有自己的特色。

徐书业校长说，学校推进“MS-EEPO 有效教育”后，不只是课堂发生了变化，还影响了学生的性格。因为持续的快乐，他们的头脑又里形成了一种积极的思维。他说，这就是课堂文化，课堂文化必然影响学校文化，而文化建设是学校魂之所系。

钦州学院教育学院党总支书记、院长梁庆对“MS-EEPO 有效教育”的评价极高，他认为这一项目如果大范围推广，将会在中国教育界掀起一场风暴，如果不尽早参与进来，就有可能成为改革的落伍者。

用孔子的“发愤忘食，乐以忘忧”来形容梁庆院长，一点也不为过。在参加培训时，他不但场场都听孟教授讲课，看现场展示，而且全部用录音笔录制下来。培训结束后，他反反复复地听录音，并将其一一整理成文字，且收集与之相关的材料。

慢慢地，这些在一般人看来十分高深的理论，被他一点点地破译了。他兴奋异常，认为自己获得了很大的成长。

他还在自己的课堂上尝试运用这一教学方式。开始的时候，操作并不

熟练，如今，他的操作已经娴熟到浑然天成的地步，学生的学习热情也在他的调动下一次又一次地推向高潮。

他向主管教学的徐书业校长提出一个建议，希望将孟教授请到学校，为自愿参加这项改革的教师培训。徐书业校长欣然应允，2012 年 12 月 4 日，孟教授来到钦州学院，为自愿报名的 60 位教师培训。整整三天的培训，天天人满为患，每天直到下午 6 点多，都没有一个教师请假离开。听课教师的人数每天都在不断地增加，就连商学院的一位副院长也赶来听课，而且听得如痴如醉，即使是上厕所也是跑着出去跑着回来，唯恐漏掉了孟教授的哪句话。

此后又安排了三次培训，教师已经接触到较高深的领域，以至哲学方式与三元方式也应用于课堂教学之中。

现在，梁庆院长已经进入教育家团队行列之中，钦州学院也成了教育厅“MS-EEPO 有效教育”项目的研修基地。

钦州学院外国语学院副院长潘景丽曾在加拿大进修，她觉得“MS-EEPO 有效教育”有加拿大课堂教学的影子，但又不同于加拿大的教学。她曾尝试着将加拿大的课堂教学模式拿来用于自己的课堂，学生“活”是“活”起来了，学习成绩却下降了。而孟教授的研究，不但让学生“活”了起来，其学习成绩也得到了持续的提高。她也一度运用西方国家的小组学习法，结果小组学习却变成了放羊式学习，而“MS-EEPO 有效教育”不但让小组合作学习出现了高效率，且活而不乱，即使动静转换的时候也迅速而有序。

令她高兴的是，有几位即将退休的教师在开展“MS-EEPO 有效教育”实验后，恍若焕发了“第二春”，早已沉寂下去的激情一下子又燃烧了起来。他们说，退休之后，要用“MS-EEPO 有效教育”的操作方式到一些学校为中小学学生上课，让更多的孩子拥有一个幸福的学生时代。

二、广西教育学院：领导走进学与做的教育教学改革中

广西教育学院的王兴辉副校长用专业的思维十分敏锐地感觉到“MS-EEPO 有效教育”对师范生技能培养、教师培训、项目管理等的意义。于

是，他亲自率领几位教师，在经历了旅途上的诸多波折之后，终于在半夜时分赶到昆明，在孟教授将他们接往宾馆的车上，他们就开始了求教。第二天一清早，他们又迫不及待与孟教授进行交流，从上午到晚上，深入了解“MS-EEPO 有效教育”的相关理论、思想和操作系统，他们对此感到耳目一新，本来因一夜劳顿而疲惫不堪的他们，在听孟教授讲的时候竟然睡意全无，还有一种久旱逢甘霖的畅快之感。而后，他们又到大连保税区聆听孟教授的讲座，并观摩课堂流程。

之后，王兴辉副校长即刻邀请孟教授到广西教育学院进行学术报告，又派几位院系领导参加项目的一系列观摩交流、学习培训活动。

当学校成为项目改革研修基地后，王兴辉副校长以教育管理信息化的专业视角，发挥广西省级现代教育技术创新教学团队的优势，带领团队进行了“MS-EEPO 有效教育”项目信息管理系统开发工作，构建了项目管理平台，极大地提高了项目管理现代化水平。同时，学院以试点项目为抓手，开展师范生培养的大学课堂教学模式改革，并拨专款立专项课题，确立了 15 个研究团队，进行师范生课堂教学能力培养的探索。

广西教育学院教育科学学院院长李志丹对推进“MS-EEPO 有效教育”深感兴趣。她早就认为传统的教学模式非改不可，但是，从什么地方“开刀”，成了她的困惑。一些课程改革专家所讲的改革理论，听起来头头是道，却由于没有具体的操作系统，听后不久就被淡忘了。所以，当了解到孟教授的这项改革既有理论又有操作流程后，她立即敏感地意识到这项改革意义重大，并在校领导的支持下，设立了“MS-EEPO 有效教育”项目办公室开展试点工作。

李志丹院长说，在大学课堂里推进“MS-EEPO 有效教育”的时候，学生有耳目一新的感觉，他们很快投入这个实验之中，课堂自然发生了很大的变化。她断言，这些学生有了“MS-EEPO 有效教育”的就业“名片”，毕业之后走向社会时，无须再行培训就可以胜任实验项目学校的教学任务。

我惊奇地发现，孟教授在西安培训期间，广西教育学院的财务处长黄晓明也与中小学教师在一起认真听课。与之交谈后，我更是感慨不已。原来，广西教育学院领导高度重视这项改革实验，而作为财务处长，黄晓明原本是不需要参加培训的。但是，他认为要想当好财务处长，就要将钱投到最有价值的项目上。“MS-EEPO 有效教育”是不是好，为什么好，他要亲临现场详细了解。2014 年 10 月中下旬，孟教授在防城港市培训的时候，我再次与他相遇，他说自己喜欢上了这个项目，不但要将经费投入其中，自己也要好好学习它的理论与操作流程。

广西教育学院成人教育学院副院长余朝文兼任着多媒体教材教法课，他告诉我，在学院推进“MS-EEPO 有效教育”项目时，自己不但要学到这一项目的精髓，还要起到示范带头作用。他特别欣赏孟教授所说的“学中做”与“做中学”，他带领自己的团队，以教材教法为切入点，用“MS-EEPO 有效教育”操作流程上起了课。以前，单纯讲理论的时候，学生大多不愿意听讲，即使听了也学不好。如今，让学生参与进来，在小组中交互强化的时候，那些原本高深的理论就自然而然地融化到了学生的心里。

三、广西师范学院：大、中、小联动形成巨大的教育合力

在广西师范学院与彭宁副校长交流的时候，她很谦虚地说，学校对于“MS-EEPO 有效教育”项目的推进尚在探索阶段。但是，从她的话语中，我分明感到，这个“探索”很有分量。她说，当前的大学课堂教学存在诸多弊端，教师“满堂灌”，学生不想学，必须通过课堂教学改革改变这一现状。同时，作为未来的教师，师范生走出校门之后，是一定要与中小学对接的，现在，广西已有 20 个地区在推广“MS-EEPO 有效教育”，基础教育的改革发展迫使高师院校必须参与其中，其话语中透露出一种急迫的心境。为此，她带着教务处和教科院领导，主动找到广西教育厅领导和孟教授，迫切要求成为“MS-EEPO 有效教育”项目研究基地。获得批准后，学校迅速成立了项目办公室，组建了 18 个教育团队和实验班级，还聘请前期开展“MS-EEPO 有效教育”项目的实验区专家和教育厅项目办专家组成专家指导委员会。令人意想不到的是，在不到一年的时间里，学校共整合了 1400 多万元资金，在三个校区建设了 100 多间具有现代化水准的“MS-EEPO 有效教育”教室，并筹措资金 60 万元，设立专项研究课题，

以此大力度推进”MS-EEPO 有效教育“。面对这些成绩，彭宁副校长并没有满足，她说：“搞‘MS-EEPO 有效教育’，要让大学、中学、小学联动起来，才能形成合力。”她是个说干就干的人，立刻组建了由本校教授、博士以及实验区中小学教师组成的研究团队，开展理论研究与实践攻关。2014 年 5 月，在西安举办的全国“MS-EEPO 有效教育”展示活动中，彭宁副校长带着这个团队现场展示了他们的研究成果，取得了极大的成功，孟教授称赞他们创造了大学、中学、小学联动培养一流人才的首套模式。

广西师范学院推进“MS-EEPO 有效教育”的方式是较为特别的。对此，教务处处长梁梅是这样说的：“我校成立项目办公室，挂靠在教务处，这样做有利于整合全校资源和社会资源推进项目建设。从实践的角度看，效果突出，我们在短时间内就建立了覆盖全校所有二级学院的教育团队和实验班级，建设了 100 多间‘MS-EEPO 有效教育’教室，组建了跨学段、跨学科的指导专家委员会和研究团队，开展了全校性的教研活动。”

作为项目办公室的重要成员，莫运佳研究员一直参与“MS-EEPO 有效教育”的管理工作，在广西几次大型的培训现场，我曾与他进行过多次交流。

莫运佳研究员认为，在大学实施“MS-EEPO 有效教育”非常重要。由于大学教师都有一定的理论基础，也参与过各种教学改革，容易把“MS-EEPO 有效教育”等同于以往的教学改革，同时，由于“MS-EEPO 有效教育”的话语体系与传统教育完全不同，需要教师重新学习，这增加了教师的负担，使部分教师有抵触情绪。因此，要认真研究推进的策略，重点从实施的必要性和紧迫性入手，加大宣传力度，以自愿为原则，通过案例展示、典型树立、项目引导等办法加以推进。学校在组建团队之前，就由本校省级咨询专家李红教授在全校举行了“MS-EEPO 有效教育”的公开课，师生互动、生生互动的课堂新生态引起了观摩教师的极大兴趣，他们直观地感受到了“MS-EEPO 有效教育”的课堂魅力，第一次报名人数就达到 120 多人。目前，已有 35 名教师成长为省级咨询专家培养对象。

莫运佳研究员还说，推进“MS-EEPO 有效教育”有很多配套工作要做，仅从管理的角度，就有管理模式、教与学的评价标准、教材开发、教学方法学段化改革等诸多领域需要研究探索。而且，作为师范院校，不但要在教学中运用“MS-EEPO有效教育”，还要让学生熟练掌握“MS-EEPO有效教育”的操作体系。可见，他们的任务很重。但令人欣慰的是，一大批院系领导、教授、博士都参与到这项实验中来，以学生为中心的课堂新生态正在形成，师范生的教学能力大大提升，很多实习生的课成了实习基地学校的教师观摩学习的示范课。

在与我谈及学习“MS-EEPO有效教育”的感受时，早期参加“MS-EEPO有效教育”的李红、张巧文、谢学宾、何英姿等教师都认为，这一体系庞大缜密，开始接触的时候，往往会觉得其庞杂、难学，但几年下来，每次接受培训或开展培训都会有新的收获。随着对“MS-EEPO有效教育”体系的了解不断加深，他们真正领会到这个庞大体系的每个部分都是必不可少的。而且，要做到大学、中学、小学联动，大学教师就应该深入中小学课堂，直接参与中小学的教育改革实践。他们是这样说的，也是这样做的，他们不但每期培训都如期参加、认真学习，而且作为省级咨询专家，他们还经常奔走在各实验区的培训场所担当起培训新人的责任。

四、玉林师范学院：培养人才成为责无旁贷的义务与责任

近年来，玉林师范学院不但积极研究“MS-EEPO有效教育”，还带领教师投身于教育教学改革之中，在更高的层次上构建了教育创新的精神“金字塔”。

据学院的蒋丽萍、唐世纲、梁丹等教师介绍，在引进“MS-EEPO有效教育”方面，学校领导主动出击。起初，党委书记李继兵、校长梁伟江、副校长王卓华先与孟教授本人进行了面对面的交流、商谈，初步达成了“攻坚”协议，然后向教育厅提交设立基础教育学校教学改革试点项目研修基地的申请，并得以顺利通过。

梁伟江校长认为，作为培养未来教师摇篮的玉林师范学院，建立“MS-EEPO有效教育”基地，培养适应时代发展所需要的师范生，用以直接推动教育改革，是学院责无旁贷的义务与责任。为此，学院建立了与中育有效教育研究所、广西教育厅、玉州区教育局、玉州区“MS-EEPO有

效教育”试点学校的联动机制，形成了研究机构、行政管理部门、中小学、高校管教研一体化的网络体系。

玉州矢志不渝的改革让很多有思想的教师，特别是农村地区有改革意识的教师进入了“MS-EEPO 有效教育”专家的阵营。玉林师范学院大力引进玉州区“MS-EEPO 有效教育”的师资，加强学院与当地中小学校的“组合出拳”，按学科特点进行分类组团，将学校的研究优势和一线的探索发现进行有机结合，达成深度合作，优势互补，实现双赢，最终形成了相对应学科的大学、中学、小学结合的教学、科研、执行一体化的互助团队。最后，“MS-EEPO 有效教育”的推进取得了事半功倍的效果。

梁伟江校长兴奋地说，学院按专业划分归类，组建了 12 个“MS-EEPO 有效教育”团队，并对教师进行全员“MS-EEPO 有效教育”培训。同时，还细化组建“MS-EEPO 有效教育”班级团队，开展教学模式实验，并给予每个学科一定的项目经费。

据王卓华副校长介绍，他们特邀孟教授和他的专家团队到学院来，为教师深入浅出地讲解“MS-EEPO 有效教育”的基本理论与操作流程。孟教授高屋建瓴的理论讲述与风趣、幽默、鲜活的操作语系，让与会者个个都有一种如沐春风之感。而专家团队中的教育厅基础教育处罗索处长、韦昌勇主任，以及全区基础教育学校教学改革试点项目办的陈苏梅、党雪妮、陈娴、罗海峰等教师的培训，从不同层面上让心有灵犀的教师领略到了“MS-EEPO 有效教育”“横看成岭侧成峰，远近高低各不同”的奇观异景。于是，教师掌握了“MS-EEPO 有效教育”的各种课型方式。

学院在“请进来”专家的同时，还实施了“走出去”的战略，即与周边地区建立教师教育联盟实验区，派遣一批学科教师到教育一线听课，熟悉目前基础教育的教学现状，让实习生全面进驻实验区学校，定岗定位定任务，一线教师与实习生“并轨”，讨论、解决实际问题。这不但让师范生积累了教学实践的资本，还让他们在“MS-EEPO 有效教育”这块“磨刀石”上成为研究者。

学院教师掌握了“MS-EEPO 有效教育”理论与操作流程后，还有的放矢地对学生进行教育基本理论讲述和现场实践教学，使他们做到会讲、会做、会评。

这些改革践行者在一路推进教育教学改革的同时，也不断地收获着对教育的经验、感悟。李信巧、蒋宁、梁钊华、陆小玲等一批有思想、有观点、有专业性视角的省级“MS-EEPO 有效教育”专家很快冒了出来。而且，一批后来者也雄心勃勃，做好了闯入教育专家殿堂的准备。

改革愈是向纵深发展，愈是需要高层次的人才。梁伟江校长说，通过“MS-EEPO 有效教育”这个途径，学院已经走过探索、改革、创新三个阶段。这是多年来大学教育发展的一个重大转折和关键性突破，它为今后的教育发展提供了更大更广的空间和平台。现在，学院已做好准备，不但要继续实施“金蝉脱壳”计划，为当地中小学培养一大批懂得“MS-EEPO 有效教育”的实践性教师，还要实行“化蝶翩飞”工程，从中摸清教育发展的规律，对这一实验进行学理层面的升华。学院还要利用与陕西师范大学联合培养研究生的平台，鼓励、支持中小学教师和本校本科毕业生报考专业教育硕士研究生，以“MS-EEPO 有效教育”为研究方向，着力在教学中的瓶颈部位、薄弱环节上下大力气，培养出适应未来、开拓创新、勇敢挑战的高品质、高标准、高层次人才。

驶向教师优质发展的“高速路”

——青岛市李沧区国培研修试点成功探寻

网络研修与校本研修整合培训项目是教育部示范性远程研修项目，也是我国网络研修走向社区、走向校本、走向常态化的标志性项目。李沧区作为山东省的五个试点区之一，积极参加了“国培计划（2013）——网络研修与校本研修整合项目”，并且取得了累累硕果。

李沧区地处城乡接合部，教育的不均衡还在一定程度上存在着，而影响不均衡的重要因素主要是教师水平高下的不同。国培项目试点的实施，则让所有的教师都可以在同一个平台上接受省级、国家级专家的引领与指导，甚至还可以与高层次专家直接对话。一些原来相对薄弱学校的教师颇有大开眼界、大获丰收的感慨，他们说：“国培不但改变了我们的教育理念，也为我们的教学提供了有效的方略。”有些教师雄心勃勃地说：“学以致用后，我们同样可以培养出优秀的学生，从而满足老百姓对优质教育的渴望。”

国培七大特点

对于国培，李沧区有着特殊的感情，也有着深刻的认识。在采访李沧区教育研究发展中心主任张炳宏时，他不假思索地谈到了国培项目的七大特点。

特点一：成立了以区教体局局长为组长，由区人事科、宣传科、教育科、政工科、督导室、教育研究发展中心等单位和部门组成的领导小组，对全区校本研修与教师专业发展进行统筹安排、协调管理，对项目设计、组织实施等进行质量评估监控，为项目的开展提供政策和条件保障；成立综合协调组、技术保障组、学科教师团队指导组、宣传报道组、督导评估组等职能工作小组，负责各项工作的具体实施；各学校建立了以校长为组长的领导小组，组织相关学科的教师全员参加，确保保质保量地完成研修任务。

特点二：国培是在教育部项目组的领导下，有计划、有组织地有序推进的，具体到某个县区，则由整个区域行政部门来具体落实，所有学校、所有教师都参与其中，从上到下形成了一个系统性的专家指导团队。它的顶端有一个层次很高的专家指导组，几乎汇聚了所有学科的知名教育专家，各省又有省级专家团队，县区专家团队由各学科教研员与骨干教师组成。到了学校则按照不同学科，将教师分别组合成不同的研修小组。每个研修小组，都由一名有一定研究水平的教师担任研修组长。如果有的学科只有一两名教师，则会跨校组成研修小组。这样，就由上到下构建了一个业务指导的团队系列，全覆盖地让所有教师都可以得到指导。

特点三：这一研修将线上与线下有机地结合起来，既打开了教师研究的视野，让他们可以随时在网上向省级、国家级专家请教，又可以结合本地本校的教育教学实际，让当下的研究落地生根，然后开花结果。网络平台是一个共享的平台，可以为教师的校本研修提供随手可得的教育资源，教师也可以上传自己收集整理的学习资源供大家使用，从而让网上的教学相长成为可能。教师不再是“单打独斗”地搞自己的教学研究，也不只局限于本校教师之间的交流，而有了来自天南地北的网上教师与学习同伴共同研究。这对于那些自觉且好学的教师来说，无疑是一个“海阔凭鱼跃，天高任鸟飞”的研修新时空，从而让自己的理论水平有了持续提升的可能。有了理论的支撑与学习的园地，较快地提升研究水平与教学能力便可能成为现实。

特点四：融教学、教研、科研与培训于一体，形成一个互相促进的教师发展系统。教学不再是单一的如何上课的问题，还有了与教研、科研维系在一起的研修。遇到某个难解的问题时，教师随时上网请教，得到理想的反馈，这既可以让当下的教学得到网上名师的指点，也通过网络进行了理想的培训。线下的社区团队又会与网上的研修相得益彰，因为备课、议课、磨课、观课、评课等研究，不只是个体研究，还需要团队的共同参与。团队还要对这一研修的过程设计、组织实施等进行过程评估和质量监控，形成科学、规范、易于操作的校本研修评价体系，并通过评价体系的构建推动研修工作的进一步开展。

特点五：这一国培项目特别注重一点，即各个学校根据自己学校的实际情况，各个教师结合自己教育教学的情况，探索出适合自己学科、适合自己教学风格的有效研修方式。它是基于网络的一种校本研修，是“基于学校”“为了学校”的有针对性的研修，其研修内容和形式从教师中来，再回到教师中去，符合教师的需求和学校实际的校本研修计划，有利于大面积地提高各个学科教师的教育教学水平，为校本研修走向规范化和常态化提供了保障，也为学校软实力的打造提供了一个平台。

特点六：聚合群体智慧，将课程整体校本化。培训与进修不只有利于个体教育教学水平的提升，还有利于社区之中的分享与互助。那些教材中的重点、难点、疑点，以及如何让学生主动学习与乐学、善学等，经由集体的研讨，都可以得到有效的破解，且能形成共享的精神资产。以前备课效率低下的问题也迎刃而解，高效教学不再是一个神话。

特点七：对整个区域的所有教师进行统一的培训。以前，尽管也会请专家到李沧区讲课，但是，受益者仅是部分教师；也曾与相关师范大学进行过合作，做过一些项目，各个学科都外聘了指导专家，但往往是顾此失彼，甚至有始无终，要么是培训人数有限，要么是所请专家只待寥寥数日，教育状况仍然没有太大改变。

正当上级苦苦思索找不到路径的时候，国培项目出现了。2013 年，张炳宏主任带领教育研究发展中心人员，反复与省项目办接触，终于将国培项目引进了李沧。

张炳宏主任信心十足地对我说：“我们提出了明确的研修目标，相信经过几年的努力，李沧区就会形成网络研修校本化、校本研修日常化的科学研修机制，构建出属于我们区的校本研修文化。”

优秀教师成长工作室成为培养名师的摇篮

2013年暑假期间，经学校及个人申报和区教体局组织评选，李沧区挂牌成立了5个区级优秀教师成长工作室，它们分别以5名李沧区名师的名字命名：“李雅慧优秀教师成长工作室”“成玉丽优秀教师成长工作室”“姜增红优秀教师成长工作室”“宋道晔优秀教师成长工作室”“演欣荣优秀教师成长工作室”，对应学科分别为中学语文、物理、英语，小学语文、数学。

区教体局的韩川德局长说，工作室的建立旨在充分发挥本区优秀教师资源的凝聚、辐射和指导作用，推动优秀教师队伍的建设，培养青年教师、骨干教师更快地成长，奠定李沧区教育发展的人才基础，促进全区教育教学质量的提高。这些横跨27所学校的研修，一直在如火如荼地进行着，取得了非常可喜的成绩。2013年，国培项目的引进让这些工作室如虎添翼，因为国培中的网络研修模式不但与这些工作室的研究课题相契合，而且为教师的研究提供了更大的平台。

据韩川德局长介绍，为推动优秀教师成长工作室的发展，李沧区教体局提供了必要的资金支持，每个工作室每年可获得20万元的专项发展基金，经费主要用于购置图书、音像等资料，课题研究，聘请专家，外出考察学习以及维持工作室正常运转等。

李沧区优秀教师成长工作室的建设周期为3年，教体局已经制定出一整套完善的工作室运行机制——工作室要积极开展学术研究，在任期内“带一支中小学教师队伍，抓1～2个项目，出经验见成果”，不断提高科研能力；工作室中的每个核心组成员每学期至少讲授2次以上的教育教学示范课，提交2份以上的优秀教学设计或优质课例实录，开设至少3次以上的教育教学讲座；建立优秀教师成长工作室网站，开展远程教育培训，在优秀教师成长工作室网站上与李沧区中小学教师互动探讨，较好地发挥辐射和带动作用。

韩川德局长说，优秀教师成长工作室中已有3位被评为山东省特级教师，有的还是山东省首届齐鲁名师、山东省优秀教师，在他们的带动下，还会产生更多的名师。他相信，优秀教师成长工作室能够成为培养名师的摇篮，进而促进整个区域教育向着更高的层次发展。

一、宋道晔优秀教师成长工作室

以特级教师、齐鲁名师宋道晔其人命名的“宋道晔优秀教师成长工作室”是由小学语文骨干教师汇聚而成的一个研修团队，团队成员来自8所学校，多达40余人。之前，宋道华老师在小学语文教学，特别是小学作文教学方面进行过深入的研究，取得了不少成果。结合国培项目，工作室决定在低年级语文课程改革方面进行新的探索，因为这是平时教学中的一个难点。上海师范大学的吴中豪教授在这方面很有研究，是国内这一领域为数不多的教育专家。于是，他们就邀请吴教授担任工作室的指导专家参与这项研究。逢每月一聚的工作室研究活动，吴教授都会从上海专程赶来，面对面地对工作室成员进行指导。吴教授还经常走进课堂听课，其独具特色而又中肯的点评，往往让教师敬佩不已，且受益良多。

课堂教学的改革离不开学生学习方式的变革，没有学习方式的变革就没有教学方式的变革。教师在讲台上讲个没完，甚至还对学生“多其训，言及于数”，学生就很难产生学习的兴趣。结合国培项目与吴教授的指导，宋道晔老师带领工作室的教师在课堂改革上动了“大手术”。为此，他们制订出有效教学的量表，主要测定教师一节课究竟讲了多长时间，有哪些内容是有效的，哪些是低效甚至无效的，学生中发言者占了多大比例，效率高下如何等。这一量表不是从外面不加改造地“拿来”的，而是工作室的教师全员参与而研究制订出来的。哪一个人不执行，不但是对这一量化制度的违背，也是对自己研究取向的悖逆。况且，吴教授还会坐镇现场，进行课后点评。这种真刀实枪的课堂改革，让不少教师有了一种凤凰涅槃般重生的感觉。

最终，可喜的教育景观出现了——学生不再是课堂上被动接受知识的“容器”，而变成了积极思维、大胆言说，甚至争辩不休的富有生命张力的个体。

宋道晔老师欣喜地发现，永宁路小学的于艳老师不但是位优秀的教师，还是一个很有研究才华的人，于是，她就鼓励于艳老师出版自己的著作。引进国培项目之后，于艳老师的理论水平有了很大的提高，研究热情也水涨船高，宋道晔老师提出某个具体的研究问题之后，旋即就得到于艳老师的回应，其后于艳老师就会将它写成文章。

说及此事，于艳老师总是心怀感激，她说，如果没有这个工作室，没有国培项目，没有宋道晔老师的指导与激发，再过多少年，她都不可能取得这些成果。她现在已经完成了两本著作，可她说这不只是她一个人的研究成果，其间不但有工作室全体成员的功劳，也有与她同甘共苦的学校同事的群体努力。说起她的同事，于艳老师就有一种特殊的自豪，她说，在整理出版这两本书的相当长的一段时间里，她与她的同事几乎天天加班，以至深夜都不能回家。于艳老师说，没有这一群“拼命三郎”，没有一种牺牲精神，没有为了学生而积极向上的品质，是不可能出版这两本书的。

不只是于艳老师，工作室里还有一批教师在一边研究一边收获着，尤其是经典课例已经积累甚多。仅于艳老师一个人就积累了16个课例，发表引领性文章共20多篇。

由宋道晔老师牵头的优秀教师成长工作室研究的“语文课程视野下的小学习作教学实践研究”在山东省首届基础教育教学成果奖评选中获一等奖，并被推荐参加国家级教学成果奖评选，其子课题“小学语文主题单元式读写结合的研究”荣获该项评比的三等奖。

宋道晔老师认为，要在研究中提高、在交流中提升，课题引领是实现教师成长的必经之路。根据工作室成员的研究方向和研究兴趣，她帮助各位成员结合国培磨课中的具体问题，将问题进行提升后再确立为小课题，仅用一年的时间就确立了20余项课题。她满怀希望地说，相信会有更多的教师在这个工作室中脱颖而出，也希望他们能“青出于蓝而胜于蓝”，取得更加优异的成绩。

二、李雅慧优秀教师成长工作室

以李沧区教研室主任、初中语文教研员李雅慧命名的“李雅慧优秀教师成长工作室”是一个专门研究初中语文教学的工作室。工作室中聚集了40多名李沧区的初中语文教师，占全区初中语文教师总数的三分之一，“我们工作室里的名师是按梯度招募的，有9名核心组成员，每个核心组成员带领三四名骨干教师。”李雅慧老师说。核心组成员在李沧区已经有一定的知名度，教学经验也比较丰富，而骨干教师既包括新入职的教学新秀，也有已经在教学中崭露头角的教师。

李雅慧老师相信“名师出高徒”。多年来，她一直与全国著名特级教师余映潮、上海师范大学教授郑桂华、山东省语文特级教师毕淑娟等人有着密切的联系，他们也经常到李沧区指导初中语文教学工作，这对于提升工作室教师的理论水平与业务能力起到了很大的作用。

国培项目的引进让李雅慧老师又结识了更多的名师。不同的是，对这些名家名师，很多是她从未谋面的，而是通过网络研修所拜的师傅，虽未见面，却可以随时请教，并得到有效的指导。用李雅慧老师的话说，她得到了线下与线上、认识与不认识的名师的指导，她所牵头的名师工作室的教师也与她一样，得到了更多名师的指点，并获得了持续不断的发展。

国培项目的目标是走向校本，服务校本，解决教师教学过程中遇到的实际问题。校本研修的主要形式是混合式课例研究。国培项目（2013）启动之时，正是李沧区申报的市级课题“初中语文‘类文阅读’教学法实施策略研究”被批准立项之日，这个课题研究要解决的问题正好与这次国培的目标相吻合，而课题研究的内容正好可以通过“混合式课例研究”来实现。经过反复研讨后，课题组的教师决定，要用课题研究引领国培研修，用国培研修推动课题研究。

“类文阅读”指的是在教学课本的过程中，教师精选与课文具有相类似的、贴近学生阅读水平和需求的文章、书籍，利用课堂时间，引导学生感知和感悟语文的美，从而达到提升学生语文素养的目的。

众所周知，语文学习如果没有大量优质语言的吸收，是不可能形成优质的语系的。学生之所以写不好作文，甚至害怕作文，以至有的语文教师也写不好文章，其中一个关键原因就是阅读的量小而质低。叶圣陶先生说得好：“教材无非是一个例子。”这就是告诉我们，不但要研究这个“例子”的特点与规律，还要将其拓展开来，进行与之相关的阅读。而创建与教材同步的“类文阅读”读本，已经走向了语文学习的正道。当然，这里的相类点，还不单单体现在人文层面，还涉及写作方法与写作风格；不但有文章，还有图书。同时，还要探索“类文（书）阅读导读教学法”，从而提升阅读的实效性。

据李沧区教育研究发展中心的张合宝讲，“类文阅读”课题研究还有一个重要内容，那就是精编与教材同步的阅读读物。在国培研修过程中，在“混合式课例研究”的同时，课题组的教师还精编了与七年级教材同步的阅读读物《七年级上册类文阅读读本》《七年级下册类文阅读读本》，共计20多万字，为教师的课例研究提供了很好的“类文阅读”素材。根据课程标准中推荐的名著，以及同步教材中贴近学生阅读兴趣的作家名作，他们深入调查、阅读实践、比较分析，最后选定了适合初中三年六个学期每个学段学生阅读兴趣与需求的同步阅读书籍共计38本。

潘宏达是李沧区第六十一中学的语文教师，他是著名特级教师余映潮的及门弟子，曾在第五届名家人文教育高端论坛暨名师课堂研讨会上教学《喂——出来》一课，获得普遍好评。潘宏达在接受我的采访时说，他的进步与工作室有着很大的关系。因为自从加入工作室后，自己的思路被打开了。他说：“我们每周都有一次‘头脑风暴’，大家各抒己见，讨论得非常激烈，有时也会因为一个问题争论得面红耳赤。”但很多精彩的观点和看法就是在争论中产生的，很多教师的优秀教学方法也会被潘宏达借鉴到自己的日常教学中。

李雅慧老师说，潘宏达老师是他们工作室的骄傲，他自己却总是那么谦虚好学，相信未来他会发展得更好。同时，李雅慧老师也高兴地告诉我，工作室里形成了一种你追我赶、精诚合作的风气，相信更多的优秀教师会如潘宏达一样走向全省乃至全国。

校际联合打造共同发展的研修社区

长期以来，每个学校的教学研究各自为政，虽然也收获了一定的研究成果，有时却因为“闭关锁国”而难以学到其他学校的经验，有的学校甚至以老大自居，不思进取。为了破除这些弊端，李沧区乘着国培的东风，构建了以校际合作教研为基础的研修社区，从而共同推动学科教学的发展。

据虎山路小学的隋玉华校长讲，研修社区中都是有着共同办学理念的兄弟学校，以交流、合作、提高为宗旨，以课例研究为载体，定期开展活动。研修社区中的资源共享，优势互补，实现了真正意义上的合作、共赢。

由虎山路小学、浮山路小学与李村小学组建而成的三校教研共同体，分别成立了以校长为组长的工作领导小组，而且明确规定了具体的实施方案，即主要通过语文、英语两个学科进行共同研修，开展说评课活动、课堂教学模式专题研讨、教学案例撰写与研究等，并邀请青岛市学科专家张元和徐惠春老师定期到学校诊断课堂，呈现出以下一些明显的特征。

一是教研内容的专题化。本学期的联合教研逐步从单一的听课发展到专题化的研究，即解决学科教学中的难点问题，探究同一专题知识链条的梳理，探究同一类学习的共性的方法。浮山路小学的刘燕老师说，他们在语文学科中就低年级识字方法进行了研究。识字不仅仅是一种方法，还要将识字与学生的知识经验及学生对汉字的理解结合起来，只有将具体的方法与学生对汉字有感情的理解与认识产生共鸣的时候，学生才会与汉字建立感情，提高识字的能力，还要注意这些字所在的语言环境，避免学生孤立而片面地识字，此外，有意识识字与无意识识字的结合也是识字的好方法。又如，英语学科的实践性很强，要想学好英语，就不能只让学生机械地识记单词，而是要有意识地创造有趣的活动，让学生多动、多说。教师还要创设英语学习的语境，特别是在无意识记忆中让学生学好英语，也能收到理想的效果。

二是实施方式的多元化。教研共同体除了关注课例研究与某个学科的研究之外，还不断地向外延伸。例如，张元老师就以“以学生活动为载体的课例”为题，引领现场的教师在具体课例中分析如何体现学生活动，通过计算并对比教师活动的时间和学生活动的时间再对比，让教师改变那种在课堂上教师“唱主角”的现状，从而留出更多的时间让学生进行思维碰撞与思想交流，真正体现学生的主体地位。又如，在英语活动中，徐惠春老师结合英语教学的重难点问题与共同体的教师进行有效的对话交流，并参与了课题会，就学科的专业问题进行引领。

刘燕老师告诉我，仅浮山路小学一个学校，每个学期就会开展五六次的专家进校指导活动，教师要参与课例打磨 10 余节，并多次进行专题报告。专家的引领，不只让教师在专业方面得到了提升，在理论上也有了更新。特别是教师的生命状态呈现出积极向上的态势，参加研修已不再是被动的事，而成了分内之事，成了主动行为。2014 年，浮山路小学喜获山东省校本研究先进校的荣誉称号。

李沧区实验小学的王春蕊老师与春雨小学的王文琼老师说，她们参加的是由 8 所学校凝聚而成的一个共同体，大家有着共同的研究方向，有着相同的精神追求，是志同道合的研修共同体。他们要解决的问题多是教育教学中个体难以解决的问题，通过社区研修，不但可以有效地解决这些问题，还可以让参与其中的教师学会解决问题的方法，得到精神上的升华。当然，在研修过程中，网络环境是不可或缺的一个重要因素，网络是获取外部资源的一个平台，同时又是破解难题与生成教师智慧的一个必要条件。如今，网络技术发展势不可挡，在课堂教学中也显现出了其独特的魅力，诸如“智慧课堂”“翻转课堂”“可汗课程”“慕课”等，在打破文本结构与教师教学方式的同时，也让课堂呈现出五彩缤纷的色彩，从而让学生走进了快乐学习的境界。

李沧区教体局的刘科长认为，社区将不同学校的优质资源集合起来，形成了一种智慧场域。在共同研修中，大家的思维是开放的，常常有很多奇思妙想涌现出来，让研究结出丰硕的果实。这不但让大家共享了研究的成果，也让不少人有了在更大范围内展示的机会，且由此获得了自信心与自豪感。同时，校际教研共同体对于促进教育均衡发展还起到了很大的作用，因为共同体中的这些学校分布在不同的方位，其办学规模、师资配备、生源情况等不尽相同。共同体的构建，让优质资源不再只属于哪所学校、哪位教师，而是每所学校每位教师都可以拿来“为我所用”，从而解决了相对薄弱学校师资力量、研修能力不足的问题。更重要的是，大家在共同研修中，学会了展示，也学会了倾听；学会了竞争，也学会了合作。

学科研修团队生机无限

在李沧区的众多研修队伍中，与优秀教师成长工作室、校际研修共同体相映成趣的还有学科研修团队。这些团队汇聚了某些学科的骨干教师，团队成员从学科本身进行了深入的研究，彰显出学科本身的内在规律。

一、小学英语教师教学水平在“磨”中提升

混合式课例研究即“三备两磨”的研课程序，正好与李沧区教育研究发展中心郭钰峰引领下的英语研修团队所做的“课堂观察促教师专业发展”的课题有着内在联系。于是，他们将二者进行了整合，在线上学习的同时，在线下原来课堂观察课题研究的基础上，组织课题组首先进行了课例研究。

1. 一备与一磨

作为研究主体的课题组，在学期之初便制订计划，确定教研主题，设计观察量表。先由课例授课教师根据已有的经验备课，然后课题组全体人员听其说课，并提出相应的修改意见，对课堂观察量表进行讨论与定稿，进行课堂观察分工并约定观课的时间和地点。

2. 二备、上课与二磨

课例授课教师在一备一磨的基础上进行二次备课，并按照约定的时间与地点进入课堂上“一教课”，课题组则随堂听课。课后，课题组召开会议，交流“一教课”的长处与不足，提出相应的修改意见与建议，并确定“二教课”的观课时间与地点。

3. 三备、上课与课后会议

课例授课教师在二磨的基础上，第三次修改教案，然后在全区内上

“二教课”，课题组成员除认真观课之外，还要写出课堂观察报告，同时向全区观课的教师说明“一教课”与“二教课”的演变过程。目的是合力打磨出一个磨课样本，供教师参考与学习。

几次备课、上课与磨课之后，对授课教师来说可能是一个煎熬的过程，其间可能要面对难以承受的心理压力，尤其是对于那些有了一定名气的教师而言。因为观察者个个都是“铁面包公”，一点也不留情面，特别是对于备课、上课中出现的问题更会一针见血地指出来。可是，当最后让大家称道不已的课成形后，又有万般滋味在心头——如果没有那些观察者的“挑剔”，也许很难达到这种水平，也很难发现自己教学中的问题。所以，每每授课教师走到最后，几乎又都会感谢这种“三备两磨”的研课方式。因为成功课例的背后，有无数位教师的无私“援助”，授课教师是最大的受益者。

同时，观察者也受益良多。他们在观察他人的时候，发现了他人优势的时候，不由自主地产生了“择其善者而从之”的心理；在发现别人问题的时候，也会情不自禁地生成一种“其不善者而改之”的心理与行动。所以，观察者不是被动者，他们同样是主动者，也是学习者，是进步者。

二、生物团队研修破解生物“生命课堂”的难题

陈伟伟老师是李沧区教育研究发展中心的生物教研员，他于 2011 年 11 月开始了市立项课题“课堂观察促进初中生物‘生命课堂’构建研究”的研究。经过两年多的深入研究，他及他所领导的生物教师团队已经在课堂观察方面形成了一定的体系，创造了许多成功案例，探索出了生命课堂的基本特征和原则，对指导课堂教学、提高教学效益产生了较显著的作用。

2013 年的国培计划，使陈伟伟老师的这一课题研究中的线下磨课得到了线上研修有力的理论指导，为普通教师的研修搭建了一个更加广阔的平台。通过网站上开设的网上论坛、教研沙龙、线上讨论等专栏，教师足不出户就可以得到专家的指导和引领。将从理论上汲取的丰富资源，注入到生物课堂教学实践之中后，更是有效地提高了课例打磨的实效性。

青岛市第三十三中学、第六十二中学的研修团队还从不同维度自主研发出了“生命课堂”的观课量表，但在观课应用时出现了难以解决的问题，国培研修则很好地解开了这个难题。他们通过请教专家与团队集体研究，终于形成了“生命课堂”新的观课量表，量表中数据的记录相当简单，大大减少了观课教师的工作量，使教师有更多的精力去观察学生。配合上课教师提供的座次表，能够更好地解决学优生和学困生的学习问题。多人共同观察同一个方面，可以保证观察结果的准确性，为评课议课提供较客观的依据。

国培项目与“生命课堂”课题研究有一个共同点，那就是都着眼于学生的成长。磨课也好，量表也好，都旨在让课堂成为学生挥洒生命热情的地方。如第六十二中学的教师借助国培这个平台，以课堂观察为有效手段，重点关注了学生的合作学习，确定了以“师友互助”教学策略为中心的磨课计划。孙晓梅老师在执教“病毒”一节时将“师友互助”教学策略与国培网络研修中倡导的“概念教学”有机地结合起来，进行了大胆的尝试。课堂上组织有序，学生思维特别活跃，彼此的合作也变得更加频繁了。这让学生感到，学习成了打开思维、放飞心灵的快乐之旅。

借助国培研修与课题引领，生物研修团队已经在线上研修过程中创建了 5 个学习园地，有 18 篇作业被指导教师推荐，其中的 15 篇被国家和省级专家点评推荐，推荐率名列学科第一。多位教师带领学生在省级创新实验大赛中取得了一等奖的优异成绩。

学校校本研修热火朝天

国培计划（2013）的主题就是“网络研修与校本研修整合”，因此如何借国培的平台，深化学校校本研修就成为各个学校的研修任务之一。参与国培项目的各校教师全心投入、潜心研修——看视频、写作业，读简报、写随笔，讨论发帖、在线研讨，可谓热火朝天、精彩纷呈。

一、青岛惠水路小学的“磨刀”与磨课

国培的重要目的之一就是提高教师的思想境界与教学水平，那么如何抵达这一目标？对此，青岛惠水路小学进行了有益的探索。他们采取线上、线下相结合的方式，通过理论学习、小组学习、互评互学、课例研究等，采用“磨刀+磨课”的方式推进，研究项目由教师自己提出，增加了大量和专家互动的环节，大大增强了问题解决的针对性。

“磨刀”的形式不是固定的，而阅读无疑是其中最重要的一项。从表面上看，它也许与当下教师的教学没有直接关系，从长远看，却是提升教师业务水平的关键所在。好书是教师精神成长的必需营养，营养越充足，教师教学的水平就越高。因为好书之中不但摇曳着一种智慧的光华，也流泻着一种思想的要义。持续不断地阅读好书，就能持续不断地提升自己的人生境界，进而丰富自己的语言体系。这时，不管研究什么课题，不管教学什么内容，都会大有收获，而且还会产生一种乐在其中之感。

据史超老师讲，学校为教师提供了必读与选读书目，且确定了固定的读书时间、地点，建立了读书 QQ 群，开展了读书沙龙，形成了一种浓郁的读书氛围。此外，他们还特别学习了某些知识生长点背后的经验，如吴忠豪教授的故事教学、宋道晔老师的习作单元改革经历等，并亲自聆听他们的教诲，大大提升了教师的教学能力与研究水平。

在磨课中，学校将重点放在了教师怎么教与学生怎么学方面，而目标叙写是其重要特色之一。

做任何事情都要有目标，教学亦然，而目标叙写就成了教师教学取得成功的必备素质。好的课堂教学目标，除了具有关键性的知识点之外，还要关注学生思维扩张的生成点。为此，学校打了一套“组合拳”：第一步，各学部引领教师学习崔允漷教授的《追问“学生学会了什么”兼论三维目标》一文，明确目标叙写的几个要素；第二步，请每位教师提交一份自己最满意的教案，并强调重点——把目标写好；第三步，进行专题展示培训，之后，进行培训效果的检测，即重新改写自己提交的教案，作为参训成绩；第四步，以学科为单位，进行叙写目标的专项竞赛。

通过一次又一次的磨课研修，教师不但明确了目标，学会了如何确定目标，而且能写得言简意明，让人一目了然。

二、青岛沧口学校的书香研修团队

青岛沧口学校在研修中同样关注了阅读，尤其是历史组的书香研修团队，读书更是读得热火朝天。据矫立华校长讲，在教研组组长姜蕊老师的引领下，历史组建有自己的书吧，书的种类很多：哲学类、文学类、人物传记类等。更加可贵的是，这些书都是教师自己精心挑选的，文化品位比较高。在他们看来，读书的品位决定了人生的品位。当下许多教师读书不少，进步却不快的重要原因，多是在读书走向上出了问题。当然，只停留在读的层面上还是不够的，孔子说："学而不思则罔，思而不学则殆。"思则有疑，疑则有辩，辩方能明。历史组的教师从来不回避问题，哪怕是对很小的问题都能进行友好而激烈的辩论与争论，而且做到了"有弗辨，辨之弗明，弗措也"。彼此争辩的过程，打开了思维的大门，共享了研究成果，提升了研究的水平。

矫立华校长认为，国培研修指向问题追踪式的研究，就历史学科而言，新课本在每个单元结束之后都增加了一节活动实践课，但是不少教师对此关注得不够，使得历史越来越与现实脱节，导致学生学习兴趣越来越小。教师通过热烈的讨论，以及对整套教材各个单元体系的分析之后，最终确定用历史活动课的形式解决这个问题。"20 世纪歌曲中的历史"这个课题就是教师在集备的过程中讨论出来的，经过大家的一致探讨，确定由有着深厚音乐功底的历史教师丁彦彦承接这堂课的磨课任务，在大家的共同协助下，"20 世纪歌曲中的历史"课题应运而生。

三、青岛永宁路小学国培事例

国培研修期间，青岛永宁路小学坚持在主题的统领下，把研究和学习的权利还给每一位师生，在统一的方向下，让大家有自己的思想，用自己的方式，发挥自己的特长去做事，真正实现了享受工作、学习的快乐。

于艳老师介绍，学校语文学科团队借助齐鲁名师宋道晔工作室平台，依托国培，以课题为引领，严格按照研修流程进行磨课，并在这个过程中实现了团队科研能力的提升。

尤其是在课例打磨阶段，教师为了验证课题研究的成效，在宋道晔老师的建议下进行了大胆的尝试，主要是对苏教版三年级上册第五单元进行了统整备课，将该单元的《“东方之珠”》《小露珠》《石榴》分为两个表达主题：一是借用《“东方之珠”》一文进行“认识并运用总分的段落结构写介绍风景的片段”训练；二是借用《石榴》一文进行“运用总分的段落结构写介绍植物的篇章”训练，这两个单元分支需要 8 节课完成。借助三备两磨的环节，他们充分发挥着教师的主体作用，所有磨课环节都是围绕研究目标进行的成体系、导向性活动，从计划制订、教案设计到课后评议，经过 8 轮修改、4 次试讲，全校 25 名语文教师全部参与其中，大大激发了教师的研究热情。更重要的是，它让教师懂得了所有的好课不只需要思考，还需要亲自去做。在做的过程中才会发现，之前所想有的只是一种理想状态，有的甚至与预想的完全相反。8 轮修改、4 次试讲，以及 25 名教师的认可与反对，都成为成功课例的一份弥足珍贵的教学资源，成为教师不断成长的一个必经的过程。因为，从开始的尝试到最后的成功，他们不仅归纳出了某一教学的经验，还有对失败与成功的人生态度，以及由此形成的矢志不移的精神。

韩晓燕是一名工作已有七年的教师，在某种程度上到了工作的第一个迷茫期。参加国培后，她开启了个人课题研究之路，在专家的指导下她确立了研究课题——“在信息技术支撑下日记写作微课”，并通过国培平台与各地名师交流，倾听大家的观点，并将好的意见、建设运用到自己的课题研究之中，从而提高了教育教学的水平。那之后，她不再迷茫，而是有了参与研修的热情，也感受到了自己生命的价值。

参与国培研修以来，学校教师发表文章 17 篇，承担课题 11 项，教师个人获得荣誉 26 项，执教市级课 9 节，区级课 18 节，2 人当选青岛市教学能手。这些成就，有效助推了教师专业素养的提升。

沧州区教体局的韩川德局长欣慰地说，近几年，李沧区教师先后上市级以上观摩课、公开课、研究课、优质课达 150 多节，涌现出 37 位全国、省、市级优秀教师，6 位省、市级特级教师，117 位省、市级教学能手。如今，区级以上教学能手、学科带头人、青年教师专业人才等各类骨干教师已占到教师总数的 40%以上。

这些成果的取得显然与国培息息相关，更重要的是，由国培而形成的李沧区的教育教学研修队伍已经形成，教师积极研究的风气已经形成，这为李沧区教育的发展插上了一双飞翔的翅膀，让它从此飞得更高、更远！

打造“合纵”阵营，实现高位均衡跨越

——济南市市中区集团化办学的思考与实践

目前，集团化办学呈现出方兴未艾之势，涌现出了不少先进典型，然而，最令我为之振奋并大感兴趣的是山东省济南市市中区的集团化办学成果。在较短的时间，他们汲取了国内诸多集团化办学的成功经验，从区情、校情、师情、学情出发，开拓出一条极具创新意义的路径，为破解学校领导和教师交流的难题、实现教育高位均衡发展提供了丰富启示与有益借鉴。

全区教育：破解难题，做大做强

市中区是一个城乡并存的区域，此地优质学校固然不少，但城市薄弱学校与农村学校也同时存在。随着老百姓对优质教育资源的期待日益迫切，既有的教育格局已经难以适应新形势的发展。如何回应家长的期待，让更多孩子在家门口就能接受优质教育，已经上升为一个社会热点问题。

市中区教育局从重重困难中突围，成立教育集团，打造“合纵”阵营，用实际行动解决了这个问题。

一、打破理念枷锁

市中区教育局的刘绍辉局长认为，推进教育的均衡发展，绝对不是削峰填谷，也不是填谷造峰，而是通过集团化办学，集体走向高位均衡的教育领地。为此，就必须打破既有的枷锁，冲破校际的理念之墙。这就是说不能满足于关上门办好自己的学校，而要打开大门办好集团的教育，办好整个地区的教育。某些学校虽然已久负盛名，但是，一枝独秀不是春，万紫千红春满园。我们不能让教育成为一潭死水，而要使之成为充满生机的活水。刘绍辉局长认为，目前教育上的难题不在于个体事务性，而是体制性问题，而且这个问题很难解决。幸而，集团化办学让这些问题迎刃而解。以前，如果要将哪个校长或教师调到薄弱学校或农村学校，往往需要对其做很多工作，却仍难达到预期效果。自从集团化办学之后，大家都成了集团里的人，甚至成了一个系统中的人。成了一家人后，人人都需要交流，人人都想交流，集团化办学激发了所有干部与教师办学的积极性，让每一个人内在的潜能喷薄而出，在实现个人价值的同时，也让整个教育发生了天翻地覆的变化。

二、全区“抱团”发展

集团化办学不只是形式上的结合，也不是几个学校的临时组合，而是整个教育系统的内在聚合，是心动与行动和谐为一的升华。

聚合与和谐并不等于形式上的固化，而是根据不同的校情构建三种关系，即“母子”关系、“兄弟”关系、“伙伴”关系。所谓“母子”关系，即指总校与分校之间的关系，分校是从总校“母体”上分离出来的，比如，经纬小学之于经五路小学，育晖小学之于纬二路小学，育秀中学之于育英中学，泉景中学之于实验初中……前者为分校校区，后者为“母体”。虽系两校，却是单一法人，总校和分校校区之间实行人财物统筹管理。而具有“兄弟”关系与“伙伴”关系的学校，集团内各成员的学校法人、校名和行政隶属关系不变，强调的只是人力资源、文化资源、教学资源、管理资源、场地资源的统筹使用。比如，经五路小学与经八路小学是“兄弟”关系，恰如兄弟和谐共处，共同发展。“伙伴”关系则形成盟校，着重体现在初中学校，比如，育英中学与第六十八中，实验初中与第十四中学等。

三、三步持续推进

刘绍辉局长认为，集团化办学是一件大事，要想真正办好，就不能只有构想而没有行动。集团化办学不但要有计划，更要有让计划落地生根的持之以恒的行动，为此，教育局将其分为三步，持续不断地向前推进。

第一步：做实。

2013年4月16日，市中区推出了十大集团办学模式，各个集团之间的资源交流，特别是教师之间的交流大见成效，以往那些领导与教师难交流的问题都迎刃而解。而今，领导与教师不但积极报名参加交流活动，而且在交流中都有突出的表现，受到了所在学校师生的高度赞扬，也得到了当地老百姓的交口称道。其实，学校与学校之间所谓的不平衡，更多的不是硬件上的差异，而是师资上的不均衡。一批骨干教师进入相对薄弱的学校，不但能推动学校的教育教学改革，还能让学校发生巨大的变化，彼此不均衡的差距也就缩小了。骨干教师的交流，不同于以往的专家进校，也不同于以往的教师挂职锻炼。现在，教师彼此成了一家人，每个人都有一种本来就应该尽的责任与义务。

刘绍辉局长讲，集团筹建之初，他也一度有些担心：不能为校长提高任何福利待遇，却要让他们付出更多，特别是要去解决一些教育上的难题；不能为教师增加福利，却要让他们走更远的路，出更大的力，还要教出优秀的学生。让他始料不及的是，校长们个个激情满怀、乐此不疲，特别是看到原有的薄弱学校发生变化的时候，他们的心中都充满了自豪感。教师们不但踊跃报名，且个个像是去履行一种神圣的使命一样，虽然干得多而累，却有一种幸福在心间。因为他们看到，学生不再流失，甚至还出现了回流。难道还有比这更让人幸福的吗？

第二步：做大。

2014年3月，市中区再次推出十大教育集团，这使原来的集团数量大大增加了。目前，参加集团化办学的学校已达53所，占全区学校的80%以上。

新成立的集团学校内部制订了完善的“集团理事会”制度，逐步实现了人、财、物的统一管理与流动，实现了人尽其才、物尽其用的资源调配。核心校与成员校之间既统一协调管理，以提升成员校的办学品质，又相对独立追求各自的办学特色，实现互惠互助、共同发展。原先的“择校热”明显降温，往日的薄弱学校的美誉度不断提升。

第三步：做强。

做大是前提，做强是目的，尤其是将原先薄弱的学校做强，才能让更多老百姓的孩子接受优质的教育。对此，刘绍辉局长充满信心，他说，只要敢想敢做，且得到各方的支持，就没有办不成的事。如今，市中区集团化办学呈现出三个特点。

一是政府主导。在战略布局上，市中区政府将教育放在优先发展的位置。由区政府下发文件，成立了由区长任组长，区人社部、教育部、财政部等部门组成的义务教育集团化办学工作领导小组。领导小组研究并提出工作意见和措施，确保集团化办学模式的有序推进。市中区财政全力保障，设立集团化办学专项资金，每年至少安排1000万元专项资金列入财政预算，用于教育集团干部教师培训、教育教学研究等。各部门联动扶持，有关部门对教育集团学校在校舍改造、设施配备、资金投入等方面给予倾斜和支持；城郊街道办事处协调村（居）委会，在教育集团学校校舍改（扩）建、场地维护改造、维持教育秩序等方面提供帮助。

二是形式多样。不但有集团学校，还组建了书法特色联盟、科技特色联盟、艺术特色联盟、体育特色联盟四大教育联盟并将几个具有相近教育特色的学校组合在一起，共同实现教学研究及成果资源的共享，让原有的特色更具风采。此外，还成立了三个德育协作共同体，涵盖了城区、城郊共39所学校，分别由来自不同学校的优秀德育分管校长、分管主任组成。每个协作共同体对口帮扶一个教育办的城郊学校，突破常规管理中的“瓶颈”，从而让德育工作既具特色又行之有效。刘绍辉局长高兴地对我说，德育实施得如何，关键要看学生的精神面貌是不是变了。他先后到农村一些学校考察后发现，学生不但有了规范文明的动作，更呈现出积极向上的生命状态，他们大方、自信，一点也不亚于城区的学生。这是在集团化办学之前根本不可想象的事情。

刘绍辉局长说，他们提出每天要思考两个问题——培养什么人？怎样培养人？通过集团化办学，他们培养出来的是“身心两健、气质独特”的现代人。通过九年义务教育，让从市中区走出来的孩子，个个讲文明，懂礼貌，爱读书，具有一定的艺术素养。他认为，让学生取得比较好的学习成绩固然重要，但是，通过学校教育，改变学生的气质，让他们的当下和未来都幸福更加重要。

三是馈赠“礼包”。谈到农村教育的发展，刘绍辉局长总有一种抑制不住的喜悦。集团化办学之后，他们积极热情地向农村小学送了三个大“礼包”：一是专项资金“礼包”。区政府投入4000万元资金专门用于农村设施建设，为每个学校全部配上空调、液晶电视等，而且一律在操场上铺上塑胶（或人造草坪），校园绿化面积得到了有效提升。二是师资“礼包”。农村学校最缺的是音乐、体育、美术教师，市中区为农村学校全部配齐了这些科目的教师，使农村的学生同样受到了艺术的熏陶。三是资源“礼包”。区政府投入300万元启动“云教育”试点工程，建设区域内视频教研平台、“云录播”互动平台和云端资源共享平台，实现视频教研、在线课堂和优质教育资源的云端共享，让城郊学校、薄弱学校与优质学校共享名师、共享课程、共享资源。

经五教育集团：既共谋大事又各有不同

这次采访阎莉校长的场所不是在她就任校长的经五路小学，而是在其集团办学的“子学校”经纬小学。也许她是想让我看看经五路小学这所名校何以诞生了一个如此优秀的“孩子”。经纬小学面积不大，但气派非凡。

一、共谋干大事

阎莉校长在经五路小学担任校长，工作很忙，现在又肩负着经五教育集团理事长，想来会忙得不亦乐乎了吧！采访中，令我惊讶的是，阎莉校长很优雅地谈她的思想，谈她的集团，谈各所学校，没有一点忙乱的样子，甚至有点闲适与淡然。这种轻松的状态让人感受到她干一番大事业之后的欣慰。

她说：“我不想只挂一个虚名，而是要与大家凑到一起干一件大事，从根本上实现集团化办学的目的。我们几所学校的结合，不只是形上的加盟，更是神上的聚合。经五路小学不再只是一所名校，我也不只是这所学校的校长，而是要通过经五路小学，引领整个集团的人都走向优秀甚至卓越。比如，李雅副校长在经五路小学可谓德才兼备，人气指数极高。她不但是我的爱将，也是教师心中的偶像。教育局将她派到经八路小学担任分管教学的副校长时，我们尽管也心存不舍，可是，为了整个集团的发展，我们还是从心里感谢教育局领导有如此的眼光与气魄。近期，实力相对薄弱的经九路小学又加入经五路教育集团。李雅就有了更重要的任务，那就是负责整个集团的业务工作。现在，李雅已正式调入经八路小学担任校长，全面主持该校工作。德育工作则由在这方面很有建树的吴妖娴副校长全盘负责，包括德育大计划的传达、班主任培训等。”阎莉作为集团的理事长，统领全局，却并不事必躬亲，而是筹谋大事，让贤能之人有其位，干其事，且干成事。

二、资源共享用

教育集团中的资金，大部分都是统一分配使用的，尤其是前期的资金，大多由经五路小学投入。阎莉校长说，要大度、大气，要让其他学校感到，经五路小学不只有着“舍己为人”的气节，更因为本来就是一家人，理所应当要互通有无。

集团化办学中的优质资源不再是被某个学校单独占有，不再出现资源的浪费和闲置。不只是经纬小学可以分享经五路小学的优势资源，经五路小学也可以到经纬小学享用他们的资源。比如，经纬小学的击剑场上，也开始有了经五路小学孩子的身影。有能力回馈“母体”，让经纬小学的教师生产生了很强的自豪感。

即使是开运动会，阎莉校长也有大胆设想，不再是每所学校各自举办，而是整个集团一起举办。这当然会有一定的困难，可是最后困难还是被克服了。运动会上，场面壮观，气势恢宏，当不同学校的孩子拿到同一集团颁发的金牌、银牌与铜牌的时候，整个会场上响起了热烈的掌声。

青岛有一家企业看中了经五路小学是一所品牌学校，愿意给全校每位学生免费赠送一套校服。可阎莉心想，经五路小学只是整个集团的一分子，如果其他学校的学生穿不上免费校服，会有什么样的感受？于是，她就找到企业老总，说明他们同属一个集团，不能厚此薄彼，希望企业能够为集团所有的学生捐赠校服。企业老总被感动了，他说："就凭这种集团精神，我捐了。"现在，集团中四所学校的学生都穿上了统一的校服，我们可以想象到，学生的心里是何等的快乐。

三、差异成动力

经纬小学的吴姝娴副校长来自经五路小学，到了经纬小学后，如何提高学校在学生家长中的信赖度，成了她经常思考的问题。对于经五路小学的优势，她了如指掌；对于经纬小学的劣势，她也一清二楚。在将阎莉校长的先进理念引入经纬小学的同时，她提出了"关注每一个孩子"的理念，并通过校本课程与各种活动，为每一个孩子提供合适的教育。让家长特别感动的是，学校给每个孩子一一提出了描述性的建议及学校反馈表，每个孩子都要参与达标活动，都有自己的成长档案。

吴姝娴副校长说："我们是一个小学校，只有十几名教师，所以，我们实施的是全员育人制，让德育与教学一体化，对孩子的发展要进行综合干预与多元影响。差异是与生俱来的，只有让孩子都找到自己的成功点，他们才会快乐，才能真正发展起来。"为此，他们在学习经五路小学先进经验的同时，又结合自己学校的实际，进行了积极有效的探索，并取得了可喜的成果。

吴姝娴副校长认为，在集团化办学的过程中，处于相对弱势地位的学校，不能认为自己哪个方面都需要学习，哪个方面都需要名校的支持，而要有一种清醒的自我认识和积极进取的精神。在学习名校经验的同时，也要创造自己的经验，为整个集团做贡献，只有这样，这个集团中的薄弱学校才不至于一味地处于帮扶状态，而是形成你追我赶、共同发展的生命张力。

经纬小学教务主任苗杰说："我们之于经五路小学，是一种'母子'关系，好比婴儿从母亲身上分离一样，我们是经五路小学诞生的一个'孩子'。所以，在价值观等方面，我们有着先天的一致性。现在独立办学了，我们既要依靠‘母校’，又要努力争气，与‘母校’产生一种共振的效果。”

苗杰主任很自豪地说，经纬小学刚刚诞生的时候，教师绝大多数是年轻人，缺少教学经验。通过努力，现在学校终于有了自己的名师，到区里参加各种教学比赛大部分都获得了一等奖，而且取得了全国数学观摩课比赛的一等奖。

纬二教育集团：文化引领，成全生命

济南市纬二路小学是一所有近百年建校历史的老学校，有着深厚的文化底蕴和丰富的教育内涵，是中国教育学会中小学整体改革专业委员会实验基地和北京师范大学“生命化教育”实验基地。学校的烟文英校长也是真正意义上的名校长。她的责任担当意识、文化自觉，都是一般校长很难望其项背的。

我前去纬二路小学采访的时候，正是烟文英校长工作极其繁忙的时候。可是，在谈及集团化办学的时候，她的思维还是那么活跃，那么清晰，让我感到了蕴藏于一位名校长心中的那种博爱与大气。

尽管是一所名校，尽管具有悠久的历史，可是，学校占地面积只有4000平方米。在一般人看来，在这个袖珍式的小学里，肯定是英雄难有用武之地，烟文英校长却独具智慧与魅力，偏偏将这所小学打造成了一个有着相当知名度的学校。烟文英校长认为，学校虽小，校长的视野与心胸不能小，学生发展的前景不能小，这不是个人的事情，而是一名校长本来就应当承担的历史使命。所以，在集团化办学之前，这所学校已经成了一个具有小班化办学特色的精品学校。

一、文化引领，思想融合

2013年是烟文英校长生命中很有纪念意义的一年，因为人人所说的小学校一下了变大了。其实，不是纬二路小学变大了，而是纬二教育集团诞生了，而她成了这个集团的理事长。当站在整个集团的角度，甚至站在市中区教育的角度思考问题的时候，她的心胸一下子打开了。

那么，是不是成立了纬二教育集团后，就一定会有更好的发展了呢？不一定。因为集团中的四所学校各有所长，也各有所短，每所学校的教师思想文化背景不同，教育教学水平也不一样。如何让四所学校的教师从心理上融合在一起，是她这个理事长需要思考的大问题。

思想的融合，其实就是学校文化的融合，另外三个学校，分别是城区的育晖小学、纬三路小学，还有城郊的分水岭小学。《周易》有言："二人同心，其利断金；同心之言，其臭如兰。"同心才能同行，才能共谋大业，想要凝聚人心，就要有共同的价值追求。

为此，在集团理事会成立之后，烟文英校长就组织四个学校的教师和干部自下而上地讨论集团的发展愿景与精神追求，并请来专家进行论证。最终，理事会将"成全生命"作为集团生命追求的价值，用这个思想的内核来凝聚整个团队。既然要做事，就要有一致的使命，就要归心于一，这就需要一种精神支撑，就要形成一种工作作风，那就是尊重生命，追求卓越。

同时，集团还描绘出一个共同的愿景：成全每一个生命，办好每一所学校，使集团内每一个学生都有更好的发展。

确定这个理念系统后，集团又完成了一年的发展规划——文化引领，加快融合。烟文英校长说，她这个理事长一定要领导集团向内涵发展，走向深度融合，建设好纬二教育集团。她满怀自信地说："用三年的时间，一定可以完成这个任务。纬二教育集团将形成自己的文化、自己的特色，即使那些原来薄弱的学校，也会融入这种文化之中，也会如纬二路小学一样，成为令老百姓满意的优质学校。"说到这里，烟文英校长有点激动，因为这是她做大教育的梦想。放在以前这只是梦想，现在完全可以通过自己的努力让这个梦想变成现实，她怎么能不激动呢？她说，作为校长，作为理事长，自己的名声是小事，而教师的发展与学生的成长才是大事。集团化办学给了她一个机遇，让她去完成这件大事，去构建一项让自己的生命熠熠闪光的事业。

采访时，烟文英校长高兴地对我说，当天下午，纬二教育集团的所有教师要一起开会，主题是“爱的名义，爱的故事，爱的成全”，会议的最后将由她讲话。遗憾的是，我没能参加这个会议，后来我听别人说了那让人激动万分的场面——热烈的气氛，经久不息的掌声，让整个集团的人心抱在一起。烟文英校长后来告诉我，那一刻，她激动得无法自已，真正感到了人心聚合之后的那种振奋、那种力量、那种前景。

烟文英高兴地说，目前集团化办学的机制已经处于自动化运转的状态，人人向上的精神氛围已经形成，集团的成员都按规则行事。其实，这就是引领作用于思想，大家认识到位，才会自觉干事业。

二、构建机制，打通“围墙”

集团化办学不是理事长一个人的事，也不是各个学校的几个校长与干部的事，而是全体教师的事，只有举全集团之力才能完成使命。为此，他们构建了一个组织内的运行机制，打通几个学校的“围墙”，建立统一机构——“一处”：秘书处；“四部”：课程管理部（四个校区的教务处打通，集中设置教学科研课程）、学生管理部（四个校区的德育处打通，一起讨论培养什么样的人）、后勤服务部（负责统筹后勤是否按流程做事，有没有及时做好服务）、人力资源部（负责集团内交流教师事务）。

有了这些机构，集团理事会每个月要落实“一处四部”的工作完成情况，由此整个集团顺利运转起来了，各所学校可以同心同德地干一些有意义的大事了。同时，烟文英校长又给予了每所学校、每个校长以至每位教师自我成长的空间。整个过程既有整体推进，又有个性发展，形成了一种积极向上的氛围。

有了学生管理部，集团的一些大的活动就由大家共同谋划、共同参与，每个人都热火朝天、激情四射。有了课程管理部，各个学校的教学常规及相应的教研活动都有了统一的时间和活动内容。考试也是统一命题，统一阅卷。集团还制作了一个视频教研系统，这相当于一个云端教研，让优质资源共享成为一种现实。

谈及未来，烟文英校长心中充满了希望。她说：“集团化办学为每位教师提供了展示才华的平台，也为每一个学生的成长提供了优质的资源。

这样，我们苦苦追索的让更多的孩子接受优质教育的梦想，不就可以实现了吗?”

二十七中教育集团：在困境中突围

我早就听说第二十七中学的武树滨校长是一位年轻有为的校长，这次采访，让我有了一种“百闻不如一见”的感觉。与其交谈，我时不时被他那富有哲理的话语所感染。

二十七中教育集团是由第二十七中学、舜华学校与两所务工子弟学校整合而成的，各所学校之间属于“母子”及“兄弟”式的联盟关系，武树滨校长担任这个集团的理事长。对于如何共同发展，彼此之间必须形成有效的理念与思路，尤其要弄明白其中的辩证关系。

一、充分的准备

一是要有以强带弱的思想准备。强者不能有居高临下的态度，以免给对方造成一种被施舍的感觉，从而因抗拒而影响交流的效果。其实，不同的学校有不同的特色，即使所谓的薄弱学校，也有其闪光点。所以，努力挖掘两所务工子弟学校的亮点，不但会提升这两所学校的自信，也可以让强校从中学到很有价值的东西。

二是要有吃苦的准备。有两所务工子弟学校，一所在城乡接合部，另一所就在第二十七中学附近。武树滨校长在交流后发现，这两所学校中，有的学生家庭条件极其恶劣，有的甚至居无定所，有的连最起码的行为习惯都没有养成，而且学校实验室的配置不足，开发利用更无从谈起。当学校必需的教学资源不能满足需求的时候，如何尽快地解决问题，如何像优质学校一样做好呢?

三是要打破心灵枷锁，做好迎接挑战的准备。两所务工子弟学校的学生存在诸多问题，有的学习基础薄弱，有的有心理问题，也有的存在境界与视野问题。如果还是用名校的教育教学方法去教育这两所学校的学生，就可能出现不对称的问题。

武树滨校长说，对于这些情况，都要做好充分的准备。

二、整合中的三个要点

武树滨校长认为，从整个管理上看，将四所学校整合在一起，有三个要点。

一是要有开放、包容的心态。形成集团的目的，重在以强带弱，这就需要一种开放与包容的心态，尤其是校长之间要做到情感沟通与思想融合，这样才能将集团办好。

二是更多的要靠自觉、自愿。优质学校与薄弱学校都要舍得将优秀的教师送出去，如果没有这种大局意识，就不会实现抱团发展的目的。

三是要有基本制度的架构。各校情况不一样，各校制度也有所不同。有些可以统一，有些则难以强行统一，所以，更多的应是采用引领制度。从集团工作计划，到常规教学、德育工作、教师发展、教研科研等，都需慢慢地引领到同一个方向上来。

三、融合中的求异

武树滨校长认为，集团化办学应当有自己的文化，但要预防过犹不及，因为每个学校都有自己独特的文化，究竟是让其成长还是消灭呢？显然是前者。所以，办学中，要强调和而不同，在有共同价值追求的同时，还要为每一所学校输入新的血液，让其固有的文化更具生命的张力。学校文化的形成不是一朝一夕的事情，集团文化更是如此。孔子说：“无欲速，无见小利。欲速则不达，见小利则大事不成。”所以，每位教师特别是校长不能操之过急，而应当让文化氛围自然形成。

第二十七中学的围棋是其原有特色，其乒乓球与篮球等体育项目也都发展得很好，集团化办学之后，其他三所学校也可以引进这些特色。但引进不等于强制，也未必是让所有的学生都去学习围棋、乒乓球与篮球，最好的方法是提供“菜单”，按需定学。

锣鼓是集团中一所务工子弟学校的一大特色，对此，第二十七中学的教师很感兴趣，但是，这项技能却不能全面输入进来，因为第二十七中学地处居民聚居地，锣鼓喧天，势必影响居民的正常生活。但如果第二十七中学有学生想学的话，完全可以到那所学校去学习。

四、困境中的突破

集团化办学也是有压力的，如中学升学率问题。这种压力来自于社会，更来自于家长。特别是对两所相对薄弱的学校来说，家长希望通过升学来改变孩子的命运。有的学生则想到第二十七中学来上学，即使不能来，也希望能有优秀的教师来上课，有助于迅速提升自己学习成绩。可第二十七中学照样有自己的担心，将骨干教师交流到其他学校，本校学生的考试成绩会不会下降？会不会由此引起家长的不满？

对这些问题如何解决呢？武树滨校长认为，办法总比困难多，只要充分发挥集团的集体优势，就可以解决困难，甚至最终走上一个更高的台阶。

为此，首先要打消教师的顾虑。各所学校的教学方式、教学进度、教学内容、教学方式，以及相关的材料资源都不尽相同。为了使每所学校都能有所提高，集团确定了跨学校备课和单元式备课模式，即四所学校的教师先各自备课，备好之后，集团所有同学科的教师都来听其中一个或两个教师的课，通过听课、议课和磨课等，形成一个优质的备课资源。这样，每位教师都能在备课中有新的提高，从而使学生的学业成绩有所提升。

其次是加强学生之间的交流。如果有一些大的活动则在集团内部统一进行。比如，到章丘的远足活动就是整个集团一起举办的。

不过，四所学校毕竟不在一个城区，全体师生在一起的时间毕竟有限。武树滨校长一直在考虑，如何让四所学校的师生有一家人的感觉呢？为此，他们将第二十七中学的校刊《绽放》变成集团的刊物，由第二十七中学出资印刷，集团成员人手一份，当大家拿到刊物的时候，就会产生一家人的感受。同时，这也是四所学校共有的一个发表文章的平台。为了能够进一步融合，他们又办起了电子版的周报、月报，大大增加了文字的容量，也增强了一家人的感觉。

经十一教育集团：浓浓的农村教育情怀

经十一路小学的王新梅校长十分大气。她的不少决策都透出一种大气魄。这是我第二次采访她，这次，她的豪放中又添了几分从容，自信中又多了几分智慧。

对于集团化办学，王新梅校长投入了极大的热情与精力。作为经十一教育集团的理事长，她在这方面的认识非常前卫，她说，这是推进教育均衡的最好的举措，是一件惠及民生的大好事，不但要干，而且要大干，要干好。

一、校长化解不开的陡沟小学情结

陡沟小学是经十一路小学的新校区。一说起陡沟小学，王新梅校长就激动不已："我甚至觉得，它就像自己的孩子，对它有一分特别的宠爱。"在她的言语之中，总难掩饰其对陡沟小学的特殊感情。

第一次去陡沟小学，看到校园的样子，王新梅校长的泪水就不由自主地流了下来。陡沟小学设施简陋陈旧，墙壁斑驳，比起市区学校的条件不知差了多少倍，还有那一双双明亮却怯生生的眼睛让人久久难忘。她说："一定要尽快地改变这所学校的现状，让这里的孩子与经十一路小学的孩子一样乐观向上，充满自信，幸福成长。"

她突然觉得自己肩上的责任重了，一向乐观的她一下子有了化解不开的心事。

在谈及陡沟小学新校区的周边环境时，王新梅校长几乎是用散文诗式的语言来描述的："东边那一片翠绿高大的白杨树，是村民为新校区做好的大背景。细看近处，果园里，春天鲜花盛开，夏天葡萄熟了，散发出诱人的香甜，秋天的果子将树枝压弯，简直就是一个世外桃源，是一个真正意义上的育人圣地。

说至此处，王新梅校长兴奋起来，她说："陶老师，现在你再到陡沟小学看看，那绝对是那农村天地里最美的一道风景。"

农村孩子有着先天的优势，他们身体强壮、淳朴热情，所以，一见到他们，王新梅校长就有一种特别亲切的感觉。她说，当她在果树林里或麦田里行走的时候，就有一种激动之情。这地，这树，这庄稼，哪一样不是自己喜欢的呢？在希望的田野上，让生命在绿色中绽放！做这样的教育，是一件多么美好的事！

有的孩子却不知道读书的重要性，也没有养成读书的好习惯，可是，离开了好的书籍的滋养，就不可能更好地成长。为此，经十一路小学为陡沟小学一次性购进价值20万元的图书，让师生与经典相伴，有了书香，生命也就有了更多发展的可能性。

近两年，教育局先后为陡沟小学投资2000万元发展资金，这是一个不小的数额。但学校需要建设的项目还有很多，经十一路小学又拨出200万元支援陡沟小学的中央空调工程。其实，这两所学校的财务是彼此独立的，但经十一路小学的教师说："陡沟小学和我们是一家人，一家人就要互相帮助啊！"王新梅校长高兴地说："今年冬天，陡沟小学的孩子就不会再被冻着了。"

新学期到来，经十一路小学与陡沟小学即将通过云录播平台进行同步上课、教研，从而实现两所学校课堂的互动和教研的同步。

书画是陡沟小学的特色之一，"六一"儿童节之前，王新梅校长策划组织了一个"书法家进校园"活动，请几位颇有名气的书法家走进了陡沟小学，为一些富有书画特长的学生做出指导，有些学生还当场拜师求学。目前，这所学校已经有了一些小小的书画家，而且大多数学生都可以写出一手好字来。

以前，陡沟小学的学生很少有在大场合展示的机会。集团化办学后，学校给了学生更多的展示机会。这些学生展示出了各自的才华，增加了自信心，也鼓舞了士气。看来，不是农村孩子不行，只要为他们提供锻炼和展示的平台，他们与城里孩子一样行。

所以王新梅校长说："特别感谢教育局的领导，他们太懂我的心了，让我去陡沟办学。我喜欢田园风光，喜欢淳朴的村民，更喜欢那些可爱的孩子，我喜欢那里的一切。"

二、交流教师的精神与事迹感人至深

王新梅校长在一次经十一路小学教职工大会上激情满怀地讲述了集团化办学的意义，以及如何推进集团化办学的进程等问题。她的热情得到了全体教师的积极回应，尤其是学校的几位体育教师，会议刚结束，他们就写了"请战书"，决定要从城里走向郊区，为农村学校学生的成长出点力。

经十一路小学是刘绍辉局长的联络点，他为这几个年轻人的行动所感动，所到之处就要讲述他们的事迹。现在，全区教育系统几乎无人不晓这几位体育教师，他们为年轻人带了一个好头。仅 2013 年至 2014 年年间，经十一教育集团就交流了 26 位教师，其中 15 位到陡沟小学，11 位到经十一路小学，这样的交流促进了两校教师的成长。

集团化办学之初，陡沟小学的部分教师也持观望态度，经十一路小学会将他们最优秀的教师派到这里来吗？会不会应付一阵就一走了之？不久之后，他们发现，这些教师不但不是应付，而是动了真格，是真的想让陡沟小学与经十一路小学共同飞翔啊！

从陡沟小学交流到经十一路小学的教师起初也有一定的顾虑，担心班额大，教学方法有差别，担心期末成绩有差距。不过，压力很快变为动力，他们都有上进心，爱学习，工作也很努力。这批质朴而上进的教师，早已融入经十一路小学这个团队。王新梅校长说，加大经十一路小学与陡沟小学教师的交流力度，就是要尽早让陡沟小学自己具备"造血"功能。其实每位教师都有很大的发展潜能，只要为他们提供改革的环境，为他们提供研究的条件，蕴藏在他们身上的潜能就会迸发出来。一年的交流，时间不短也不长，他们都获得了很大的长进，有 4 位教师还获得了"优秀交流教师"的称号。她认为，这些教师不但在集团化办学中成长了起来，也代表了中国农村教师真正的形象。

由经十一路小学交流到陡沟小学的张美霞老师是市中区评选出来的"我身边的好教师"，也是学校的级部组长、首席班主任，她所带领的语文组的教研工作经常取得很优异的成绩。更加可贵的是，她特别有爱心，为了学生，她总是一脸阳光灿烂，即使多做工作，也从来不抱怨。她到了陡沟小学后，一如既往地爱学生，并积极努力地工作，中午也不休息，为学习成绩较善的学生辅导功课，她担心影响学生吃饭，便自己花钱买包子给学生，还从家里拿来自己孩子的衣服给家庭困难的学生穿。她自己的孩子正处于小学即将毕业的关键时期，她却义无反顾地交流到那么远的农村去教学。她的善良，她对学生的爱，感动了她身边的每一个人。

刘震是一名数学教师，他是全区上班距离最远的一位教师，到陡沟小学交流，他每天需要往返 30 千米。可他每天都乐呵呵的，而且热情洋溢，充满工作的激情。他本来是经十一路小学分管数学教学的主任，他这一走，经十一路小学在一年之间，竟然没了数学教学主任。但是，陡沟小学更需要他，经十一路小学即使克服困难也要派出最强的力量！

前一段时间，区教育局要求各个学校制订出集团化办学的三年交流规划，许多教师积极报名。王新梅校长说："我们学校要好好挑选一下，只有德才兼备的教师才有资格到陡沟小学去。因为这是一项神圣的任务，不只是去做高位均衡的贡献，也是人生的一次向上的发展机遇。"

三、创意课堂打开学生创意思维的大门

陡沟小学加入经十一路集团之后，当地村政府与老百姓真是欢天喜地。村里无偿划拨出近 3 万平方米的土地，作为学校扩建之用；中海希望集团投资 1200 多万元，用于学校发展；市中区政府与教育局又投入 2000 多万元，以提升学校的办学条件。

"硬件"有了，"软件"也要跟上。王新梅校长请区教科室的教师为这所小学把脉，经过多方论证，大家一致决定要打造一个"创造教育"引领下的"创意教育"学校。

要实施创意教育，首先课堂要有创意。为此，经十一路小学的骨干教师来陡沟小学上示范课，上完之后再集体研究。当教师打开了学生创意思维的大门时，学生就成了课堂学习的主人，也就出现了师生互动与生生互动的喜人景象。

上个学期，经十一路小学的教师与陡沟小学的教师进行了四次集体教

研，这让陡沟小学的教师打开了创意思维的大门。这里的教师本来就很纯朴、善良，又有敬业精神，在经十一路小学教师的示范课的触动下，他们改革的热情也被鼓动起来了。特别是在课堂改革探索过程中，他们品尝到了成功的喜悦，而且主动改革的意识逐步形成了。王乃珍老师虽已 54 岁了，但在开学之初的名著研读交流课上，她也主动请缨，参与了改革课，而且效果非常好。她本身就有比较深厚的教学功底，当接触了创意教育的理念且将其用于课堂教学中之后，就有了超越以往的变化。这让她惊喜不已，改革成了她不变的追求。

为了让自己的课堂改革更加成功，有的教师向领导申请，希望能推迟几天自己上公开课的时间，目的是想再研究研究，希望能有一个更大的突破。主动改革，创意求变，已经成了陡沟小学教师自觉的追求。

经过不断研究，陡沟小学现在已经形成了属于自己的课堂教学模式。我相信这支积极进取的教师队伍，一定能让陡沟小学成为创新型人才成长的摇篮！

经八路小学：在外择校的学生回来了

我到经八路小学采访的时候，侯绪芹校长显得特别兴奋。她说，这所学校原先是一所薄弱学校，很多孩子是外来务工人员的子女。自从与经五路小学形成集团化办学之后，学校很快发生了变化。经五路小学那位教学水平特别高的副校长李雅成了经八路小学的副校长，负责教学工作，而且，她还从经五路小学带来了几位教师，个个都出类拔萃。他们来到经八路小学，并没有以名校长、名师自居，而是与经八路小学的教师迅速融为一体。

一、课堂让教师找到自信

李雅副校长清丽、敏锐而又富有责任感。她说："我带着经五路小学的教师到经八路小学来，就是希望尽快让这所学校的面貌发生变化。要想改变，就应当知道从什么地方改。"为此，她深入课堂进行问卷调查，并与教师交流。她发现，经八路小学教师的规范意识比较强，但是学生的创新意识与自信心不足。于是，她与大家商议，决定通过微课题让课堂教学焕发活力，寻找契合点，形成智慧共生的态势。经八路小学的付学雷老师已经48岁了，依然进行着课堂教学的探索与改革，尤其是在小组合作学习方面，李雅副校长与他一交流，犹如他乡遇故知，心灵一下子相通了。李雅副校长给予他进一步的指导，使其小组合作学习的做法进一步细化。后来到集团汇报的时候，他受到了经五路小学阎莉校长的高度评价，并被邀请到经五路小学去上课。这所薄弱学校的教师，以前只能仰望经五路小学这种赫赫有名的学校，如今竟然也站到了经五路小学的讲台上，且得到了很高的评价，这让他充满了自信。付学雷老师的教学重在引领，而不是独霸课堂，学生在课堂上做到了侃侃而谈，从容自如。他激动不已地说，他已经找到了高效且又让学生快乐的门径，这种感觉真是美妙极了！

李萍老师原为经五路小学的语文骨干教师，交流到经八路小学之后，刚开始的时候也有一定的顾虑，但是，她很快就融入这个大家庭之中了。她发现，经八路小学的学生听话、朴实、真诚，缺点是缺少自信心，导致其个性彰显不出来。

第一次上课，她选择了《城南旧事》这篇课文，并告诉学生要找这本书来预先阅读。没想到，上课的时候，很少学生有书，因为以前他们所学的多是课本，很少接触课外读物。于是，她就利用她擅长经典诗文的优势，引领学生诵读《弟子规》和李清照、辛弃疾、毛泽东等人的诗词，这学期她又带领学生读《三国演义》《西游记》，读苏东坡、李煜的诗文。她还与学生一起读，而且选了五个领读员，带领学生早读午练。于是，学生爱上了读书，爱上了经典诵读。

二、游学让学生兴奋不已

既然是同一集团的成员，学校之间的交流就成了家常便饭。经八路小学的学生来到经五路小学游学，感受名校的风采，进一步提高了他们向学的心理需求。

经八路小学的张丽健副校长接受采访时说："集团化办学，我们受益太大了！在整个济南市，甚至更大的范围内，谁不知道经五路小学是名校？可现在，我们成了一个集团里的成员。所以，再到经五路小学去的时候，就不再只是心存敬畏的仰望，而是感到顺理成章、自然而然了。经五路小学的装备大气、丰富，我们就将学生带过去搞社团游学，学生非常开心，回来后还激动不已，他们畅谈与经五路小学篮球队学习交流的喜悦，讲述学习乒乓球课程的快乐。何止于经五路小学，我们还到经纬小学去学习游泳与击剑，而且有大巴车免费接送，这在以前，简直连做梦都不敢想。集团化办学，让学生在超越想象的时空里体会到了一种特殊的幸福。”

教育教学水平的提高、学生快乐指数的攀升，提高了经八路小学在老百姓心中的信赖指数。周边居民的孩子不但不再到其他地方择校，有些家长还把在外择校的学生转回来，就连学校周边的房价也“水涨船高”了。

侯绪芹校长说，集团化办学不但让经八路小学摘掉了薄弱学校的“帽子”，也让她与教师的心态变得平和起来。

济南第十四中学：压力变成动力

济南市第十四中学是一所相对薄弱的初中，在采访学校的杨荣耀校长的时候，他却笑得特别开心。他说：“集团化办学，不是一个简单的口号，也不是做表面的文章，而是要不断地深入下去的一个大工程。以前总是觉得我们的学校是一所薄弱学校，有时还有些自卑，所以，摘掉薄弱学校的‘帽子’，是我心中的一个梦想。集团化办学，则让梦想成真变成了可能。”

济南实验初级中学是一所名校，教学水平之高远近闻名，第十四中学与其成了集团化办学的“兄弟”校。仅一年的集团化办学的实践，就让第十四中学的课堂教学发生了很大的变化。济南实验初级中学先进的课堂教学理念，以及在这一理念支撑下形成的优质的教学模式，已经逐渐地渗透到了第十四中学的课堂上。两所学校的备课组组长会共同制订比较合理的备课计划与考评方案，经常性地进行同课异构活动，一些教师开始主动寻找自己课堂教学中的问题，让课堂教学显出了改革的亮色。

集团化办学过程中，不但有教师之间的交流，也有干部之间的交流。

第十四中学的教务主任就交流到济南实验初级中学，并与他们的教学副校长对桌办公，这为其提供了随时请教的便利。济南实验初级中学的团支部书记，则到第十四中学参与学校的管理工作，济南实验初级中学管理上的精细化与高标准给第十四中学的管理者以深刻的启迪。如今，第十四中学的管理已经迈上了一个新台阶，干部的精神状态也发生了明显的变化。

分管教育教学的副校长米强是从名校育英中学调来的，他感叹不已地说："现在的感觉就是，我们在以集团为一个大平台做大教研，不管从哪个方面来看，我们都已经完完全全是一个大系统、一个大集体、一个大家庭了。"

教务处主任原美玲说："从教务管理的角度讲，教师是最大的受益者，特别是对于我们这种相对薄弱的学校来说，教师看到了一个精彩的外部世界，一下子打开了眼界。所以，对于每一次的交流，大家都有一种渴望，也都很有收获。"

杨荣耀校长说，开始向外交流的时候，一些教师还是有一定压力的，担心不能胜任工作。为此，学校将骨干教师交流到济南实验初级中学，以免影响对方的教学工作。可是，教育局后来又下发文件规定，三年之内，所有的教师都要交流一遍。交流没有退路，只能前行，这对平时教学水平一般的教师来说，是压力，也是动力。现在，这些教师个个努力向上，希望自己交流过去之后，不但能够胜任工作，还能有比较好的表现。集团化办学斩断了每个教师以惰性为理由的退路。其实，每一名教师都有巨大的发展潜力，只要有了自我发展的需求，每个人都可以取得令人惊诧的成绩。可以说，这是一次深层次的融合，也是唤醒教师沉睡潜能的一次大动员，更是让教师重新焕发青春的一次大行动。

育明小学：在学习与融入中拥抱自信

到育明小学采访的时候，我意外地发现，竟是名校胜利大街小学原副校长汤丽萍出来迎接我的。原来，她是最近才走马上任到这所比较薄弱的小学当校长的。

这所小学规模比较小，名气更小。可是，自从它加入到了胜利教育集团之后，就与胜利大街小学成为一家人了。

汤丽萍校长引以为自豪的是，她原先所在的胜利大街小学的校长、胜利教育集团的理事长王念强对她到育明小学这个行动非常支持。他说："胜利大街小学是你的娘家，要物有物，要钱有钱，要人有人，育明小学发展了，胜利大街小学每个人脸上都有光。"

采访时，我强烈地感到，汤丽萍校长有一种时不我待的使命感。她说，要依托胜利大街小学，调动育明小学教师的积极性，争取尽快让这所名不见经传的小学办出特色，成为令老百姓满意的学校。

一、学习与融入

汤丽萍校长坦言，育明小学与胜利大街小学的差异还是相当大的，所以，既急不得，又等不得。入职第二个月，她带领全体领导班子成员到胜利大街小学学习了两个星期，主要是让大家感受这所名校之所以成为名校的内在原因，以及自己与这所名校中的教师的差距在哪里。她要求每人都为自己制订一个发展目标，包括想跟谁学习，学习什么，如何学习，什么时间达到什么目标等。育明小学的领导班子成员很长时间没有到名校学习过了，这一学，才知道自己的活力有些不足，主要是缺少先进的管理理念与行之有效的管理方略。经过这次学习，大家的意识发生了变化，精神状态也变了，有的班子成员说，自己一下子年轻了，更有朝气了。

分管德育工作的史先红副校长坦言，刚刚加入胜利教育集团的时候，说不清楚是喜还是忧。去胜利大街小学学习之前，对于究竟要学习什么，心里并不太清晰。可去了之后，就有变化了。"王念强校长真诚而又周到，令我感到意想不到的温暖与幸福，那里不但有我的办公桌，而且是与王念强校长对面办公。我们的主任则与他们的教务主任在一起办公。很快，我们就有了一种家的感觉，原有的困惑很快消散了，方向逐渐明晰起来。"

采访中，有的班子成员说："我们经常问自己：胜利大街小学是怎么办的？我们怎样才能更好更快地发展？"追问的背后，是自我发展意识的觉醒，是责任感的升华。

一所学校之所以能成为名校，是有其独特的学校文化的。胜利大街小学的学校文化几乎无处不在，也无时无处不在影响着他人。比如，领导班子工作特别忙，却能做到忙而不乱、有条不紊。这让史先红副校长的心一下子定下来了，只要心不乱，即使工作再忙，照样给人一种“胜似闲庭信步”的感觉。胜利大街小学领导班子的这种良好的生命状态，还会悄然无声地辐射到教师的身上，让他们的心里也有一种轻松感。而教师的这种感觉，又会有意无意地传递给学生，让他们的心灵也安顿下来。

育明小学的领导们说，现在前进的目标明确了，也将胜利大街小学办学的理念模式学来了，只要努力，育明小学就一定会走向成功。这种自信是以前从来没有过的，而领导们的自信又会无声地传递给教师，让教师也对未来充满希望。

二、教研与发展

分管教学工作的李宗谚副校长谈起与胜利大街小学的合作时，显得特别高兴。她说：“短短的几个月时间内，我们已经先后有 40 多人次到胜利大街小学参加了 10 多次大型的教研活动了。这些交流何止是让我们大开了眼界，还让我们更新了思想。特别是一些骨干教师，他们进入集团之后，犹如种子选手被选到了国家队，找到了更大的发展平台。”英语教师闫娟娟是育明小学首屈一指的英语领航人，可是，有时她也很痛苦，不知道未来的路究竟怎么走，未来是不是还会实现生命的飞跃。进入集团之后，集团要求骨干教师要有追求，要有更大的发展目标，要做一个有风格的教师。她的精神一下子振奋起来，仿佛在黑夜中看到了一束亮光，她终于找到了自己行进的方向，对前景充满了憧憬与希望。

不只是英语，数学、语文、音乐等学科的骨干教师，都走到了一个新的教学研究平台上，都有了更广阔的发展空间。

以前，育明小学没有专职的美术教师，而胜利大街小学不但有，而且有一名省级教学能手。于是，这位高水平的教师就带着她的美术团队来到育明小学，让育明小学的美术教学走上了一个很高的台阶。现在，育明小学开设的陶笛课程与合唱课程已经在学生中间普及了。

李宗谚副校长说："以前我们也想搞教研，但全校只有 9 位语文教师，势单力薄，力不从心。学校加入集团之后就大不一样了，参加评优课的时候，我们不再是孤军作战，而是有一大批人在指导我们，让我们领略到了胜利大街小学名师的风采，切切实实学到了不少教学的经验，我们也有了一种特别踏实的感觉。"她继续满怀信心地说，"我们与胜利大街小学的交流会越来越深入，收获也会越来越大。在集团化办学中，我们有一个共同的大目标，同时，我们也在制订学校的自主发展目标。"

汤丽萍校长说，有变化，有追求，也就有了压力，因为考试的时候，集团四个学校都是统一命题、统一试卷的，这就有了比较。有差距并不可怕，因为这使大家有了上进的心气和发展的动力，差距会越来越小，后来者居上现象就会越来越多。反过来，这对胜利大街小学的教师也是一种促进，如果他们不积极努力，也有可能被育明小学的教师赶超。

为了提高课堂教学水平，育明小学特请胜利大街小学的骨干教师前来进行课堂诊断。如果没有集团化办学，这几乎是不可能的事情。现在不一样了，因为这是他们的分内之事，是自己的责任与义务。由于大家已经是一家人，在教学上也就不再客套了，有了问题就直言不讳地讲出想法，所以，育明小学的课堂教学很快就发生了变化。

三、自信与管理

史先红副校长深有感触地说："看到胜利大街小学的学生个个自信向上的样子，就会想到我们学校的学生那种缺少自信的状态，就情不自禁地替我们的学生难受。"她眼圈红红地说。德育工作，首先是要让学生快乐起来、自信起来。学生身上的很多问题，更多的不是思想品质问题，而是心理状态问题。她说："如果有人问我初到胜利大街小学最大的收获是什么，我就会告诉他：要让一所学校发展起来，首先要让人的心变得阳光、自信起来。"

学校管理的高层境界是让学生实现自主管理。名师魏书生在担任班主任与校长的时候，就始终坚持让学生自己管理自己，甚至让学生参与学校一些重大问题的决策活动。有时候，有些教师看低了学生的管理能力，其实，学生本身就蕴藏着自我管理能力，如果能有效地进行挖掘，往往会给我们一个巨大的惊喜。胜利大街小学的学生自主管理能力就特别强，这固然与他们原有的基础好有关，更与学校领导与教师的管理理念有关。管理是需要有制度保障的，可是，如果制度没有内化到学生的心里，也就只是一种制度，而无法形成制度文化。胜利大街小学一个突出的亮点就是他们的制度已经上升到了文化的层面。

四、感动与信心

汤丽萍校长很激动地对我说："我们举行升旗仪式时，你知道谁来了吗？是教育局局长刘绍辉，而且是第一站就到了我们学校。"学校的校园建设用了一个暑期就顺利完工了，教学楼的改造工程也已纳入明年的建设项目，为此，汤丽萍校长还与区长进行了一次面对面的对话，区长明确告诉她，会坚定不移地支持学校的发展，期待学校办得越来越好。

谈到这些问题的时候，汤丽萍校长的眼眶湿润了，她说："我们这所学校是一所只有32位教师、11个教学班的外来务工子女就学的定点学校，区政府领导与教育局领导以博大的情怀容纳了这所学校，甚至对我们高看一眼。这不但让我这个当校长的感动，也让当地老百姓心里更踏实了。当外来务工人员的子女都可以接受优质教育的时候，教育均衡不就已经看到希望了吗？"

汤丽萍校长还说，学校借着家长开放日，召开了一个鼓舞人心的家长会，主要给家长们讲集团化办学的意义与前景。对此，老百姓心中有了新的期待，有了新的希望。有的家长满怀欣喜地说："我们的孩子赶上好时候了！"家长的认可，让教师也拥有了更多的自信。

这次采访由于时间太过紧张，所留遗憾真是太多太多，不过，好在我已经初尝这一集团化办学的硕果，就权作一个开端吧。在以后的日子里，我会继续追踪这一集团化办学的足迹，继续领略其中的奥妙，去采撷那些未知而又神奇的教育故事与教育奇人，这是一种诱惑，也是一种期待。

聚焦内涵，促进学校优质均衡发展

——上海市金山区教育快速发展推力觅踪

上海市金山区是1997年以典型的农村特征为主的金山县与以城市特征为主的石化地区合并而建的，城乡差别非常明显。建区十几年来，他们以“城乡一体，走向科学教育”为目标，用大手笔、大动作对学校进行了全面的升级改造，校容校貌发生了翻天覆地的变化，后又由以硬件发展为主步入以内涵发展为主的阶段。在内涵发展方面，金山区先后推出了有针对性的新理念、新思路、新举措，引领全区教育迈向了更高层次。

城乡一体修正果

金山区历届区委、区政府领导都高度重视教育发展，面对城乡二元结构的现状，早在1998年就明确提出了一个响亮的口号——“城乡一体，走向科学教育”。在这个口号的引领下，金山区陆续实施了加强初中建设工程、义务教育学校建设达标工程、学前教育三年行动计划、寄宿制高中建设、教育专网建设等一系列重大项目，有力地推动了学校的基本建设和教育改革发展。在这个过程中，金山区各相关委办局和街镇也对教育给予了极大的关心和支持。经过多年的努力，金山区教育不管是硬件建设，还是软件建设，不管是城镇学校，还是乡村学校，都发生了巨大的变化，不断向群体均衡教育的境界迈进。许多学校从教育配套设施不足的破旧校舍一跃而成为当地最好的建筑，金山教育专网建设基本完成，师资队伍也得到进一步加强，教育教学质量得到大幅度提高，金山人民对教育的满意度有了快速提升。

这些都充分彰显了金山区委、区政府的战略眼光。区委书记杨建荣多次强调，教育是最大的民生问题，也是推进区域社会经济发展的重要支撑。为了推进金山教育更好地发展，在2010年12月召开的金山区教育工作会议上颁布了《金山区中长期教育改革和发展规划纲要（2010－2020年）》，其中明确了未来十年教育改革发展的指导思想、工作方针、发展目标和任务措施，并明确指出，要实现金山区教育现代化，基本建成学习型社会，成为理念领先、体系完整、特色鲜明、办学先进的教育强区，建设“创业金山、宜居金山、和谐金山”。

关注民生者，必然会得民心，而发展教育，恰恰是最大的民生工程。区委、区政府对教育高瞻远瞩的规划，说明他们并非只将教育看作当下工作的重中之重，同时也着眼于教育的未来发展。要想不断地取得发展，就要考虑其可持续性，就要在内涵上做文章，就要让金山区的孩子受到更好的教育。教育办好了，当地老百姓满意了，也就有了和谐；学生有了持续优质的发展，未来自然就可以成为社会的有用人才。可见，教育是一种无形的动力，是金山区发展的潜力所在。

金山教育目前虽然已经基本实现了教育均衡，特别是在硬件建设方面，但在内涵发展方面还有很大的提升空间。他们接下来的工作重点是着力推进教育内涵发展，走向高位优质均衡，实现教育现代化，满足金山区人民对教育的更高期望。

人力发展筑高地

要想更好地推进教育的内涵发展，关键就是要在“人”上下功夫，也就是说，要有更多优秀甚至是卓越的校长，要有更多优秀的教师甚至是名师。有了更多的好校长与好教师，培养更多的好学生也就不在话下。那么，对“更好的教育”的期盼不也就可以实现了吗?

正是基于这样的考虑，这些年，金山区进一步加大了对教育人才的培育力度。他们的策略是分层实施，全方位推进：一是对新入职教师进行规范化培训，从师德规范、教育教学技能等方面予以有针对性的辅导；二是对中青年骨干教师开展专项培养，通过“明天的导师”工程、“双名”工程、学科工作坊等多种形式为他们搭建成长的平台；三是启动领军人才培养工程，选拔一批优秀校长、教师，聘请市内外知名教育专家对他们进行个性化培训，重点打造“领军校长”和“拔尖教师”。

金山区的师资培育力度之大是一般区域所不能比拟的，这当然需要很多费用，但是，由此而生成的内涵力量比这些费用更具有意义与价值。要是一批批“领军校长”“拔尖教师”能脱颖而出，那么，金山区的教育就有了更大的知名度与美誉度。而这些优秀校长与教师在发展的同时，又可以促进更多的校长与教师成长，进而产生更多的“领军校长”和“拔尖教师”，铸造金山教育的辉煌。

从过往的历史来看，由于地处远郊，金山区吃够了留不住教育优秀人才的苦。如今，他们努力通过一个个民心工程，为金山教育内涵的进一步发展奠定了厚实的基础，希望能让优秀的教育人才在金山区的土壤中脱颖而出，并且能留在金山大地上。

“学为人师，行为世范。”除了以上三类特定人员的培养计划以外，他们还注重全体教师素质的提升。2011 学年，他们开展了师德大讨论，出台了《金山区教师职业道德规范》《金山区教师职业行为“十不”》，要求教师用自身良好的言行影响学生，用敬业爱岗的作风感染学生，用无私奉献的教育精神激励学生。他们通过委托管理、组团发展、校际联盟、研修共同体等形式，利用优质学校资源引领相对薄弱学校的教师提升业务能力，从而整体提高教师的专业发展水平。而且，在青年教师教学基本功比赛的基础上，他们启动了五年一轮的教师学科基础素养调研评估，从而激励教师不断学习，自觉完善知识结构和技能。

2012 年，他们建成了金山教育专网，广泛开展网络教研，通过视频录播系统等手段，分享优秀教育资源，不仅让学科教师可以实时与同伴开展互动交流，也让学生主动选择优秀教学资源成为可能。

一些优秀教师在通过视频让大家分享自己教学成果的时候，也提升了内在的自信心。同时，其他教师在观摩的时候，也产生了学习欲望。

推动金山教育发展的关键固然在教师，但区教育局和区教师进修学院是区域教育发展的决策者、推动者、引领者，其人员素质也至关重要。因此，区教育局定期开展“读书　实践　研究”讲坛活动，要求机关人员明确三种身份：一是公仆，二是教育工作者，三是教育管理者。在教师进修学院，他们注重加强教研员的业务研修，提升教研员的课程指导能力，使其成为教师专业发展的好伙伴，以推动课堂教学改革，改善教师课堂教学行为，提高课堂教学效率。

理念更新展风采

想要实现教育的现代化，不仅需要一批优秀的工作者，更需要先进的教育理念来引领。根据现代社会对人才的要求，金山区教育局提出了“崇文通理，成就人生”的教育理念，不仅指导学生掌握完善的知识体系，更引导学生推崇文化、追求文明、通达事理、领悟哲理，从而培养适应未来社会发展的高素质公民。

围绕“让课程改革更深入，让师生关系更和谐，让学生经历更丰富”的目标，他们实施了创新素养培育项目，成立没有围墙的金山区光启创新学院，开拓学生的视野，鼓励学生开展课题实践探究活动；开展“金山情”主题实践活动，形成八大系列，丰富学生的学习经历；启动学生健康促进工程，通过体教结合、医教结合等手段，充分利用社会的各种资源，促进学生健康发展；深化“琴棋书画”区域特色教育，推进“一校一品”特色建设；启动第二轮“写好字，做好人”五年行动计划，继承传统文化，培育传统美德。

金山区多次举办千名少年儿童绘画活动，绘画种类则定为具有地方特色的金山农民画。在活动中涌现出一大批具有绘画天赋、对农民画兴趣浓厚的学生，这些活动既是对学校美术教育成果的展示，也为学生提供了一个对外展示的平台。

其实，不光是学生，任何人的成长，如果离开实践活动都是不可能实现的。丰富多彩且具有品位的实践活动，有效地丰富了学生的生命阅历，扩大了学生的视野，提升了学生的人生境界，而金山区教育局现在正是在为学生走向未来、走向成功在做奠基工程！

课程建设谱新曲

党的十八大报告中指出，教育是民族振兴和社会发展的基石，学校教育的核心载体则是课程。金山区全面、深入地推进各类课程建设，着力提高全区中小学课程的领导力和执行力，满足学生的基础性教育和个性化发展需要，以合格课程、优秀课程和示范课程的建设、评价为抓手，推动基础型课程校本化实施，深入而全面地实施拓展型课程、研究（探究）型课程，开发和实施一批区本课程、校本课程，同时制定课程建设水平参考标准，探索课程各要素的有机整合与促进机制。

在课程建设上，金山区教育局主要从以下几个方面展开：学校课程计划编制；基础型课程校本化实施；拓展型课程、研究（探究）型课程开发和实施；教师团队建设；教学方法改进；教育评价研究；课程网络支持平台建设；合格课程、优秀课程和示范课程认定和评审。他们的这个课程建设项目是一个系统工程，按照这种程序执行，不但可以构建有价值的课程体系，而且还会增强教师的课程意识。教师，不再仅仅是课程的实施者，也成了课程的开发者、使用者和评价者。这样，教学的时候，教师就会更有高度，更加游刃有余。

在基础型课程的校本化实施方面，一个重要举措就是推进金山区中小学作业改进项目，出台了《金山区中小学作业改进总则》和《金山区中小学各学科作业改进细则》，促使学校根据学生实际编制校本化作业，发挥作业的正向功能，达到了“减负增效”的效果。在作业设计方面则丰富作业类型，通过实践性作业、趣味性作业、开放性作业等，激发学生的学习兴趣，开发学生的多元智能。

金山区这方面的改革实践，既顺乎人心，又功德无量，既减轻了学生的课外作业负担，又提升了作业的质量。这些作业不只局限于文本性的形式，还具有实践性、开放性。作业的多元化、优质化不但提高了学生写作业的兴趣，还助推了学生生命的成长。

为了促进教师自编适合本班学生实际的作业，从 2009 年起，金山区禁止学校给学生购买现成的教学辅导材料，而且要求学校不断加强作业研究，深入研究教材和课程标准，抓准知识点和训练点，突出知识间的相互联系，注重知识的系统性和规律性，强化学生对新知识的巩固、迁移和运用。同时，在作业布置方面，要求教师考虑作业的针对性、适度性、多样性、灵活性和选择性；在作业批改方面，强调反馈的及时性，作业批改也从一维走向多维，要求教师在关注结果的同时，还要关注学生作业中折射出来的思维过程与方法以及情感、态度与价值观；在作业辅导方面，则采用集体辅导和个别辅导相结合的方式。

金山区从根本上斩断了教学辅导材料占“半壁江山”的源头，让它回到了本来的位置上，主张教学要因材施教，布置作业也应如此，而教师自编作业做到了有的放矢。学生做作业与教师批改作业，实现了真正意义上的互动，从而成为整个教育教学中的一个不可分割的有机组成。

除基础型课程外，他们还开发和丰富了拓展型课程、研究（探究）型课程，给学生提供了尽可能多的自主学习、合作学习和研究（探究）经历，培养了学生的学习兴趣和能力。为了加强这两类课程的建设，让学生从熟悉的生活场景中感受社会文化的丰富性，金山区专门出台了《金山区开展中小学课程改革利用社会教育资源的实施意见》，探索和建立社会教育资源与学校课程资源的整合机制，全面提升学生的人文素养、实践能力和创新精神。此外，还建立金山区社会教育基地资源库，按爱国主义教育系列、民族文化系列、公民教育系列、艺术教育系列、职业技能实训系列等，组织编制“基地地图”；促使学校利用社会教育资源加强课程建设，从适应和促进学生发展的角度出发，完善学校课程体系，编制校本教材，如廊下中学的《剪纸》、亭新中学的《衍纸艺术》、钱圩中学的《陶艺》、廊下小学的《打莲湘》、枫泾小学的《金山农民画》、朱泾小学的《雷锋家园》等。这些课程，既有利于激发学生热爱家乡的情感，也能引导他们更加自觉地关注社会。

当课程文本与现实社会生活连接起来的时候，学生的学习才能产生更好的效应。金山区的一些学校开发的课程，不仅有着很大的吸引力，也具有浓郁的地域特色。通过这些课程，师生全方位地了解了金山，在为它感到自豪的同时，也产生了想让它变得更好、更美的愿望。而努力学习，就成了一种自觉的行动。

学生本身就具有探索与研究问题的能力，但是，如果长期对这些能力不予挖掘，这些内蕴的能力就不可能呈现出来，更不可能得以增强。金山区有效地开发学生这些能力，让很多不可能变成了可能。实践，永远是学生成长的沃土，没有实践能力的提高，就不可能成为真正有用的人才。千里之行，始于足下。今天的研究，有可能成为明天更深的研究的开端；今天的创新，也有可能成为未来取得更大成就的序曲。

教育评价求突破

课程建设只是解决了教育载体的问题，教育改革的主要难点则是教育评价。2011 年，上海市全面启动了义务教育绿色指标评价改革，评价内容主要涉及学生学业水平指数、学生学习动力指数、学生学业负担指数、师生关系指数、教师教学方式指数、校长课程领导力指数、学生社会经济背景对学业成绩的影响指数、学生品德行为指数、学生身心健康指数和跨年度进步指数等。为了有效地推进这项改革，金山区在各个层面助力，通过视频会议对全区教师进行动员，对校长和教导主任进行专项培训，同时把一些重要指数纳入对学校的发展性评价指标之中。

评价改革鼓舞了全体师生！它改变了书面考试的单一评价模式，让评价走向多元，走向科学。其中，有的“指数”还很有创意，比如，学生学习动力指数更多关注了学生自主学习、积极学习的动态性与前瞻性。有了学习动力，也许这次考试成绩不一定太好，但是，学生未来的成长一定会很好。再如，师生关系指数旨在评价学生和教师之间的关系。古人言“亲其师，信其道”，如果这些“指数”变得越来越好，学生的成长就是良性的，也是持久的。如果哪个方面出现了问题，也可以有目的地进行解决，这被称为“绿色教育指标”，真是名副其实。学生一旦有了兴趣和动力，不用督促，也会自觉前进。

其中，最突出的例子是小学教育改革实验。为了有效改善小学教育过度注重文化知识教学的倾向，他们积极地推进小学教育整体改革实验，以小学生学科基础素养综合评估为抓手，通过学生的学业报告单反映学生各学科的能力表现、情感表现、习惯表现，而且采用等级评价和描述评价相结合的方式，引导教师和家长确立正确的教育质量观，全面关注学生成长，而不仅仅是看学生的考试成绩。综合评估，可以促进学生的全面发展，为其更好地成长奠定基础。

校园文化润心田

教育改革的深入推进，需要良好的校园文化做保障。校园文化是滋养师生精神的雨露，是学校教育的活力和灵魂所在。作为学校教育背景的校园文化，既有对校园历史文化的传承，又有时代精神的浸润，它会一直渗透在学生的成长过程中。2011 年，金山区颁布了《关于进一步推进校园文化建设的若干意见》。

金山区在学校文化建设方面是下了大功夫的。《关于进一步推进校园文化建设的若干意见》中要求，学校在物质形态（校舍设计、教育环境布置等）、精神形态（教育理想、行为方式、校风校貌等）、活动形态（教育活动、教学活动等）三个方面，着力营造良好的校园文化，构建师生共同成长的精神家园。在以上三个方面中，和谐的师生关系属于精神形态的一部分，它是正能量场的核心要素，对学生的身心健康发展至关重要。

显性的物质文化，不但很美，而且彰显了学校的特色。制度文化，不但在建，而且实现了内化，形成了“不令而行”的局面。师生不但得到了很好的发展，而且在不断地充实精神能量，让学校成了真正意义上的文化圣地和精神道场。

和谐师生关系的营造，关键在于教师，因此，教育局要求教师不能认为自己是高高在上的教育者，而应当成为与学生人格平等的同行者；不应当是课堂话语的主宰者，而应当让位于学生，更多地让学生挥洒才智；不应当是事事包办的“保姆”，而应当让学生成为自我管理者。这样，不但师生关系会变得和谐，教育教学也会变得高效；不但学生的身心能得到健康发展，教师自身也是快乐、幸福的。正是基于这样的考虑，他们把“让师生关系更和谐”作为学校工作的主要目标之一，加强“温馨教室”建设，开展以“改善师生关系，促进师生和谐”为主题的各类推进活动，开展“为人、为师、为学”的师德风采展示活动，举办“营造教师职业幸福感”校长论坛活动，引领教师树立正确的价值观和师生观。

学校就是一个育人场。育人正像人吃饭一样，需要全面、丰富的营养。金山区利用资源整合，力图给学生各种必需的营养，而且都是优质的营养。而教师，一方面从这种场中感受精神的滋养，另一方面也在不断地给这个场增添新的能量。学校文化，简而言之就是以文“化”人，金山区的各所学校已经成为一个神圣的精神领地，师生浸润其中，变得越来越优秀。

教育均衡发展、人才培养、课程改革、先进理念的确立、教育评价的突破和校园文化的打造……所有这些，给金山教育带来了历史性的巨变。在成绩面前，他们却并没有止步，而是启动了下一步优质均衡发展的思路。我们相信，若干年后，金山教育将会占领一个个发展的制高点，金山区的各所学校也将会呈现出一道道宜人的风景。

新课程区域性改革实验的现状、问题与对策

——山东省基础教育课程改革实验述评

国家基础教育课程改革作为改革和发展基础教育的一项重大举措，以2001年国务院颁发《关于改革和发展基础教育的决定》和同年6月国家教育部发布《基础教育课程改革纲要（试行）》为转折点，进入了一个前所未有的崭新阶段。在这一年的秋季，一个全新的基础教育课程体系在全国各实验区的学校登堂入室。这一课程改革不只是对教材文本的革新，还涉及教育理念的更新、培养目标的变化、课程资源的开发和新的评价体系的确立等，它在给教学一线的教师以新的挑战和机遇的同时，也为他们进行改革提供了理论与环境的支持。

一、丰富多彩的实验成果

山东省青岛市与高密市两个国家课程改革实验区，济南市市中区、烟台市芝罘区、淄博市张店区、滨州市博兴县、东营市广饶县五个省级实验区，在课程改革方面已经取得了丰硕的成果。新课程率先走进这些地区，不仅对推进当地的素质教育起到了巨大的作用，而且为在更大范围内实施课程改革实验提供了可供借鉴的经验。

1. 培训：深入扎实，全员参与

新课程在山东省各实验区刚刚“登陆”之时，广大教师便对它表现出

极大的热情，因为广大教育工作者对改革创新一直有着特殊的情结，对这一课程体系中的许多新的理念与未知的内容有着特别强烈的探求欲望，对实施新的教学内容有着高度的责任感。各地教育部门的领导深谙教师的内在需求，更知道培养一支高素质的教师队伍是成功实施新课程的关键，于是，高质量的培训应运而生。

2001年暑假，青岛市教育局用了一个月的时间，先后在全市的实验区进行了三级培训——培训者的培训、管理者的培训和各级教师的培训。同时，组织尚未进行课程改革的各县、区教研员及学校有关教师进行培训，使之转变教育观念、改变教学形式，为进一步的课程改革奠定基础。

淄博市张店区的培训分为三个层次：一是宏观通识性培训。组织了以了解、认同、理解新课程的意义，把握新课程的理念，了解新课程的特点为主要目的的培训。二是微观针对性培训。通过组织所有实验教师参加的由新课程制定者和新教材编写者进行的课程标准、教材的学科培训，突出解决实验教师对新课程标准的理解和对新教材的准确把握等问题。三是渗透性培训。通过对非实验教师进行以新课程理念为主要内容的培训，促进非实验年级、非实验教师运用新课程理念和思想指导教学改革，为新课程改革的后续实验打下坚实的基础。为此，还进行了集中式专题培训、专题研讨式培训和行动研究式培训，使培训活动深入、扎实且丰富多彩。

博兴县坚持“先培训，后上岗；不培训，不上岗”的原则，将新课程改革的相关内容纳入中小学教师继续教育的核心内容之中。培训内容也是丰富多彩的，有通识培训，也有新课程标准和教材教法培训，还有考试及评价改革的培训。

高密市为了保证培训的质量，首先组织教研员、学科带头人参加了国家与省教育局组织的一、二级培训和相关的课程改革研讨会，形成了一支培训者队伍。其次，将有关材料编印成《课程改革教师专辑》和《基础教育课程改革实验教师通识培训手册》，并发放到每位实验教师手里，安排一个月左右的时间，组织全市中小学校长和实验教师集体学习并自学。同时，将新课程培训体系中的专家报告放到教育网站——康成书院的教师培训主页上，以镇（区）为单位，集中五天时间组织讨论。教师在学习中的理念更新与对既有问题的重新审视，使得讨论热烈又富有新意，以至巡视指导的教研员也不由自主地改变了“身份”，由检查者变成了参与者与交流者。

这些活动摒弃了以往培训中的弊端，与继续教育的“短、实、快”相适应，突出课题的中心地位。根据信息论吸收、转化和反馈的特点，采用专题讲座与讨论交流相结合的学习方式，既重视专家讲座对教师的指导作用，又重视引发教师的思考，变教师的被动接受为主动参与。培训中，教师常为学到的新的理念、新的内容与新的教学方法兴奋不已，发出“不虚此学”的感叹。他们也有困惑不解之处，而与专家直接对话本来是解决疑难的有效途径，可往往因为授课时间有限而令一些教师的疑问无法得到解决。为此，特设专职教师负责每天活动信息的收集整理工作，以简报的形式及时总结每天活动的内容与教师的困惑。这既为专家讲课准备了释疑解惑的文本材料，也为教师相互切磋提供了最有针对性的话题。培训变得有的放矢又趣意盎然，不仅提高了教师的业务水平，也为秋季的课程改革实验工作的顺利实施奠定了基础。

暑期培训的效应在课程改革实验学校结出了丰硕的果实。但随着教学研究的不断深入，又出现了一些新的问题，教师急需再培训再提高的呼声日渐强烈。青岛市教育局顺势而行，于寒假期间又组织了由3000多名教师参加的以“课程改革实施的反思与深化”为主题的全员培训。这次培训涉及中小学参与课程改革的13个学科，参加培训的不仅包括实验教师，还有各校教研组组长，为课程改革范围的扩大打下了基础。培训内容包括对新教材的分析与研究、新课程实施以来的总结与反思，以及专家的专题报告等内容。随后，将这次课程改革培训纳入教师继续教育的范畴，并吸纳青岛大学、青岛教育学院等高校的教师参与，使课程改革培训步入正轨，形成了行政、研究员与一线教师整体参与的互补互助式培训框架。这次培训相较于之前的暑期培训有所不同，人们有了更多的话语与更大的兴致，主动交流经验与畅谈体会者往往三五成群地聚在一起，形成了培训史上一种罕见的文化景观。一位青年教师说：“在我短暂的人生经历中有两大幸事：一是出生于改革开放的1978年，可谓生逢其时；二是大学毕业于开展课程改革实验的2001年，就业于进行课程改革实验的青岛市。这为我挥洒生命才思提供了千载难逢的契机。”

高密市采用参与式培训的方式，将培训人员的积极性充分调动了起来。围绕培训的主体内容，组织30～40人左右的小班，由培训者任主持人，通过创设情境，设置具体的重点问题，引导培训对象在主体活动中展示自己的理念和经验，帮助大家取长补短、共同提高。

各实验区还将国家课程及教材编写人员请来，为实验教师做学术报告，回答有关问题，从而使实验教师从更高的层面了解课程改革的目标与意义、新的内容与评价方式等。在“请进来”的同时，各实验区也带领教师“走出去”。广饶县组织课程改革管理人员和教研员多次前往北京、厦门、郑州、济南等地参加培训，并在回来之后召开会议，向实验教师传递外地的课程改革动向，让更多的人“不行而知天下事”。

2. 管理：领导重视，规划科学

课程改革既是教育自身的事情，也是一种政府行为，所以，领导高度重视、规划科学合理，就成了课程改革成败的关键。

（1）领导高度重视

领导的重视与热情参与，是课程改革得以顺利实施的关键因素之一。各实验区都成立了以分管市长（县长、区长），教育局局长、副局长和相关科室负责人组成的课程改革实验领导小组，把实验决策、运行、协调、指导纳入实验工作，大大加强了行政干预、管理指导、组织落实、协调动作的力度。

山东省教育厅于2001年9月召开了全省基础教育课程改革工作会议，对课程改革实验进行了部署；2002年1月又下发了《关于开展基础教育课程改革实验推广工作的意见》；后来，又专门组织了相关的培训与评估。2002年4月28日，教育部召开全国基础教育课程改革实验电视电话会议时，在山东分会场主席台就座的各位领导，就今后如何在山东省实施课程改革的问题都做了重要讲话。4月29日，山东省教育厅又在青岛召开了山东省第四届课程改革研讨会。课程改革，毫无疑问地被推向了教育教学改革的前沿。

各实验区的领导对课程改革也都备加关注。青岛市副市长亲自参加课程改革实验区启动工作会议并做重要报告；青岛市市北区委、区政府将课程改革实验纳入区“十五”教育发展规划；青岛市市南区分管区长不仅参与课程改革实验区方案的制定，还亲自到学校听课，与教师座谈，共议课程改革话题；高密市则以市政府的名义召开了实验区课程改革工作启动会，传达文件，布置任务，号召领导小组的所有成员及相关部门，在课程改革政策、人力、物力、财力、舆论、通信等方面给予大力的支持；各实验学校通过召开家长座谈会、建立学校联系卡、开辟校报课程改革专栏等，在教育内外部环境中都营造了一种课程改革的舆论氛围；济南市市中区、淄博市张店区等实验区的党委、政府的主要领导就课程改革问题，多次听取汇报，进行组织协调工作，从政策和组织上为课程改革提供了保障。

课程改革需要“软件”建设，也需要“硬件”投入，这是课程改革得以顺利实施的重要保障。青岛市政府为课程改革设立专项资金200多万元，为配齐课程实验仪器拨款300万元，为加快信息化建设投入300万元；青岛市市南区拨款50万元作为课程改革专用经费；四方区投入300万元，用于实验教师的培训和改善实验条件。

(2) 规划科学合理

首先，成立组织机构，实行统一领导。例如，高密市从大学课程中心等单位聘请了20多位专家，组成了课程改革实验专家指导组；青岛市成立了专家指导委员会，聘请包括新课程标准的研制者、教科书的编写者在内的部分全国著名教育专家担任委员，并成立了课程改革办公室和课程建设服务中心，负责有关课程改革的一些日常工作。

其次，制定相关措施，激发教师的积极性。例如，博兴县专门设立了课程改革实验和地方课程建设与开发优秀成果奖，对参与实验的教师在评职、聘任、评优、培训等方面给予优先考虑；广饶县教研室的教研活动单独为课程改革实验教师提供了活动区域，为实验教师单独设立了优质课评选；烟台市芝罘区每学期进行一次课程改革论文评比和实验教材优秀教学设计评比，并将有关文件和评选出来的优秀论文汇编成册，再发到各校供教师研究。

再次，确定具体实施方式。例如，青岛市普通教育教研室各学科组与各实验区学校教研组建立了三级教研网络，三级教研网络根据不同情况，或分或合，灵活机动，多层次地进行教研活动。市教研室还下发了《新课程标准反馈表》和《实验教材使用反馈表》，各区片每周一次汇报，每月一次上报，发现问题即时解决。又如，烟台市芝罘区在建立三级教研网络的同时，还制定了“三课”制度，要求教师开学初上一节实践课，期中上一节研究课，期末上一节优质课，进而实现教师角色的“三转变”，即由传授者、监控者、主宰者转变成组织者、参与者、欣赏者，从而带来了学生学习方式的“三变化”，即由被动地接受、自我封闭、等教师教变为自主学习、合作学习和探究学习。

3. 合作：集体备课，互教互学

“学会合作”是 21 世纪的一个非常重要的教育命题，而新课程的实施使得走惯了个体精神劳动之路的教师踏上了精诚合作的新路。

（1）集体备课：精诚合作，资源共享

当下，教学参考书遍地，复习资料泛滥，网络信息密集，教师意欲寻找一些教学所需的参考内容，可谓易如反掌，加之教师精神劳动的个体性特点，使得教师之间的合作被人们渐渐忽略了。新课程是教学上的一个新的系统，不仅有新的理念、新的内容，也有新的方法和新的手段。个体再想如探囊取物般索取所有知识，便很难了。通过集体备课，实现资源共享、优势互补，成了教师的共识，于是，以学科教研组为单位的集体备课形式再现“辉煌”。

青岛市实验区将新教材的重点备课任务合理分解，落实到人，并确定中心发言人。发言人为了在发言时吃透教材且富有创意，真可谓“众里寻她千百度”，他需要查找相关资料，深入思考钻研，寻求他人帮助，尔后方可写出发言提纲或文章。

青岛市李沧区则实施“三环节”群体协作式备课，为教师提供了一个合作、沟通的平台。其中，个人备课是第一环节，参与分片集体备课是第二环节，全市展示是第三环节。个体备课、个人研究与集体备课、共同研究的有机结合，使教师学会了合作，跨出了学校的小圈子，走上了校校联合的大舞台，在互相启发、资源共享、共同提高中有效地发挥了群体效应。

（2）多元配合：打破界限，多方参与

新课程的综合化特征，需要教师与更多的人，在更大的空间，用更加平等的方式从事工作，需要教师之间更加紧密地合作。可以说，新课程增加了教育者之间的互动关系，不仅引发了教师集体行为的变化，也在一定程度上改变了教学的组织形式和教师的专业分工。新课程提倡培养学生的综合实践能力，而综合实践能力的培养要靠教师集体智慧的发挥，因此，教师必须学会与他人合作，甚至与不同学科的教师合作。比如，不少实验学校的教师，在七年级开展的研究性学习中，就进行了多层次、多学科的合作。在研究性学习过程中，学生打破了班级界限和学科界限，根据课题的需要和兴趣组成研究小组，而一项课题往往涉及语文、地理、历史、生物等多门学科，需要几位教师同时参与指导。不同学科教师之间的合作，教师与实验员、图书管理员之间的配合等，直接影响着课题研究的质量。在这种教育模式中，教师之间的团结一致、知识与能力的互补显得尤为重要。有人说，这是集团作战，非精诚合作不能取胜。

（3）师生合作：互教互学，动态发展

新课程强调，教师是学生学习的合作者、引导者和参与者，教学过程是师生交往、共同发展的过程。交往意味着平等对话，教师将由居高临下的权威角色转向"平等的首席"。在新课程中，传统意义上那种教师的教与学生的学，将不断让位于师生互教互学，直至彼此形成一个真正的学习共同体。教学过程不只是忠实地执行课程计划的过程，还是师生共同开发课程、丰富课程的过程，课程变成了一种动态的、发展的、富有个性的创作过程。据青岛市普通教育教研室的负责同志讲，新课程使得知识的内涵发生了变化，教科书"一统天下"的局面被打破，教科书、教学参考书提供的知识、教师个人的知识，以及师生互动产生的新知识，以"三足鼎立"的格局共存。

4. 评价：关注过程，鼓励创新

新课程改革倡导发展性评价，要求教师用发展的眼光看待每一个学生，其核心是关注结果，更关注过程。评价是主客体之间的一种互动过程，存在于教师的教与学生的学之中，只有强调评价双方的沟通、协调，评价才能促进人的发展。同时，发展性评价则强调要多给评价对象几次机会，重视评价对象在过程中的转变，在形成终结性评价之前，评价主体会对评价对象进行指导帮助，并给以再次改正、修正的机会。基于这一思考，青岛市教育局在课程评价内容、形式和主体上都进行了新的尝试。

（1）评价内容：激发兴趣，鼓励创新

兴趣是最好的教师，激发兴趣可以使学生心理愉悦、潜能迸发；鼓励创新是时代的呼唤，创新可以使学生发挥最大的创造才能。青岛市教育局为适应新课程的要求，在试卷内容的求新激趣上下了大功夫。比如，在一年级期末考试试卷中，卷面上增加了激励性的提示语，如“能照样子写一个句子吗？相信你一定行!”“你喜欢用什么方法做，就用什么方法做。”“请你和同伴编一个英语小对话或表演一个英语小节目，祝你们合作愉快。”“这学期你学了不少古诗，选你最喜欢的一首默写下来；若能默写一首课外自学的更好。”这给不同层次的学生都提供了一个展示才思的空间，并拉近了试卷与学生的心理距离。

（2）评价形式：关注过程，指标多元

根据新课程标准，评价不仅要注重结果，更要关注学生的成长过程，要将终结性评价与形成性评价有机地结合起来，使学生的成长过程成为评价结果的重要组成部分。但以往评价学生的学习成绩时，往往以期末考试一卷定论，因此，期末考试成了让不少学生深感头疼的事情。但新课程实施以后，在对学生学习成绩的评价中，变得过程拉长、指标多元，一卷定成绩的评价模式已成为历史。

例如，高密市在实验学校推行“档案袋”评定法来评价学生，注重学生成长过程评价；使用成长记录手册，实现学生自评与他评相结合。这样，学生的成长过程便被清晰地展示出来，学生不仅对自己有了清醒的认识，也将提高自己的学习水平作为一种自觉的追求。

又如，淄博市张店区对学生的学业评价采用的是“等级＋评语＋特长”的综合性评价方法，并建立了学生成长记录袋，有效地促进了学生的发展。

（3）评价主体：多元参与，综合评价

对学生进行评价是教师特有的权利，多年来人们对这一既成的事实已有了心理的认定，鲜见质疑，而新课程的实施使评价主体也发生了巨大的变化。

青岛市四方区对每门学科设优、良和达标三个等级，学生本人、同桌、家长和教师共同参与评价。累计得 18 个“优”以上为优，得 16 个和 17 个“优”为良，得 15 个“优”以下为达标。

烟台市芝罘区提出了“四结合”评价法：定性与定量相结合，课内与课外相结合，口试与笔试相结合，教师、学生、家长相结合，初步构建了一条与新的课程标准、新的教学内容相适应的评价体系。

课程改革使评价的功能和评价的技术发生了本质的变化。既有定性评价与量性评价的结合，也有静态评价与动态评价的结合，既有评价与指导的结合，也有评价主体与客体的结合，从而实现了评价指标的多元化、评价方式的民主化、评价机会的多次化、评价内容的合理化。评价的功能不再仅仅是为了甄别和选拔学生，而是为了促进学生的发展，促进其潜能的开发、个性的张扬和创造性的发挥，从而使每一个学生都拥有自信心和持续发展的能力。

二、课程改革中令人困惑的几个问题

在采摘课程改革实验丰硕果实的同时，我们切不可因大喜过望而骄傲，因为，在实验过程中还存在着这样那样的问题，有些甚至是相当难以解决的问题。正视并分析这些问题，对于我们以后的实验乃至其他方面的教育教学工作，都会起到很好的促进作用。

1. 教师观念的不适应

面对基础教育课程和教材的重大变革，相当多的教育管理者和教师的思想准备有些不足，特别是在观念上不适应。在许多教师的头脑和施教活动中，生硬灌输、死记硬背、机械训练等传统教学理念和教学模式根深蒂固，形成了一种难以改变的巨大惯性。老教法不灵了，新的教法又找不到，教师陷入行动的盲区。有些人“旧瓶装新酒”，自觉不自觉地就把新课程装进了“应试教育”的“笼子”里，使新课程改革的效果大打折扣。

2. 课程改革中的不平衡状态

我们希望所有的课程改革实验都能良好、均衡地发展，但这是一个遥不可及的梦想。因为各地区、学校、学科和教师之间的差异是一种客观的存在，如城市学校硬件好、师资强、信息灵，而偏远乡村学校设备差、师资弱、信息闭塞；语文、数学在实施新课程时迅速扎实，而音乐、体育、美术等学科相对滞后；年轻教师观念转变快，年龄较大的教师适应新教材则比较困难；等等。即使是同一学校、同一年级、同一年龄段的教师，也因其个人文化素养、责任意识、情感投入等的差异，会产生高低有别的课程改革效果。在已经进行实验的地区和学校，这种现象已经非常明显地表现出来了，我们应当关注这种不平衡的情况，并尽力去缩小这种差别。

3. 一些教师的文化素养偏低

新课程标准与教材需要由具有一定文化素养的教师来实施，需要有具有新的教育理念与一定文化积淀的人与之相呼应。然而，长期以来，不少教师已经习惯了照搬教科书和教学参考书，面对新的教学内容时，失去了既有的参考，就像盲人失去了引路人一样茫然不知去向。相关培训尽管可以起到一定的作用，但要想真正提高自己的文化素养，不是一两次，甚至也不是一两年的培训学习可以大见成效的。这是一个真功夫，是一种长期积淀的过程。

4. 评价相对滞后

在新课程实施之时，应当有一套与之相适应的评价体系，但目前的情况是，不少实验者侧重于了解“标准”，熟悉教材，往往无暇顾及评价的问题。如果学习内容是新的，而评价仍一如从前，特别是作为终极评价的升学考试如果仍是旧有的体系，那么，课程改革就有可能失败。

三、搞好课程改革的措施

如何将课程改革引向深入，已是教育系统和全社会十分关注的重要问题。

1. 让教师走上终身教育之路

在世界上一些发达国家已经成功地构建终身教育体系之后，中国也吹响了“终身教育”的号角。但众多教师因其教学任务繁重而将“终身教育”作为一种摆设，更多的是从心理层面认为教学的主要任务是教好教材，甚至是照本宣科“教”教学参考书。新的课程标准与教材则在这些教师面前亮起了“黄牌”，教师如果不实施有效的继续学习计划，面对新的教材，他们将无从教起。为了适应新的课程要求，为了在竞争激烈的教育大浪中不被淘汰，为了在学生中重塑自己的形象，广大教师应当关注自己知识的更新和文化品位的提升。进修培训，主动学习，不应是他律的强求，而是自我发自内心的渴望。参加培训固然重要，但自我学习，而且是持之以恒地自我学习，更为重要。只有具备了良好文化素养的教师，才能从容地应对新的课程体系与新的教学内容。教师甚至可以自我重组教材，开发教材。这不仅会对新课程的实施起到巨大的推动作用，也是从根本上构建提高教育质量的百年大计工程。中国的教育，将因众多教师文化素养的普遍提高而产生质的飞跃。

2. 培养优秀的课程改革骨干队伍

有的专家把这次新课程改革划分为四个层次：一是理想中的课程。这是专家们，特别是那些不了解一线教学实际情况的专家们，带有理想化和浪漫色彩的“课程”，在很大程度上就像“海市蜃楼”和“雾里看花”，好看不实在，好看不中用。二是管理中的课程。这是被写在教育部文件和被纳入宏观管理中的课程，既有构想，又有一定的目标和途径。这种课程已经从“书斋”走进决策系统，具有转化为现实生产力的可能性。三是实施中的课程。这种课程必须有构想、目标、途径、机制、措施、政策，并又能坚持不懈地去实施，方可见到成效。四是见到成效的课程。其突出特点集中体现在其实施效果上。实践证明，理想和管理的课程往往与实施中和见到实效的课程之间存在着很大的落差，正如建筑师企图构建一个“神圣殿堂”，说不定到头来只建了一个小小的“茅草屋”。

为了填补理想与现实之间存在的“隔离带”，急需一大批既有一定的理论水平，又有丰富实践经验的人们去做创造性的工作，在理想与实现之间找途径，找切入点，找突破口，找机制。令人欣慰的是，山东省在课程改革中已经找到了若干结合点和切入点，但是这还远远不够，所以，培养山东省课程改革骨干队伍已是迫在眉睫的事情。这支队伍需要教育科研人员、教研人员，也需要一线的教师；需要进行认真的理论探索，也要对课程改革进行深入的调查研究；既要清楚地了解当今课程改革的动向，甚至是世界课程改革的信息，具有一定的研究成果，又要经常与教师，甚至是学生打成一片，深谙本地教学实际，特别是了解当地学生的学习情况，熟知开发学生潜能的具体办法。有了这样一支队伍，我们的课程改革必将取得较大的成绩。

3. 构建新的评价体系

青岛等地的实验区在进行课程改革的同时，已经初步构建了适合于本地教学实际的新的评价标准，并会在以后的实验中进一步完善，这样，才可以使评价与教学相得益彰。我们以前一再鞭挞的“应试教育”之所以依然存在，一个重要的原因便是评价考试与旧课程内容有着千丝万缕的内在联系。新的课程标准呼唤新的评价标准，新的评价标准反过来又会推动新课程标准的实施。所以，在研究新的课程标准与教材的同时，就要认真构建与之适应的新的评价体系，不仅要有专人进行研究，要有对理论的探索，更离不开教学的实践。研究人员要“沉”下去，与教师共同探讨，甚至有的教师自己便是研究者。这样，研究成果才能具有深厚的根基，才不是少数人的理论探究“专利”。构建新的评价体系，需要研究教师，更需要研究学生，要从有利于新课程的实施、有利于学生终身发展、有利于生命个体挥洒才思、有利于培养国际性的人才等方面进行深入细致的研究，从而构建起一个既适合于本地本校和学生学习实际的评价体系，又要展望未来，构建一个与世界接轨、与经济发展相和谐的富有现代特色的评价体系。

4. 加大对地方课程、校本课程的开发

2001年5月召开的全国基础教育工作会议上，明确提出了课程由国家课程、地方课程和学校课程组成。这意味着原来属于国家课程开发的权力部分下放给学校和教师，从而使课程开发不再仅是学科专家和课程专家的专属，教师也成为课程开发的主体之一。教师不再仅是课程的消费者和实施者，在某种程度上也成为课程的生产者和主动的设计者。所以，课程的变革，从某种意义上说，不单单是对教学内容和方法的变革，也是对人的变革。教师参与地方课程和校本课程的开发，不仅是为了开发一系列的课程文本，而且更加注重参与过程本身，在课程开发过程中提升自己的教学水平、文化修养。

其实，在新的课程标准实施之前，一些地方已经着手于地方课程与校本课程的开发，并且取得了令人欣喜的成绩。

青岛市在数年前便将美语三百句作为地方课程引进课堂，并增加了听力与口语的内容，使英语学习更加具有实用性。他们还自编了信息技术教材，以及供从小学一年级到高中三年级学生使用的课外阅读教材，让学生作为选修课程来学习。

地方课程的编写，要关注教育理念与知识信息的更新，注重就地取材与本地教学的实际，并组织一批有理论水平与实践经验的教材编写人员来共同编制，从而使这一介乎国家课程与校本课程之间的课程，真正起到它特有的作用。

“校本”则强调课程开发活动是学校发起的，并在学校中实施，强调从学校发展和学生需要出发，强调对学校和社区资源的利用，因此，研究和开发校本课程，是学校可持续发展的内在资源，是学校快速发展的关键所在。青岛市实验小学围绕着德育的针对性与实效性这一重点难点编写的“养成教育”系列教材，青岛市市南区实验小学发挥得天独厚的海洋与人力资源而开发的“海洋科普”课，高密市姜庄中心小学的“民间艺术”课，济南市舜玉小学的“藏书票”语文实践活动课，济南市七里山小学的口语交际课等校本课程，已经与国家课程、地方课程并存。这种校本课程的开发，从空间结构看，使课程发展走向了立体化与动态化；从时间结构看，令学生的学习已不只局限于有限的几门学科的课堂学习，而是扩展到学校的整个生活世界之中，呈现出百花争艳的态势。那些有利于学生学会学习、学会思考、学会合作、学会创新和发展的课程资源，在新的教育价值观的引导下，正逐渐占据着主导地位。

如果国家课程、地方课程和校本课程能真正形成“三足鼎立”的局面，我们的素质教育就会以多样化、个性化、特色化的新形象走进更加富有挑战性的新时代。

江苏凤凰教育出版社
《行知工程》系列丛书目录

系列	序号	书名	作者	定价
教育思想者系列	1	《铸造一流教育品质——陶继新区域教育巡礼》	陶继新 著	35.00
	2	《名校之道——陶继新对话名校长（2）》	陶继新 著	35.00
	3	《高效教学的道与术——陶继新教育讲演录》	陶继新 著	30.00
	4	《名校之道——陶继新对话名校长（1）》	陶继新 著	30.00
	5	《教育，一切从孩子出发》	黄 俭 著	30.00
校长领导力系列	6	《校长智慧统筹的领导力》	谢耀丰 蔡丽姗 王林发 著	30.00
	7	《学校细节管理的执行力》	林文明 王林发 著	30.00
	8	《学校持续发展的研究力》	林文智 宋佳敏 王林发 著	30.00
	9	《学校和谐融洽的协作力》	陈一平 郭雪莹 王林发 著	30.00
	10	《学校教育提升的引领力》	谢文东 关敏华 王林发 著	30.00
	11	《学校团队成长的学习力》	黄纪 蔡美静 王林发 著	30.00
	12	《学校高效管理的创新力》	张旭 著	30.00
	13	《学校成功管理的决策力》	邱黎明 著	30.00
	14	《高品质学校生长要素》	王益民 著	30.00
	15	《校长高校教学领导力提升策略》	徐世贵 郭文贺 著	30.00
创新教学探索系列	16	《做童年面前最合适的人——我和孩子们的"童化语文"》	曹丽秋 著	30.00
	17	《品世界名画，学精彩作文 ——特级教师的"名画"作文教学法》	李日芳 著	36.00
	18	《玩出精彩作文——张化万活动作文教学经典策略》	张化万 著	35.00
	19	《〈红楼梦〉里的语文课》	李日芳 著	30.00
	20	《让学生把母语用精彩——"语用课堂"的探索与实践》	余小红 著	30.00
	21	《"备"出课堂精彩——备学式教学的课堂实践与思考》	张旭兰 著	30.00
	22	《神奇的阅读教室——带学生踏上美妙的阅读之旅》	李祖文 著	30.00
	23	《打造有生命力的课堂 ——"两步八环节"教学模式探索与实践》	查联智 主编	30.00
	24	《最能培养学生探究能力的课堂 ——小学科学与信息技术单元整体课程实施与评价》	李怀源 主编	30.00

系列	序号	书　　名	作者	定价
创新教学探索系列	25	《最能激发学生运动天赋的课堂 ——小学体育单元整体课程实施与评价》	李怀源	30.00
	26	《最能提升学生艺术素养的课堂 ——小学艺术单元整体课程实施与评价》	李怀源	30.00
	27	《“生命语文”探索——焕发语文生命力的思考与实践》	王自成	30.00
	28	《粘连作文教学：让习作成为有个性的自我建构》	黄瑞夷	30.00
	29	《备学式教学——在体验中建构数学思维》	单广红　范雪梅	30.00
	30	《向着自主进发——自主教育的创新实施智慧》	朱亚红	30.00
	31	《写中学——让学习更有效的学科写作教学》	钟传祎	30.00
	32	《小学科学实验总动员——大科学课堂有效提升学生创新力》	江美华	30.00
	33	《小学语文单元整体课程实施与评价》	李怀源	30.00
	34	《小学英语单元整体课程实施与评价》	李怀源	30.00
	35	《小学数学单元整体课程实施与评价》	李怀源	30.00
	36	《让教学更能激发智慧——“思维碰撞”课堂的建构与实施》	程和方	30.00
新思维系列	37	《让后进生学习有后劲之 36 计》	严育洪　黄荣德	30.00
	38	《教育中的“不一定”——打破教育的 19 种思维惯式》	严育洪	30.00
教师修炼系列	39	《与学生一起成长——90 后教师的心路反思》	王　晗	30.00
	40	《教育，爱与宽容——教师心灵礼仪修炼》	许力争	30.00
教育家核心思想系列	41	《叶圣陶论写作》	叶圣陶 著 李怀源 选编	30.00
	42	《叶圣陶谈阅读》	叶圣陶 著 李怀源 选编	30.00
	43	《多元智能理论的本土化应用》	刘治富	30.00
	44	《大教育家最具施教力的教学思想》	白刚勋	30.00
教育求索系列	45	《欣说教育那“一亩三分地” ——一位一线教师的教育微思考》	王庆欣	30.00
	46	《爱的守望——一位一线教师对教育的坚守》	林卫红	30.00
	47	《思政教学的人文力量》	戴晓华	30.00
	48	《师道新说——给教育者的 30 条箴言》	徐　卫	30.00
学生心理解码系列	49	《在人生的春天播种——十四岁，写给青春的一封信》	白宏宽	30.00
	50	《孩子问题行为一点通 ——只有好老师才知道的学生心理谜底》	严育洪	30.00

系列	序号	书　　名	作者	定价
校本研修系列	51	《徜徉语文教研》	肖俊宇	35.00
	52	《校本研修资源的开发与利用》	陈朝林	30.00
	53	《校本研修与教师专业成长》	吴积军	30.00
	54	《卓越教师经典研修成长策略》	刘天宝等	30.00
	55	《特色校本课程开发范例解读》	刘永平　李秀伟　张雪梅	30.00
	56	《高效校本研修模型构建艺术》	刘素雁	30.00
	57	《走向实践的教研——中小学教育科研引领与应用》	江　敏	30.00
名校系列	58	《让每个孩子都成志——清华附小主题阅读课程的实施探索》	窦桂梅	30.00
	59	《让每个孩子都成志——清华附小主题实践课程的实施探索》	窦桂梅	35.00
	60	《向着朝阳走去——清华附小合作办学实践探索》	窦桂梅	30.00
精彩课堂系列	61	《给孩子更好的数学课堂》	易增加	30.00
	62	《小学生阅读素养的提升策略》	邵巧治	35.00
	63	《从语文素养走向生命成长——小学语文读写课堂教学密码》	曾海玲	30.00
	64	《真实的品德课》	朱淑秀	30.00
	65	《英语课堂学习共同体——新型的师生交互学习场》	杨延从	30.00
	66	《指导自主学习——初中数学学与教的研究与实践》	刘其武	30.00
	67	《玩出精彩的课堂——小学低年级教与学方式转变研究》	陶红松	30.00
	68	《让生命之花自主绽放——语文个性化教学建构策略》	商德远	30.00
	69	《让学生亲历知识——主体参与下体验式学习的实施策略》	何世祥	30.00
教育管理力系列	70	《缔造唯美教育——延奎小学素质教育实施策略》	易增加	30.00
	71	《让普通学校崛起的 20 个细节——“生命为本”教育团队成长密码》	李其玉	30.00
	72	《“走”出教育的精彩：走动式学校管理文化构建》	罗　军	30.00
	73	《校长兵法：学校管理四十六计》	皮大鹏	30.00
班级文化系列	74	《活力班级的文化建设》	胡　珏	30.00
	75	《做幸福的班主任》	吕　丽	26.00
高效能教学系列	76	《高效能教师的 10 个好习惯（中学卷）》	张　瑾	30.00
	77	《让作文落地生根——提高写作实效的教学策略》	黄桂林	30.00
	78	《高效能作文教学 5 项修炼》	陈步华	30.00
	79	《高效能校长的 10 个好习惯》	张　勤	30.00
	80	《高效能教师的 10 个好习惯（小学卷）》	谢　英	30.00
	81	《高效能语文教学 5 项修炼》	王其华	30.00

系列	序号	书名	作者	定价
新课程探索系列	82	《语文新课程的批判与重建》	葛桂斌	30.00
美国名师教学译丛	83	《美国名师游戏教学本土化应用：幼儿园》	（美）玛西娅 L. 泰特 著 胡珍 瞿菁 编译	30.00
	84	《美国名师游戏教学本土化应用：小学英语》	（美）玛西娅 L. 泰特 著 杨永华 张心影 编译	30.00
	85	《美国名师游戏教学本土化应用：小学数学》	（美）玛西娅 L. 泰特 著 谢艳红 编译	30.00
	86	《美国名师游戏教学本土化应用：小学科学》	（美）玛西娅 L. 泰特 著 刘丽萍 编译	30.00
	87	《美国名师游戏教学本土化应用：小学社会》	（美）玛西娅 L. 泰特 著 姜梅芳 编译	30.00
	88	《美国名师游戏教学本土化应用：小学音体美》	（美）玛西娅 L. 泰特 著 尹立志 编译	30.00
鲁派名师名校·教育探索者系列	89	《悦读立人——校园阅读文化体系构建策略》	杨世臣	30.00
	90	《教育智慧何处来——一位特级教师的思考手记》	付立金	30.00
	91	《和雅文化——校本课程的创新构建》	汤善香	30.00
	92	《让个性绽放精彩——学校课程体系整合与创生》	谢建伟 徐淑萍	30.00
	93	《让每个学生都幸福——最能润泽生命的学校文化建设》	谢建伟 张新喜	30.00
生态化校园系列	94	《文化管理——构建生态和谐校园的必由之路》	付全新	30.00
	95	《点燃学习的激情——构建校园生态化学习型组织》	杨树岳	30.00
	96	《课改突围——构建学校生态化教学体系》	杨树岳	30.00
教育新思考系列	97	《语文教育向何处去》	王 丛	26.00
	98	《教育，就是做好普通的事》	孙志毅	27.00
	99	《走出语文的偏见——让学生体悟文本的原义》	丛智芳	30.00
	100	《让语文教学更高效——批注式阅读教学探索》	韩中凌	30.00
	101	《读写互促——探寻学以致用的语文教学》	曹 龙	30.00
	102	《跳出数学教数学——用文化融通数学教学》	马建秀	27.00
名师感悟系列	103	《让心灵伴着歌声成长——22位音乐名师的教育智慧》	陈 璞	30.00
	104	《超越自我的教师——32位名师的成长感悟》	李卫东 李秀伟	35.00
	105	《心灵的守护者——19位名班主任的教育智慧》	王晓松 曲文弘	30.00
	106	《名师感悟班主任有效工作艺术90例》	符礼科	30.00
	107	《名师感悟有效教学90例》	林高明 徐玉烟	30.00

系列	序号	书　　名	作者	定价
信息化教学系列	108	《巧用白板教语文——信息技术与语文教学操作指南》	蒋丽清	30.00
	109	《跨越式实现高效课堂——信息技术与课程整合高效教学方案评析》	陈　玲　刘　禹	30.00
教师必读系列	110	《教师必学的16堂修养课》	武宏伟	30.00
	111	《教师不可不知的教学心理效应》	叶勇军	30.00
	112	《班主任不可不知的管理效应》	奚一琴	30.00
	113	《教师不可不知的教育心理效应》	孙　媛	30.00
	114	《校长不可不知的管理效应》	谢申刚　张金豹	30.00
	115	《成为好教师的7项修炼》	王福强　李维华	30.00
	116	《如何让学生会学习》	龙　冰	30.00
	117	《如何让学生爱学习》	周震宇　许小燕	30.00
核心教学主张系列	118	《新生代语文名师核心教学主张》	许友兰	30.00
行思讲坛系列	119	《灵动而朴素地教语文——潘文彬的微格教育生活》	潘文彬	30.00
	120	《师爱无疆——润泽学生心灵的教育故事》	侯忠彦	30.00
	121	《怎样反思更有效——促进教师专业发展的反思策略》	诸贝贝	30.00
	122	《成为高度自觉的教育者——写给后课标时代的数学教师》	许卫兵	30.00
	123	《哲思数学课》	刘全祥	30.00
	124	《智慧数学课——黄爱华教学思维的实践策略》	黄爱华	30.00
	125	《童趣数学课》	徐　芳	30.00
	126	《把学生教聪明》	严育洪	30.00
	127	《教师最应该规避的教育误区》	杨坤道	30.00
	128	《用语文的方式教语文——潘文彬教学主张与实践智慧》	潘文彬	30.00
	129	《怎样让阅读教学更有效——提升教学能力的十种读诵模式》	汪秀梅	28.00
	130	《让生命在润泽中起舞——当代小学生最需要的主题班会》	吴联星　罗　琳　冯卫东	30.00
	131	《让生命欢快拔节——当代中学生最需要的主题班会》	冯卫东　吴联星	30.00
	132	《课堂因生成而精彩——高效教学的生成智慧》	张文质	30.00
	133	《回到每一个人的生命化教育——张文质二甲中学教育行动录》	张文质	30.00

系列	序号	书　　名	作者	定价
中国教育变革之路丛书	134	《百年树人师何为——教师队伍建设困顿与出路》	将丽珠　李玉向	30.00
	135	《入园何时不再难——学前教育困惑与抉择》	曾晓东 范　昕　周　慧	30.00
	136	《三尺书桌何处寻——流动人口子女教育困难与破解》	范先佐	30.00
	137	《苦旅何以得纾解——高考改革困境与突破》	郑若玲	30.00
	138	《择校纠结何时了——择校问题困局与治理》	曾晓东　周文海 曾娅琴	30.00
创新教学思想系列	139	《“大问题”教学的形与神》	黄爱华　张文质	30.00
教育漫笔系列	140	《课堂，诗意地栖居》	吴书华	30.00
教学提升系列	141	《有思想地教阅读——让学生学会品读文字真意》	王学东	30.00
教育艺术提升系列	142	《藏在师生体态语言里的教学智慧》	张　宇　廖生波	30.00
教学全手册系列	143	《小学习作教学全手册》	郭家海	30.00
	144	《中学写作教学全手册》	郭家海	30.00
	145	《情境教学操作全手册》	冯卫东	35.00
	146	《合作教学操作全手册》	李春华	35.00
	147	《探究教学操作全手册》	周新桂	35.00
	148	《自主教学操作全手册》	诸葛彪	35.00
	149	《创新教学操作全手册》	王　玮	35.00
	150	《班主任工作全手册》	刘沛华	35.00
	151	《新教师工作全手册》	周震宇	35.00
	152	《学生心理健康教育全手册》	刘海莉　刘春杰	35.00
	153	《高效教学操作全手册》	马友平	35.00

系列	序号	书　　名	作者	定价
创新人才培养系列	154	《创新人才培养校园科普精品课程开发与指导——人大附中创新人才培养》	罗　滨	30.00
	155	《创新人才培养特色校本课程开发与创新人才培养——清华附中“国际安全下的科学技术”课程构建与实施》	王殿军　方　研　赵宏雁	30.00
	156	《创新人才培养：学校实验室建设与管理》	刘克文　杨发丽　杨　平	30.00
	157	《创新人才培养：数学探究活动开发与指导》	马云朋　韩继伟	30.00
	158	《创新人才培养：化学研究活动开发与指导》	王　磊	30.00
	159	《创新人才培养：物理探究活动开发与指导》	廖伯琴	30.00
	160	《创新人才培养：地理探究活动开发与指导》	张建珍　陈　澄	30.00
	161	《创新人才培养：生物探究活动开发与指导》	张迎春	30.00
	162	《创新人才培养：理念探索与思维突破》	王晶莹	30.00
新生代通派名师系列	163	《简约数学教学》	许卫兵	30.00
	164	《语文教学的本真——情意课堂展现母语之美》	吴建英	30.00
	165	《语文课堂的理想追求——欢快达成三维目标》	董一红	30.00
	166	《阅读教学的真髓——意象构建读出文学的真美》	祝　禧	30.00
	167	《美术教育的真谛——审美人生教育让生命绚丽成长》	陈铁梅	30.00
	168	《语文教学的理想境界——无痕教学润泽生命》	李　凤	30.00
	169	《儿童作文的本义——嬉乐作文让儿童乐并成长着》	王笑梅	30.00
	170	《名师是怎样炼成的》	王建明　王笑君	35.00
幼师成长系列	171	《幼儿行为背后——教师如何读懂幼儿的心思》	吴亚英	30.00
	172	《最具教育力的 22 种幼儿教育思想》	杨　达	30.00
	173	《幼儿教师必知的安全应急措施》	杨　达	30.00
	174	《幼儿教师必备的教育技能》	李　玲	30.00
	175	《卓越园长 21 条幼儿园管理策略》	周　丹　江东秋	30.00